High Level
일본어 동사
300

【단일어편 상】
(あ행~た행)

모세종 저

제이엔씨
Publishing Company

머리말

한일 양 언어는 형제어처럼 닮아있어 타 외국어에 비해 익히기가 쉬운 편으로 일본인과의 간단한 의사소통을 해내는 정도라면 크게 고생하지 않아도 습득할 수 있다.

문법구조가 같고 단어에 한자어가 많은 점 등도 비슷하여, 한국인의 발상으로 일본어를 이해해도 크게 틀리는 일은 많지 않다. 발음에서 매우 다른 부분이 있어 습득에 어려움이 따르지만, 이도 잘 익히면 충분히 극복할 수 있다.

하지만 일본어를 전공으로 하는 자 중에서도 네이티브와 같은 능력을 갖추기 위해서는 한국어와 일본어의 다른 점에 주의해야 한다. 외국인이란 일본 경험이 제한적이기 때문에 일본인들이 자연스럽게 사용하는 다양한 어휘를 좀처럼 이해하지 못하는 경우가 많아 상황에 맞는 어휘구사력이 떨어진다. 어휘란 제대로 이해하지 못하고 사용하면 문맥에 맞지 않은 부자연스러운 표현을 하게 된다. 따라서 다양한 분야의 공부와 경험을 통해 어휘사용에 대한 이해를 높여야 네이티브와도 같은 수준의 자연스러운 일본어를 구사하여 높은 평가를 받을 수 있다. 결국 어휘 구사 능력이 일본어 능력을 결정한다.

어휘 중에서는 동사가 문을 통괄하며 문을 완성 해 주는데, 이 동사는 의미와 용법이 다양하여 다른 어휘보다 익히기 어려운 점이 많아 학습에 주의를 기울여야 한다. 한국어와 모든 면에서 비슷한 동사도 많지만, 한국어로 대응시키기 어려운 동사도 있고, 용법의 다양성이 한국어와 다른 동사도 있어, 동사에 대한 바른 학습은 쉬운 편이 아니다.

외국인 학습자에게는 이해를 해도 사용하기 어려운 동사가 많은데, 이를 잘 극복하지 않으면 고급 수준의 일본어를 구사할 수 없다. 일본어 능력은 결국 어휘 중에서도 동사 구사 능력이라 하겠다.

    동사 중에는 복합어로 구성된 것도 있지만 그 기본이 되는 것은 단일어 동사이다. 본서는 『High Level 일본어 동사 200【복합어편】』에서와 같이, 일본 방송의 다양한 프로그램을 통해 수준이 높거나, 중요한데 사용 빈도수가 적어 쉽게 잊는 단어 중에서, 단일어의 범주에 있는 동사를 선정하여, 일·한 양 사전에 있는 의미와 용법을 제시하고 그에 맞는 예문을 인터넷이나 용례사전에서 찾아 구성하였다. 편의상 '상(あ～た행)'과 '하(な～わ행)'로 나누어 '상'에서 300단어를 선정하였다.

    본서를 통해 일본어 동사를 바르게 학습할 수 있기를 기대하며, 이어 '하'를 발간하여 일본어 동사 학습의 완성을 기할 생각이다.

2023.08.01.

저자 모세종

목 차

喘ぐ

意 🈥 ① 苦しそうに息をする、息を切らす　② 生活などがうまくいかないで苦しむ

🈟 ① (숨을)헐떡이다　② 괴로워하다, 허덕이다

用 喘ぐは '馬が喘ぐ(말이 헐떡이다), '重荷に喘ぐ(무거운 짐에 괴로워하다)', '生活苦・不景気に喘ぐ(생활고・불경기에 허덕이다)'처럼, 숨이 차 헐떡이거나, 일이나 가난 등에 괴로워 허덕이는 경우에 사용된다.

例

❶ 倒れた馬は苦しげに喘いだ後、動かなくなった。
쓰러진 말은 괴로운 듯이 헐떡인 이후 움직이지 않게 되었다.

❷ 戦中戦後の生活苦に喘いだ頃を思うと今は極楽だ。
전쟁 중과 전쟁 후의 생활고에 허덕였을 무렵을 생각하면 지금은 천국이다.

❸ 女は冴えない顔色をして夫の膝に凭れかかるようにして喘いでいた。
여자는 상태가 안 좋은 얼굴을 하고 남편 무릎에 기대듯 하며 숨을 헐떡이고 있었다.

❹ シーズン序盤から怪我による選手離脱とそこから来る得点不足に喘いた。
시즌 초반부터 부상에 의한 선수 이탈과 거기에서 오는 득점 부족에 허덕였다.

❺ 重荷に喘ぎながら山の頂上に辿り着いた時の満足感が登山の醍醐味だ。
무거운 짐에 헐떡이면서 산 정상에 도달했을 때의 만족감이 등산의 묘미이다.

002　仰ぐ（あおぐ）

意

⑪ ①頭を上に向けてそこを見る，見上げる　②優れた者として尊敬する，敬う，尊ぶ　③尊敬してある地位に就いてもらう，尊く迎える，奉る　④下の者が上の者からの働きかけを願い求める，請う　⑤毒などを上を向いて一気に飲む，呷る

㉘ ①올려다보다　②존경하다, 공경하다, 우러러보다　③받들다, 모시다　④바라다, 청하다　⑤독약을 들이키다

用

仰ぐ는 '天を仰ぐ(하늘을 올려다보다)', '師と仰ぐ(스승을 공경하다)', '指図‧教えを仰ぐ(지시‧가르침을 청하다)', '援助を仰ぐ(원조를 바라다)', '毒を仰ぐ(독을 들이키다)'처럼, 얼굴을 치켜들고 위를 보거나, 사람을 존경(추앙)하는 등 우러르거나, 받들어 모시거나, 재가나 배움을 청해 구하거나, 독약 등을 단숨에 들이키는 경우 등에 사용한다. 부채질을 하거나 불을 부치는 의미의 한자가 다른 '扇ぐ'가 있다.

例

❶ 分からない時は先生や親の指図を仰ぐようにしよう。
모를 때는 선생님이나 부모의 지시를 요청하도록 하자.

❷ 父は昔、学費の援助を仰いだ恩人に今も深く感謝している。
아버지는 옛날에 학비 원조를 받은 은인에게 지금도 깊이 감사하고 있다.

❸ 古代ギリシアの偉大な哲学者ソクラテスは毒を仰いで死んだという。
고대 그리스의 위대한 철학자 소크라테스는 독을 마시고 죽었다고 한다.

❹ 明治維新に活躍した志士の中には吉田松蔭を師と仰いだ者も多かった。
메이지유신에 활약한 지사 중에는 요시다쇼-잉을 스승으로 받든 자도 많았다.

❺ 子を失った親は天を仰いで嘆き、地に伏して悲しむといっても大げ
さではない。

아이를 잃은 부모는 하늘을 보며 한탄하고 땅에 엎드려 슬퍼한다 해도 과장이 아니다.

❻ 幕末の長崎で、シーボルトに教えを仰いだ弟子の中からは多くの
人材が出た。

막부 말기 나가사키에서 시-볼트에 가르침을 청한 제자 중에서는 많은 인재가 나왔다.

003 煽る

意

㊐ ①風が物を吹き動かす，風が火の勢いを強める ②団扇などで風を起こして、火の勢いを強める，扇ぐ ③広い布などを掻き分けるように動かす，周囲に風を起こすような激しい動作をする ④他人を刺激して行動に駆り立てる ⑤取引で相場を操るために大量の売買をする ⑥鐙を蹴って馬を急がせる

㊙ ①바람이 물건을 날리거나 불길을 강하게 하다 ②부채질하다, 부치다 ③펄럭이게 하다, 파동을 일으키다 ④부추기다, 선동하다 ⑤시세조작을 위해 대량매매를 하다 ⑥말을 급히 몰다

用

煽るは'火を煽る(불을 부치다)', '競争心を煽る(경쟁심을 부채질하다)', '人気を煽る(인기를 일으키다)', '風に煽られる(바람에 날리다)', '周りから煽られる(주위로부터 선동되다)'처럼, 불을 부치거나, 바람 등으로 깃발을 펄럭이거나 문을 덜커덕거리게 하거나, 바람이 일 정도로 말을 급히 몰거나, 일을 몰아치거나, 매매 등에 크게 파장을 일으키거나, 바람을 불러일으키는 즉 부추기거나 선동하는 경우에 사용한다. 같은 의미로 '扇ぐ'가 있다.

例

❶ 帽子が風に煽られて、あっと言う間に飛ばされた。
모자가 바람에 날려 눈 깜작할 사이에 날라갔다.

❷ おっちょこちょいの彼は周りから煽られると、すぐその気になる。
덜렁데고 경솔한 그는 주위에서 부추기면 바로 행할 기세로 변한다.

❸ あの教育ママは「友達は皆ライバルよ」と、子供の競争心を煽っている。
저 교육열 높은 어머니는 '친구는 모두 라이벌이야'하고 아이의 경쟁심을 부추기고 있다.

❹ タレントを売り出すために、マネージャーや所属プロでは人気を煽るのに懸命だ。

탤런트를 팔기 위해서 매니저나 소속사에서는 인기를 끌어모으는 데 열심이다.

❺ 海からの強風が火を煽り、火が風を呼んで燃え広がり、瞬く間に町を焼き尽くした。

바다로부터 부는 강풍이 불을 붙이고 불이 바람을 불러 넓게 타들어 가 순식간에 마을을 전소시켰다.

―004 》》》》 **足掻く** □□□□

[意] ㊟ ①馬などが前に進もうとして地面を蹴立てる　②手足を振り動かしてもがく，じたばたする　③苦境などから逃れるようとして必死になる，齷齪する

㊟ ①(말 등이) 앞발을 내젓다, 발을 구르다　②몸부림치다, 발버둥 치다, 허우적거리다　③애쓰다

[用] 足掻くは '馬が足掻く(말이 앞발을 내젓다)', '逃れようと足掻く(도망치려고 발버둥 치다)', '生きようと足掻く(살려고 몸부림 치다)' 처럼, 말 등이 나아가려고 앞발을 내젓거나, 사람이 발버둥 치거나 허우적거리거나 탈피하려고 애를 쓰는 경우 등에 사용한다.

[例]

❶ そこでどんなにもがこうと足掻こうと何の役にも立たなかった。
거기서 아무리 허우적거리든 발버둥 치든 아무런 소용도 없었다.

❷ その高さから墜落したら、どう足掻いても助かりっこないのだ。
그 높이에서 추락하면 어떻게 발버둥 쳐도 살아날 리 없다.

❸ 僕たちがどれほど足掻こうが、世界には何の影響も与えられない。
우리가 얼마나 발버둥 치든 세상에는 아무런 영향도 미치지 못한다.

❹ むしろ足掻く自分の姿を嘲っているように感じさせられることさえあった。
오히려 발버둥 치는 자신의 모습을 조롱하고 있는 듯이 느끼게 되는 일조차 있었다.

❺ 朝の光をぼんやり見つめながら、僕はそんな世界を手の中に取り戻そうと足掻いた。
아침 햇살을 멍하니 바라보면서 나는 그런 세계를 손안에 되찾으려고 발버둥 쳤다.

005 〉〉〉〉 崇（あが）める ☐☐☐☐

[意]

⊕ 神聖（しんせい）なもの、絶対的（ぜったいてき）なものとして尊（とうと）び敬（うやま）う，崇拝（すうはい）する，尊崇（そんすう）する

㉿ 우러러 받들다, 모시다, 숭배하다

[用]

崇（あが）める는 '師（し）と崇（あが）める(스승으로 받들다)', '牛（うし）を崇（あが）める(소를 숭배하다)', '言葉（ことば）を崇（あが）める(말을 떠받들다)', '師表（しひょう）として・人々（ひとびと）から崇（あが）められる(사표로서・사람들로부터 존경받다)'처럼, 대상을 받들어모시거나 숭배하는 경우에 사용한다. 비슷한 단어로 '仰（あお）ぐ', '敬（うやま）う', '尊敬（そんけい）する', '恭敬（きょうけい）する', '尊（とうと）ぶ/尊（たっと）ぶ'가 있다.

[例]

❶ あの作家（さっか）は文学（ぶんがく）の師表（しひょう）として多（おお）くの文学者（ぶんがくしゃ）に崇（あが）められている。

그 작가는 문학의 사표로서 많은 문학자에게 추앙을 받고 있다.

❷ 牛（うし）は西洋（せいよう）では食（た）べられるが、インドの多（おお）くの地域（ちいき）では崇（あが）められている。

소는 서양에서는 먹을 수 있지만, 인도의 많은 지역에서는 숭배되고 있다.

❸ やがて彼女（かのじょ）は人類（じんるい）の救世主（きゅうせいしゅ）として世界中（せかいじゅう）の人々（ひとびと）から崇（あが）められるようになる。

이윽고 그녀는 인류의 구세주로서 전 세계 사람들로부터 존경받게 된다.

❹ かつて死者（ししゃ）を弔（とむら）った場所（ばしょ）であったと伝（つた）えられており、いずれも崇（あが）められている。

예전에 사자를 애도하던 장소였다고 전해지고 있어 모두 신성시되고 있다.

❺ あんな酷（ひど）い状況下（じょうきょうか）にあっても、彼女（かのじょ）は本気（ほんき）でこの男（おとこ）の言葉（ことば）を崇（あが）めていたのだ。

그런 심한 상황 하에 있어도 그녀는 진심으로 이 남자의 말을 떠받들고 있었다.

006 >>> あきな
商う □□□□

意 ㊐ 品物を売買する, 商売をする

㊑ 장사하다, 매매하다

用 商うは '雑貨·日用品·海産物を商う(잡화·일용품·해산물을 장사하다)', '色々商う(여러가지 장사를 하다)'처럼, 물건을 팔거나 장사하는 경우에 사용한다.

例

❶ 病気で寝たり起きたりの父を抱え、ほそぼそと日常雑貨を商っている。
병으로 누웠다 일어났다 하는 아버지를 떠맡아 안고 간신히 일상 잡화상을 하고 있다.

❷ 横浜に戻った彼は島で馴染んだのが縁で海産物を商うことにした。
요꼬하마에 돌아온 그는 섬에서 친숙해진 것이 연으로 해산물 장사를 하기로 했다.

❸ 駅前には切符委託販売も兼ねた売店があり、行商が商う姿も見られた。
역 앞에는 표 위탁판매도 겸한 매점이 있고 행상이 장사하는 모습도 볼 수 있었다.

❹ 薬屋は文字どおり薬と呼ばれるものも売っているが、実際は色々商っている。
약국은 문자대로 약이라고 불리는 것도 팔고 있지만, 실제는 여러 가지 팔고 있다.

❺ 店といってもごく小さなもので、町内に住む人々の日用品を商っていたらしい。
가게라고 해도 아주 작은 것으로 마을 안에 사는 사람들의 일용품을 팔고 있었던 것 같다.

007 〉〉〉〉 明ける / 明かす ☐☐☐☐

[明ける]

[意] ⑧ ①夜が終わり日が昇って明るくなる, 朝になる ②新しい年になる ③ある期間が終わる

⑧ ①(날이)새다, 밝다 ②새해가 되다 ③기간이 끝나다

[用] 明けるは '夜が明ける(날이 밝다)', '年が明ける(새해가 되다)', '松が明ける(설기간이 끝나다)'처럼, 무언가가 밝아오거나 끝나거나 하는 경우에 사용한다.

[例]

❶ 今日も昨日のように暮れ、明日も今日のように明けるであろう。
오늘도 어제처럼 저물고 내일도 오늘처럼 밝아올 것이다.

❷ 敵の中で夜の明けるのを知らなかったのは自分ながら度胸がいい。
적 중에서 밤이 새는 것을 몰랐던 것은 내가 생각해도 담력이 좋다.

❸ 父親が死んで四十九日が明けるか明けないかのうちに息子が死んだ。
아버지가 죽고 49제가 지날까 말까 하는 사이에 아들이 죽었다.

❹ ほとんどの選手は暮に帰省してしまって、松が明けるまでは帰ってこない。
대부분의 선수는 연말에 귀성하여 설이 지날 때까지 돌아오지 않는다.

❺ 夏が来て俺は何度か裁判所に足を運んだが、年が明ける前に無罪が確定した。
여름이 오고 나는 몇 번인가 법원에 갔지만, 해가 바뀌기 전에 무죄가 확정되었다.

[明かす]

[意]　⑪ ①隠れていた物事などをはっきりと表に出す，明るみに出す，明らかにする
　　　　②(眠らないで)夜を過ごして朝を迎える

　　　　㉿ ①밝히다, 털어놓다　②(밤을) 새우다

[用]　明かすは‘潔白・真相・秘密を明かす(결백・진상・비밀을 밝히다)’, ‘夜を明かす(밤을 새우다)’처럼, 무언가를 밝히거나 입증하거나, 밤을 새우는 경우 등에 사용한다.

[例]

❶ 難しそうな手品でも、種を明かすと案外簡単なものが多いようだ。
어려워 보이는 마술도 트릭을 밝히고 보면 의외로 간단한 것이 많은 모양이다.

❷ 終電車に乗り遅れて、駅の待合室で夜を明かさなければならなかった。
마지막 열차를 놓쳐 역의 대합실에서 밤을 새워야 했다.

❸ 行きだおれの浮浪者は身の上を明かすこともなく、病院で息を引き取った。
길에서 쓰러진 부랑자는 신상을 밝히는 일도 없이 병원에서 숨을 거두었다.

❹ 目撃者がいないので、彼の身の潔白を明かすのは容易なことではないだろう。
목격자가 없어서 그의 결백을 밝히는 것은 용이한 일이 아닐 것이다.

❺ その若者は無口で本心を明かすこともないので、なかなか友達ができなかった。
그 젊은이는 말수가 적고 본심을 드러내는 일도 없어 좀처럼 친구가 생기지 않았다.

21

008 嘲る（あざける）

意

🇯🇵 言葉に出したり笑ったりして、人をばかにする

🇰🇷 조소하다, 비웃다

用

嘲るは'警察・級友・挑戦者を嘲る(경찰·급우·도전자를 비웃다)', '発表・服装を嘲る(발표·복장을 비웃다)'처럼, 사람을 비웃거나 조소하는 경우에 사용한다.

例

❶ 彼は成績は抜群だが、級友に対して嘲る態度を取るので嫌われていた。
그는 성적은 발군인데 급우에 대해 비웃는 태도를 취해 모두 싫어하고 있었다.

❷ 犯人は自分を逮捕できずにいる警察を嘲るようにわざと手がかりを残した。
범인은 자신을 체포하지 못하고 있는 경찰을 비웃듯이 일부러 단서를 남겼다.

❸ たった一撃でマットに沈んだ挑戦者の耳に、観客の嘲る声が響いていた。
단 일격으로 매트에 침몰한 도전자의 귀에 관객의 비웃는 소리가 퍼지고 있었다.

❹ 昨日彼女が私の発表を聞いて嘲る口調で言っていたから気分が悪かった。
어제 그녀가 나의 발표를 듣고 비웃는 어조로 말하고 있었기에 기분이 나빴다.

❺ 彼は周りの人々に自分の粗末な服装を嘲られているような気がして席を立った。
그는 주위 사람들이 자신의 형편없는 복장을 비웃고 있는 듯한 느낌이 들어 자리를 떴다.

009 >>> 欺く (あざむく)

□□□□

意

⑪ ①真実めかして他人を騙す　②自分の心に反する言動をする，偽る，裏切る
　③物事が予想などに反した結果となる　④区別が付ないほどである，〜と見まがう，〜にも負けない

⑭ ①속이다　②착각하게 하다, 무색하게 하다　③배반하다　④헷갈리다, 뒤지지 않다

用

欺くは '君・己・客・敵を欺く(너·자신·손님·적을 속이다)', '雪・昼を欺く(눈·낮을 착각하게 하다)'처럼, 사람을 속이거나 배반하거나 대상을 착각하거나 무색하게 하는 경우에 사용한다.

例

❶ 両側に立ち並ぶ店の照明の明るさは、昼を欺くほどであった。
양옆에 늘어선 가게 조명의 밝은 빛은 낮을 무색하게 할 정도였다.

❷ 政府軍の戦車は市街戦を敵の目を欺くように設計されている。
정부군의 전차는 시가전을 적의 눈을 속이도록 설계되어 있다.

❸ 敵を欺き退却と思わせて、裏から攻めるしか勝つ方法がない。
적을 속여 퇴각이라 생각하게 해 놓고 뒤에서 공격하는 것밖에 이기는 방법이 없다.

❹ 客を欺くことに後ろめたさを感じるなら、この仕事はやっていけない。
손님을 속이는 일에 꺼림직함을 느낀다면 이 일은 해갈 수 없다.

❺ 彼は己を欺いて、この事実を否定するには、余りに正直な人間であった。
그는 자신을 속이고 이 사실을 부정하기에는 너무나도 정직한 인간이었다.

010 　漁る(あさる)

□□□□

[意]

㊐ ①えさや獲物を探し求める　②物や人を得ようとして探し回る

㊊ ①(먹이를) 뒤지다, 찾아다니다　②(자료 따위를) 여기저기 구하러 다니다

[用] 漁(あさ)る는 '餌(えさ)を漁(あさ)る(먹이를 뒤지다)', 'ゴミ箱(ばこ)を漁(あさ)る(쓰레기통을 뒤지다)', '貝(かい)·海草(かいそう)を漁(あさ)る(조개·해초를 찾아다니다)', '資料(しりょう)を漁(あさ)る(자료를 찾아다니다)'처럼, 동물이나 사람이 먹이나 필요한 물건들을 찾아 다니는 경우에 사용한다. '読(よ)み漁(あさ)る(모조리 읽다)', '買(か)い漁(あさ)る(몽땅 사다)'처럼, 동사 연용형에 붙어, 이곳저곳을 돌아다니며 행동하거나, 찾아다니며 닥치는 대로 행위를 하는 경우에 사용한다.

[例]

❶ 野良犬(のらいぬ)は辺(あた)りを自由勝手(じゆうかって)に歩(ある)き回(まわ)り、ゴミ箱(ばこ)を漁(あさ)る。
들개는 주변을 마음대로 돌아다니며 쓰레기통을 뒤진다.

❷ 兄(あに)は図書館(としょかん)で卒業論文(そつぎょうろんぶん)の資料(しりょう)を必死(ひっし)に漁(あさ)っている。
형은 도서관에서 졸업논문 자료를 필사적으로 찾고 있다.

❸ 母(はは)は新聞(しんぶん)の広告(こうこく)を見(み)てはけ安売(やすう)りの品物(しなもの)を買(か)い漁(あさ)ってくる。
엄마는 신문 광고를 보고는 싸게 파는 상품을 모조리 사 온다.

❹ 姉(あね)は暇(ひま)さえあれば祖父(そふ)の書庫(しょこ)に潜(もぐ)り込(こ)み本(ほん)を読(よ)み漁(あさ)っている。
언니는 틈만 나면 할아버지 서고에 숨어 들어가 책을 뒤적이고 있다.

❺ この地方(ちほう)では男(おとこ)たちが漁(りょう)に出(で)た後(あと)、女(おんな)たちは海岸(かいがん)で貝(かい)や海草(かいそう)を漁(あさ)って生活(せいかつ)をしている。
이 지방에서는 남자들이 고기잡이에 나간 후 여자들은 해안에서 조개나 해초를 잡으며 생활을 하고 있다.

─(011)》》 あしらう

□□□□

[意] �日 ①客などをもてなす，軽んじて扱う　②趣きをだすために他のものを取り合わせる，配する

㊞ ①대접하다　②적당히 다루다　③배합하다, 곁들이다

[用] あしらうは '客をあしらう(손님을 대접하다)', '適当にあしらう(적당히 다루다)', 'なれなれしくあしらう(친근하게 대하다)', '花をあしらう(꽃을 곁들이다)'처럼, 손님을 응대하거나 가볍게 대하거나, 무언가를 곁들이거나 배합하는 경우에 사용한다.

[例]

❶ あの人には客を上手にあしらって満足させる才能がある。
저 사람에게는 손님을 잘 응대하여 만족시키는 재능이 있다.

❷ 胸の辺りに花をあしらうと、見違えるほど華やかに見えると思う。
가슴 언저리에 꽃을 장식하면 몰라볼 정도로 화려하게 보일 것이다.

❸ 酔っぱらいの言うことには逆らわず、適当にあしらうのが無難だ。
취객이 하는 말에는 거역하지 말고 적당히 대하는 것이 무난하다.

❹ 相手が笑い、なれなれしくあしらってくれさえすれば彼は満足なのだ。
상대가 웃으며 친숙하게 대해주기만 하면 그는 만족한다.

❺ それぞれ信用と安心、慎重な判断を示す三つの鍵があしらわれている。
각각 신용과 안심, 신중한 판단을 나타내는 3가지 열쇠가 조합되어 있다.

012 >>> 与かる（あずかる） □□□□

意

🇯🇵 ①物事（ものごと）に関（かか）わりを持（も）つ，関係（かんけい）する，関与（かんよ）する　②主（おも）に目上（めうえ）から好意（こうい）の表（あらわ）れとしてあることを受（う）ける，被（こうむ）る

🇰🇷 ①관계하다, 관여하다　②(호의, 친절) 받다

用

与かるは '式（しき）・協議（きょうぎ）に与（あず）かる(식・협의에 관여하다)', '栄誉（えいよ）に与（あずか）る(영예를 받다)', 'お褒（ほ）め・お招（まね）きに与（あず）かる(상・초대를 받다)' 처럼, 무언가에 관여하거나 윗사람으로부터 무언가를 받거나 하는 경우에 사용한다.

例

❶ それに与（あずか）る私（わたし）たちの力（ちから）とはいかに僅（わず）かなものに過（す）ぎないであろう。
그에 관여하는 우리의 힘이란 얼마나 보잘것없는 것에 불과한 것일까.

❷ 彼（かれ）は普仏戦争（ふふつせんそう）において鉄十字（てつじゅうじ）の栄誉（えいよ）に与（あずか）ったことでも記憶（きおく）される。
그는 보불전쟁에서는 철십자의 영예를 얻은 것으로도 기억된다.

❸ その編集（へんしゅう）に従事（じゅうじ）し協議（きょうぎ）に与（あず）かるものは皆錚（みなそう）々（そう）たる第一人者（だいいちにんしゃ）であった。
그 편집에 종사하고 협의에 관여하는 자는 모두 쟁쟁한 제일인자였다.

❹ 学問（がくもん）や勉強（べんきょう）をする学生（がくせい）だけが徴兵上（ちょうへいじょう）の特権（とっけん）に与（あず）かる理由（りゆう）はないはずである。
학문이나 공부를 하는 학생만이 징병상의 특권을 받을 이유는 없는 것이다.

❺ 自白（じはく）し、反省（はんせい）の態度（たいど）を繕（つくろ）ったところで、初犯（しょはん）のような情状酌量（じょうじょうしゃくりょう）の特典（とくてん）に与（あず）かることは、あり得（え）ない。
자백하고 반성의 태도를 꾸며 보인다 한들 초범과 같은 정상참작의 특전을 받을 일은 불가하다.

013 　褪せる

意
- 🇯🇵 ①もとの色や艶が薄くなる，色が褪める，退色する　②盛んだったものが衰える。もとの勢いが失せる
- 🇰🇷 ① 색 등이 바래다, 퇴색하다　② 쇠퇴하다, 쇠하다

用
褪せる는 '色・色彩・糸が褪せる(색・색채・실이 바래다)', '歓びが褪せる(기쁨이 바래다)'처럼, 색이 바래거나 힘이 쇠하는 경우에 사용한다.

例

❶ それとともに新しい場所へ来たことの歓びはたちまち褪せてしまった。
그와 함께 새로운 장소에 왔다는 기쁨은 순식간에 퇴색하고 말았다.

❷ 城壁の上には色の褪せた旗が一定の間隔をとって立てられている。
성벽 위에는 색이 바랜 깃발이 일정 간격으로 세워져 있다.

❸ 黒い柄糸がすこし褪せて見えるのは長く使い込んでいるからだろうか。
검은 칼자루에 감는 끈이 조금 바래 보이는 것은 오래 사용하고 있어서일까.

❹ おそらく少しの塗り直しと、よくない保存状態のために色彩が褪せている。
아마도 약간 덧칠한 것과 좋지 않은 보존상태 탓에 색채가 바랜 것 같다.

❺ 白樺の葉は目に見えて色が褪せたものの、まだみなほとんど緑色であった。
자작나무 잎은 눈에 띄게 색이 바래긴 했지만, 아직도 거의 녹색이었다.

014 　焦る（あせる）　□□□□

意

🇯🇵 ①早くしなければならないと思って苛立つ，気を揉む，落ち着きを失う　②苛立って暴れる，手足をばたばたさせる

🇰🇷 ① 초조해하다, 조급해하다　②(급한 마음에) 신경질을 내다

用

焦るは'チームが焦る(팀이 초조해 하다)', '焦る必要はない(조급해할 필요가 없다)', '焦らずに事を進める(침착하게 일을 진행하다)'처럼, 침착함을 잃고 초조해 하는 경우에 사용한다.

例

❶ 町全体が何かにひどく焦って苛々しているような気がする。
온 동네가 무언가에 굉장히 초조해하며 안절부절못하고 있는 듯한 느낌이 든다.

❷ 自分が生きている内に評価されることに焦る必要はないのだ。
자신이 살아있는 동안에 평가받는 것에 조급해할 필요는 없다.

❸ そんなことで一人焦っていると、彼女の方が先に話題を振ってくれた。
그런 일로 홀로 초조해하고 있자 그녀가 먼저 화제를 꺼내 주었다.

❹ ただでさえ焦っていたところに、走り続けで心臓がばくばく言っている。
안 그래도 조급한 상황에 줄곧 달리기까지 해서 심장이 쿵쿵 뛰고 있다.

❺ そう考えると、準備の期間はたっぷりとあり、焦らずに事を進められた。
그렇게 생각하니 준비기간은 충분히 있어 침착하게 일을 진행할 수 있었다.

015 >>> **誂える**
<small>あつら</small>

□□□□

【意】 ⓙ ①注文して望み通りのものを作る，オーダーメイドで作る ②物事を人に頼み求める

ⓚ ①주문하다, 맞추다 ②부탁하여 자신의 생각대로 하게 하다

【用】 誂える는 '料理を誂える(요리를 주문하다)' '洋服を誂える(양복을 맞추다)' '特別に誂える(특별히 제작하다)' '誂えたようにピッタリだ(맞춘 듯이 딱 맞다)'처럼, 주문하여 맞추는 경우에 사용한다.

【例】

❶ 混乱期でも子供に制服を誂えてやれる家庭は厳然として残っていた。

혼란기에도 아이에게 제복을 맞춰줄 수 있는 가정은 엄연히 남아 있었다.

❷ 父は既成服は体に合わないからと、いつも決まったお店で誂える。

아버지는 기성복은 몸에 안 맞아서 하며 항상 정해진 가게에서 주문한다.

❸ それは自分の買った品でも、拵えてくれと誂えた物でもなかった。

그것은 자신이 산 물건도 만들어 달라고 주문한 물건도 아니었다.

❹ この広間の豪華な照明器具はメーカーに注文して特別に誂えたものだそうだ。

이 큰방의 호화스러운 조명 기구는 메이커에 주문해서 특별히 제작한 것이라고 한다.

❺ 近頃はお節料理も出来上がっているものを買ったりお店で誂えたりする人が多い。

요즘은 설날 음식도 만들어져 있는 것을 사거나 가게에서 주문하거나 하는 사람이 많다.

016 >>> 宛がう（あてがう）

□□□□

意

㊥ ①上位者が下位者に適当に見つくろって与える，割当てて与える ②ぴったりとくっつけて当てる

㊡ ① 적당히 할당해 주다, 분배하다 ② 딱 맞게 갖다 대다

用

宛がうは'本を宛がう(책을 갖다 주다)', 'お菓子を宛がう(과자를 분배하다)', '部屋を宛がう(방을 할당하다)', '口に宛がう(입에 갖다 대다)', '手を腰に宛がう(손을 허리에 대다)', '継ぎを宛がう(이음을 갖다 대다)'처럼, 무언가를 적당히 나누어 주거나 바짝 갖다 대는 경우에 사용한다.

例

❶ 泣いている子にはお菓子を宛がって何とか宥めることができた。
울고 있는 아이에게는 과자를 주어 겨우 달랠 수 있었다.

❷ 女の子には蜘蛛の巣の張っている屋根裏部屋が宛がわれた。
여자아이에게는 거미줄이 쳐져 있는 다락방이 배정되었다.

❸ 彼女は水を求めている負傷者の口に水筒を宛がって水を飲ませた。
그녀는 물을 달라고 하는 부상자의 입에 수통을 대고 물을 마시게 했다.

❹ この子は小さい時から本さえ宛がっておけば静かに一人でいる子だった。
이 아이는 어렸을 때부터 책만 가져다주면 조용히 혼자 있는 아이였다.

❺ 彼は岩の上で両手を腰に宛がい、足を開いて立ったまま広い海を見つめていた。
그는 바위 위에서 두 손을 허리에 대고 다리를 벌리고 선 채 넓은 바다를 바라보고 있었다.

017 》》》 侮る (あなどる)

意 ㊐ 相手の力などを軽く見る，軽んじる，みくびる，ばかにする

㊌ 얕잡다, 얕잡아보다, 경시하다, 무시하다

用 侮るは‘人・傷・山を侮る(사람・상처・산을 얕잡아 보다)’, ‘勉強を侮る(공부를 경시하다)’, ‘女だと侮る(여자라고 무시하다)’처럼, 대상을 가볍게 보거나 얕잡아보는 경우에 사용한다.

例

❶ 彼女は工学博士なので、女だと侮ってはいけない。
그녀는 공학박사이니 여자라고 무시하면 안 된다.

❷ 相手がどんな人であろうと、人を侮るようなことをしてはならない。
상대가 어떤 사람이든지 사람을 얕잡아보는 그런 일을 해서는 안 된다.

❸ 小さな傷でも大事に繋がる場合があるので、侮ってはいけない。
작은 상처로도 큰일로 이어지는 경우가 있어서 우습게 봐서는 안 된다.

❹ 大したことはない山だからなどと侮っていると、大変なことになりかねない。
별것 아닌 산이니 하는 등 무시하면 큰일로 이어질지도 모른다.

❺ 勉強などしなくても分かるからと侮り、怠けているうちに成績はどんどん下がっていった。
공부 따위 하지 않아도 아니까 하며 무시하고 게으름피우는 사이에 성적은 점점 내려갔다.

018 >>> 暴く（あばく）

☐☐☐☐

意 🇯🇵 ①土を掘り崩して土中に隠れたものを表に晒す，地中のものを掘り出す ②隠されたものを探り出して公にする、暴露する

🇰🇷 ① 파헤치다　② 폭로하다, 들춰내다

用 暴くは '墓を暴く(묘를 파헤치다)', '隠れ家を暴く(은신처를 파헤치다)', '正体・スキャンダル・過去を暴く(정체·스캔들·과거를 폭로하다)' 처럼, 땅을 파헤치거나, 무언가를 폭로하는 경우에 사용한다.

例

❶ いつか彼女の正体を暴いて懲らしめてやる。
언젠가 그녀의 정체를 파헤쳐 응징해 주겠다.

❷ 彼は過去を暴かれるのを恐れて脅迫者に大金を渡した。
그는 과거가 폭로되는 것을 두려워하여 협박자에게 큰돈을 건넸다.

❸ 彼らの隠れ家が、とうとう国の秘密警察によって暴かれた。
그들의 은신처가 마침내 국가 비밀경찰에 의해 파헤쳐졌다.

❹ テレビや週刊誌は、俳優のスキャンダルを暴くのに目の色を変えている。
TV나 주간지는 배우의 스캔들을 파헤치는 것에 눈을 부릅뜨고 있다.

❺ この谷の王の墓を暴いたものには、恐ろしい祟りがあると伝えられている。
이 골짜기의 왕의 무덤을 파헤친 자에게는 무서운 재앙이 있다고 전해지고 있다.

019 >>>> 暴^{あば}れる

意　🔵 ①乱暴^{らんぼう}な行動^{こうどう}をする　②思^{おも}う存分^{ぞんぶん}自分^{じぶん}のしたいように振^ふる舞^まう

　　　🔴 ①난폭하게 굴다, 날뛰다　②마음껏 뜻대로 행동하다, 크게 활약하다

用　暴^{あば}れる는 '馬^{うま}が暴^{あば}れる(말이 날뛰다)', '酔^よって暴^{あば}れる(취해 날뛰다)', '財界^{ざいかい}·学界^{がっかい}で
暴^{あば}れる(재계·학계에서 활약하다)'처럼, 난폭한 행동을 하거나 용감하게 행동하거나,
폭음폭식을 하는 경우에 사용한다.

例

❶ その姿^{すがた}は自分^{じぶん}に関心^{かんしん}を持^もってくれるまで暴^{あば}れる子供^{こども}にそっくりだった。
그 모습은 자신에게 관심을 가져 줄 때까지 날뛰는 아이에 쏙 닮았다.

❷ 家族^{かぞく}に甘^{あま}やかされて育^{そだ}った彼^{かれ}は自分^{じぶん}の思^{おも}い通^{どお}りにならなければ暴^{あば}
れる。
가족에게 애지중지 자란 그는 자기 생각대로 되지 않으면 날뛴다.

❸ 完全^{かんぜん}に無抵抗^{むていこう}な人^{ひと}よりも、多少^{たしょう}は暴^{あば}れる相手^{あいて}の方^{ほう}が刺激^{しげき}も強^{つよ}いの
である。
완전히 무저항인 사람보다 다소는 날뛰는 상대가 자극도 강한 것이다.

❹ 鹿^{しか}は暴^{あば}れる様子^{ようす}もなく、ただ一瞬驚^{いっしゅんおどろ}いたような表情^{ひょうじょう}を目^めに浮^うかべた
だけだった。
사슴은 날뛰는 모습도 없고 단지 순간 놀란 듯한 표정을 눈에 띄울 뿐이었다.

❺ 酒^{さけ}を飲^のむと暴^{あば}れるし、誰^{だれ}かと口論^{こうろん}をしたり、殴^{なぐ}り合^あいをしたりしない
日^ひはなかった。
술을 마시면 날뛰고 누군가와 언쟁을 하거나 치고받거나 하지 않는 날이 없었다.

020 ❯❯❯ 炙(あぶ)る ☐☐☐☐

意
日 ① 食(た)べ物(もの)をちょっと火(ひ)が通(とお)る程度(ていど)にほどよく焼(や)く　② 軽(かる)く火(ひ)にかざして温(あたた)めたり乾(かわ)かしたりする

韓 ① 불에 쬐어 굽다, 덥히다, 말리다　② 불에 쬐어 따뜻하게 하거나 말리다

用
炙(あぶ)るは '魚(さかな)・海苔(のり)・干物(ひもの)を炙(あぶ)る(생선·김·건어물을 불에 굽다)', '手(て)を炙(あぶ)る(손을 불에 쬐다)', '火(ひ)で·火(ひ)に炙(あぶ)る(불로·불에 말리다, 굽다)'처럼, 먹을 것을 불에 굽거나 말리거나, 또는 불에 쬐어 말리거나 하는 경우에 사용한다.

例

❶ 広場(ひろば)の中央(ちゅうおう)に火(ひ)に炙(あぶ)られて黒(くろ)く色(いろ)を変(か)えた柱(はしら)が二本(にほん)立(た)っている。
광장 중앙에 불에 구워져 검게 색이 변한 기둥이 두 개 서 있다.

❷ 焚(た)き火(び)の上(うえ)では、串刺(くしざ)しになったトカゲのような生(い)き物(もの)が炙(あぶ)られていた。
모닥불 위에서는 꼬챙이가 된 도마뱀 같은 생물이 구워지고 있었다.

❸ 一人(ひとり)の敵(てき)を炙(あぶ)るために街(まち)が全(すべ)て焼(や)かれるという事態(じたい)に発展(はってん)しかねない。
한 명의 적을 태우기 위해 거리 전체가 불태워지는 사태로 발전할지도 모른다.

❹ 幼(おさな)いころ祖母(そぼ)がよく炭火(すみび)で海苔(のり)を炙(あぶ)り、ご飯(はん)の上(うえ)にパラパラかけてくれた。
어렸을 때 할머니가 자주 숯불에 김을 구워 밥 위에 훌훌 뿌려주었다.

❺ 家庭(かてい)によってはこれに塩(しお)を振(ふ)ったり、煮崩(にくず)れを防(ふせ)ぐため軽(かる)く火(ひ)で炙(あぶ)ったりする。
가정에 따라서는 여기에 소금을 뿌리거나 삶다 모양이 흐트러지는 것을 막기 위해 살짝 불에 굽기도 한다.

021 >>> 甘ったれる

意 ㊐ ひどく甘える，自立心がなく他人に頼る

㊌ 어리광부리다, 안주하다, 남에게 의지하다

用 甘ったれる는 '甘ったれた行為・様子・状態(어리광부리는 행위・모습・상태)', '甘ったれた考え(안이한 생각)'처럼, 어리광을 부리거나 남에게 의지하는 경우에 사용한다.

例

❶ そういえば甘ったれた口の利きようなど大変よく似ている。
그러고 보니 어리광부리는 말투 등이 굉장히 닮았다.

❷ むしろ自分の行為を甘ったれたものとして、恥じているようでもある。
오히려 자신의 행위를 어리광스러운 것으로서 창피해하는 것 같기도 하다.

❸ そんな甘ったれた考えを持っていたのでは、君はあの女に裏切られる。
그런 안이한 생각을 가지고 있어서는 너는 그 여자에게 배신당한다.

❹ 甘ったれるような意味のあるような様子をしているのが彼の気に入らなかった。
어리광부리는 듯한 의미 있는 듯한 모습을 하고 있는 것이 그의 마음에 들지 않았다.

❺ 彼らが生きていく上で必要とするものは、そんな現状に甘ったれた状態ではない。
그들이 살아감에 있어서 필요로 하는 것은 그런 현재 상태에 안주한 상태가 아니다.

022 >>>> **肖る**〔あやか〕 □□□□

意

⑤ 幸せな人の影響を受けて同じように幸せになる，幸せを念じて幸せな人と同じことをする

㊩ 행복한 사람의 영향을 받아 똑같이 행복하게 되다, 닮다

用 肖る는 '先生・先輩・友人に肖る(선생님・선배・친구를 닮아 잘되다)'처럼, 타인의 능력을 부러워하여 나도 그처럼 되었으면 하는 마음을 표현(닮고 싶다, 닮아서 잘됐으면 좋겠다)하는 경우에 사용한다.

例

❶ 私もあの先生に肖って字がうまくなりたい。

나도 저 선생님을 닮아 글자를 잘 썼으면 좋겠다.

❷ 宝くじに当たったんだって。おめでとう、私も肖りたい。

복권에 당첨됐다며 축하해. 나도 당첨되고 싶다.

❸ 父は昨年生まれた孫に彼女に肖るようにと花子と名づけた。

아버지는 작년에 태어난 손녀에게 그녀를 닮으라고 하나꼬라고 이름을 지었다.

❹ あなたに肖り、あらゆる機関の支配者となるように、との願いが込められた名だ。

당신을 닮아 잘돼 모든 기관의 지배자가 되도록 하는 소망이 담긴 이름이다.

❺ 妹は幸福な結婚をした友人に肖りたいと、その友人の花嫁衣装を借りて結婚式を挙げた。

여동생은 행복한 결혼을 한 친구를 닮고 싶다며, 그 친구의 결혼 의상을 빌려 결혼식을 올렸다.

023 >>> あやす

意　◯日 赤ん坊の機嫌を取る

　　◯韓 어르다, 달래다, 구슬리다

用　あやす는 '赤ん坊・子供・泣く子をあやす(아이・어린이・우는 아이를 달래다)'처럼,
　　아이나 어린이 등을 어르거나 달래는 경우에 사용한다.

例

❶ その時母は口の内で何か祈りながら、背を振ってあやそうとする。
그때 어머니는 입속으로 무언가를 기원하면서 등을 흔들며 달래려고 한다.

❷ 彼は赤ん坊をあやすように、わざと眼を向いたり舌さえ出してみたり
した。
그는 아이를 달래듯이 일부러 눈을 맞추거나 혀를 내밀어 보거나 했다.

❸ 泣いている子供をあやすような感じで背中をぽんぽんと軽く叩いて
やる。
울고 있는 아이를 달래는듯한 느낌으로 등을 톡톡 가볍게 두드려 준다.

❹ 地面に置いた子供をあやす必要から言語が発達したという仮説も
ある。
지면에 놓은 아이를 달랠 필요로부터 언어가 발달했다는 가설도 있다.

❺ これらは手に取って遊ばせるものではなく、乳児をあやすことを目
的とする。
이것은 손에 쥐고 놀게하는 것이 아니라 유아를 달래는 것을 목적으로 한다.

024 >>>> 殺(あや)める □□□□

意

㊐ 人(ひと)に危害(きがい)を加(くわ)える，殺(ころ)す

㊡ 위해를 가하다, 죽이다

用

殺(あや)めるは‘人(ひと)・王(おう)を殺(あや)める(사람·왕을 죽이다)’처럼 누군가를 죽이는 경우에 사용한다. ‘殺(ころ)す’와 같다.

例

❶ 理由(りゆう)なく人(ひと)を殺(あや)めたものは、自(みずか)らの命(いのち)で償(つぐな)わなければならない。
이유 없이 타인을 죽인 자는 자신의 목숨으로 속죄해야 한다.

❷ 自(みずか)らの手(て)で殺(あや)めてしまった命(いのち)を、なかったことにしようとしている。
자기 손으로 죽여 버린 생명을 없었던 일로 하려고 하고 있다.

❸ この少女(しょうじょ)は人(ひと)を殺(あや)めたこともなく、人(ひと)の命(いのち)を助(たす)けてやったこともない。
이 소녀는 사람을 죽인 적도 없고 사람의 생명을 구해 준 적도 없다.

❹ 騎士(きし)が王(おう)を殺(あや)めることを拒否(きょひ)する場面(ばめん)は無伴奏(むばんそう)の合唱(がっしょう)によって描(えが)かれる。
기사가 왕을 죽이는 것을 거부하는 장면은 무반주 합창에 의해 그려진다.

❺ 時(とき)には人(ひと)を殺(あや)めることも運命(うんめい)づけられている職業軍人(しょくぎょうぐんじん)のような男(おとこ)たちがいた。
때로는 사람을 죽이는 것도 운명지어진 직업군인 같은 남자들이 있었다.

025 >>> 抗う

意	⑪ ① 外から加わる強い力に従わずに、それを撥ね除けようとする，抵抗する ② 負けずに言い返す，言い争う
	㉠ ① 저항하다, 항거하다, 맞서 싸우다 ② 언쟁하다

用 抗うは‘人に抗う(사람에 맞서 싸우다)’, ‘権威に抗う(권위에 항거하다)’, ‘不安に抗う(불안에 맞서 싸우다)’, ‘常識に抗う(상식에 맞서 싸우다)’처럼, 무언가에 맞서 싸우거나 항거하는 경우에 사용한다.

例

❶ 暗い夜の中で、私は不安に抗いながら、夜明けを待った。
어두운 밤 속에서 나는 불안과 싸우면서 날이 새기를 기다렸다.

❷ 自分の中に確固たる信念がなければ、権威に抗うことはできない。
자신의 마음속에 확고한 신념이 없으면 권위에 항거할 수 없다.

❸ もしかすると、彼があのように抗うのは、何か考えがあるからなのかも

しれない。
어쩌면 그가 저토록 맞서 싸우는 것은 무언가 생각이 있기 때문인지 모른다.

❹ 裁判に限らず、日本では周囲に抗い、時代に抗って物を言うのが

難しい。
재판에 한하지 않고 일본에서는 주위에 항거하고 시대에 항거하여 말하는 것이 어렵다.

❺ 家に戻ると、ぼくはあの奇妙な発見物を見たいという抗いがたい欲

望を覚えた。
집에 돌아오니 나는 그 기묘한 발견물을 보고 싶은 저항할 수 없는 욕망을 느꼈다.

026 >>> 荒れる/荒らす

□□□□

[荒れる]

意 🅹 ①天候が崩れて海や山が穏やかでなくなる　②被害にあったり手入れを怠ったりして、土地や建物が損なわれた状態になる　③態度や行動などが平常の秩序や穏やかさを失う，乱暴になる，また、生活や気分などが投げやりになる，すさむ　④肌が滑らかでなくなる，かさかさする　⑤会議や試合などが普通とは異なった展開となる

🅺 ①(날씨·바다·분위기 등이) 사나워지다, 거세어지다, 험악해지다　②황폐해지다　③난폭히 굴다, 날뛰다, 설치다　④(피부가) 꺼칠꺼칠해지다, 트다　⑤행사나 회의 등의 분위기가 무질서한 상태가 되다. 소란스러워지다

用 荒れると '海が荒れる(바다가 거칠어지다)', '家が荒れる(집이 황폐해지다)', '荒れた田んぼ(황폐해진 논)', '生活が荒れる(생활이 거칠어지다)', '会議が荒れる(회의가 험악해지다)', '手が荒れる(손이 거칠어지다)', '筆が荒れる(붓이 잘못 써지다)'처럼, 대상이 거칠어지거나 황폐해지거나 난폭해지거나, 피부가 거칠어지는 경우 등에 사용한다.

例

❶ 住む人がいなくなってからは、この家も荒れてしまって見る影もないほどだ。
사는 사람이 없어지고 나서는 이 집도 황폐해져 볼품이 없을 정도다.

❷ 台風の影響で海が荒れる時は漁師の家族はひたすら無事を祈るばかりだ。
태풍 영향으로 바다가 거칠어질 때는 어부의 가족들은 오로지 무사를 바랄 뿐이다.

❸ 彼は真面目な青年だったのに勤めを辞めてからは、生活が荒れて
いるようだ。
그는 성실한 청년이었는데 직장을 그만두고 나서는 생활이 거칠어진 것 같다.

❹ 昔、飢饉の年には荒れた田んぼを掘り起こし籾を拾って粥を作って
食べたそうだ。
옛날 기근의 해에는 거친 논을 파내 벼를 주워 죽을 끓여 먹었다고 한다.

❺ 会議は意見が二つに分かれて激しい議論を繰り返し、いつになく
荒れてしまった。
회의는 의견이 둘로 나뉘고 격렬한 논의를 거듭하여 어느 때보다 어수선해지고 말았다.

[荒らす]

意　㊐ ①壊したり散らかしたりして乱れた状態にする　②自然の作用などが整った状
態を損なう　③放置して乱れた状態にする　④他人の領域や権益を侵す

　　㊨ ①부수다, 망가뜨리다　②망치다, 휩쓸다　③황폐하게 하다　④(남의 영역 따위
를) 침범하다, 교란하다

用　荒らす는 ‘田畑を荒らす(논밭을 망가트리다)’, ‘村を荒らす(마을을 휩쓸다)’, ‘肌を
荒らす(피부를 망가트리다)’, ‘留守の家を荒らす(빈집을 침범하다)’, ‘縄張りを荒ら
す(영역을 침범하다)’처럼, 대상을 망가트리거나 남의 영역을 침범하는 경우에 사용
한다.

例

❶ この薬品は肌を荒らす恐れあるので注意が必要だ。
이 약품은 피부를 거칠게 하는 위험이 있으니 주의가 필요하다.

❷ モグラやイノシシはいずれも田畑を荒らす動物である。
두더지와 멧돼지는 모두 논밭을 망가트리는 동물이다.

❸ 北の方に山犬が出て村々を荒らすというニュースが伝わってきた。
북쪽에 야생견이 나타나 마을들을 휩쓴다는 뉴스가 전해져 왔다.

❹ 留守の家ばかりを狙って荒らしていた犯人が捕まり、みんな安心して外出できるようになった。
빈집만을 노려 털었던 범인이 붙잡혀 모두 안심하고 외출할 수 있게 되었다.

❺ 鮎にはそれぞれ縄張りがあり、縄張りを荒らそうとする相手が出現すると攻撃する習性がある。
은어에게는 각자 영역이 있어 영역을 침범하려는 상대가 출현하면 공격하는 습성이 있다.

027 癒える / 癒す

[癒える]

意 ⓐ 病気や傷などが治る

ⓚ 낫다, 아물다

用 癒える는 '傷·痛手·火傷·風邪が癒える(상처·화상·감기가 낫다, 아물다)', '恐れから癒える(공포로부터 아물다)'처럼, 병이나 상처 등이 낫거나 아무는 경우에 사용한다.

例

❶ 当時私は女と別れた心の傷が癒えずに毎日のように酒を飲んでいた。
당시 나는 여자와 헤어진 마음의 상처가 아물지 않아 매일같이 술을 마셨었다.

❷ 眠り病ではないかと疑われたほどの重い風邪は、どうやら癒えたらしい。
수면병이 아닌가 의심이 들 정도로 심한 감기는 그럭저럭 나은 것 같다.

❸ 彼は自分の火傷のまだ癒えていないのも忘れて、夢中で看護したのだ。
그는 자신의 화상이 아직 아물지 않은 것도 잊고 정신없이 간호했다.

❹ 雨の庭に投げ捨てたところで、心に受けた衝撃と痛手は癒えるものではない。
비 오는 마당에 던져봤자 마음에 받은 충격과 상처는 아물지 않는다.

❺ 人は病気になると、病気なのではないかという恐れからはたちまち癒えてしまうものだ。
사람은 병이 들면 병에 걸린 것이 아닌가 하는 두려움에서는 금방 나아버리는 법이다.

[癒す]

意 🇯🇵 病気・傷・苦しみなどを治す

🇰🇷 고치다, 치유하다

用 癒すは '病気・怪我を癒す(병 상처를 고치다)', '孤独を癒す(고독을 치유하다)', '飢えを癒す(굶주림을 치유하다)', '二人の間の溝が癒される(둘 사이의 골을 치유하다)'처럼, 대상을 치료하거나 치유하는 경우에 사용한다. 명사로서 '癒し'는 치유・힐링의 의미로 사용한다.

例

❶ 一方で、ゲームと同様に漫画もまた彼の孤独を癒す手段になる。
한편 게임과 마찬가지로 만화도 역시 그의 고독을 치유하는 수단이 된다.

❷ 書物の与えてくれる知識は彼の精神の飢えを癒す血であり肉であった。
책이 제공해주는 지식은 그의 정신의 굶주림을 치유하는 피이자 고기였다.

❸ 現在は拠点をハワイに移し、癒しをテーマに世界に向けて活動している。
현재는 거점을 하와이에 옮기고 치유를 테마로 세계를 향해 활동하고 있다.

❹ どちらの提案も結局は通過せず、二人の間の溝が癒されることはなかった。
어느 쪽 제안도 결국 통과하지 못하고 두 사람 사이의 골이 치유되는 일은 없었다.

❺ 姉妹は無償で村の人々の病気や怪我を癒し、慕われる存在となっていった。
자매는 무상으로 마을 사람들의 병이나 부상을 치료하고 칭송받는 존재가 되어 갔다.

028 憩う(いこう)

□□□□

[意]

⊕ ゆったりと寛ぐ(くつろぐ)，休息(きゅうそく)する

㉿ 휴식을 취하다, 편히 쉬다

[用] 憩う는 '登山者が憩う(등산인이 휴식을 취하다)', '土地で憩こう(땅에서 쉬다)', '公園・浜辺・木の傍に憩う(공원・해변・나무옆에 편이 쉬다)'처럼, 사람이 쉬거나 휴식을 취하는 경우에 사용한다.

[例]

❶ 彼らは死んでからも生きている時も、自分の土地で憩こうのである。

그들은 죽고 나서도 살아있는 때도 자신들의 땅에서 쉬는 것이다.

❷ 今この瞬間この地では、彼は美しい浜辺に憩う呑気な旅行者である。

지금 이 순간 이 땅에서는 그는 아름다운 해변에 쉬는 태평한 여행자이다.

❸ 休講の時は近くの下宿に帰るか、このキハダの木の傍に憩うことに

していた。

휴강 때는 가까운 하숙집으로 돌아가거나 이 황벽나무 옆에 쉬기로 하고 있었다.

❹ 沢を渡るところがこのルートのほぼ中間点であり、多くの登山者が

憩っている。

골짜기를 건너는 곳이 이 루트의 거의 중간지점으로 많은 등산인이 휴식을 취하고 있다.

❺ 街では昨日と同じように物が売られ、公園に憩う市民たちの姿が映

し出されていた。

거리에서는 어제와 같이 물건이 팔리고, 공원에 쉬는 시민들의 모습이 비추어지고 있었다.

029 >>> 誘う _{いざな}

□□□□

意 🇯🇵 呼びかけて目ざす方へ連れ出す, 誘う

🇰🇷 꾀다, 권하다, 꾀어내다, 이끌다

用 誘うは'旅・悪の道に誘う(여행·악의 길로 이끌다)', '破局・過去へ誘う(파국·과거로 이끌다)'처럼, 상대에게 무언가를 권하거나 꾀어내는 경우에 사용하는데, 안 좋은 의도로 상대를 속이거나 하는 경우에 사용한다. 비슷한 단어로 '誘う'가 있다.

例

❶ バッハの旋律が私を音楽の世界へ誘ってくれたのだ。

바흐의 선율이 나를 음악 세계로 이끌어줬다.

❷ 彼は危機を予見しながら、破局へと国民を誘う役割を演じた。

그는 위기를 예견하면서 파국으로 국민을 유혹하는 역할을 했다.

❸ 噂によると、この城には旅人たちを過去へと誘う不思議な抜け道が

あるそうだ。

소문에 의하면 이 성에는 여행자들을 과거로 이끄는 신기한 샛길이 있다고 한다.

❹ 彼の言葉に誘われて私としては行きたくもない闇の領域へと運ばれ

ていったのだ。

그의 말에 이끌려 나로서는 가고 싶지도 않은 어둠의 영역으로 이동되어 간 것이다.

❺ 美しい歌声に誘われて何人もの船乗りたちが波間に命を落としたと

いう伝説がある。

아름다운 노랫소리에 이끌려 많은 뱃사람들이 파도에 목숨을 잃었다고 하는 전설이 있다.

─ 030 》》》 勇む（いさ）

意　㊐ 心が奮い立つ, 勇気が湧く

　　　㊊ 기운이 솟다, 용기가 솟구치다, 용솟음치다

用　勇むは'勇んで手を挙げる・エレベーターに乗る・崖に立つ(용감하게 손을 들다·엘리베이터를 타다·절벽에 서다)'처럼, 용기가 솟구치거나 용감하게 무언가를 하는 경우에 사용한다.

例

❶ あまり数学のできる方でない彼までも、めずらしく勇んで手を挙げた。
그다지 수학을 잘하는 편이 아닌 그마저도 웬일인지 용감하게 손을 들었다.

❷ 彼と友達になったような気がして、私は勇んで崖に立って待っていた。
그와 친구가 된 듯한 마음이 들어, 나는 용감하게 벼랑에 서서 기다리고 있었다.

❸ 最上階にディスコがあると聞いて夫婦は勇んでエレベーターに乗った。
최상층에 디스코가 있다는 말을 듣고 부부는 용감하게 엘리베이터를 탔다.

❹ 大会の時、彼は妻や弟子を連れて勇んで観戦に出かけたものである。
대회 때 그는 부인이랑 제자를 데리고 용감하게 관전을 나가곤 했다.

❺ 三人は勇んで帰国し、三つのモードの付いた試作機の開発に取り掛かった。
셋은 용기를 내어 귀국하여 세 모드가 달린 시제품 개발에 착수했다.

031 >>> 諌める

意 ⑤ ①主に目上の人に対してその過ちや悪い点を指摘し、改めるように忠告する
　　②戒める

　　① 간언하다, 충고하다　② 꾸짖다, 훈계하다

用 諌めるは'王・父王・君主の無道・自分を諌める(왕・부왕・군주의 무도함을 간하다)',
'自分を諌める(자신을 꾸짖다)'처럼, 주로 윗사람을 간언하거나 꾸짖는 경우에 사용
한다.

例

❶ 祖国に帰還し父王を諌める役割は私自身が決意したことである。
조국에 귀환해 부왕을 간하는 역할은 나 자신이 결심한 일이다.

❷ その時にプラトンは奴隷に売られるという危険を犯して王を諌める。
그때 플라톤은 노예로 팔린다고 하는 위험을 감수하고 왕에게 간언했다.

❸ 続く文章でも君主の無道を武力で諌めることの正当性を主張して
いた。
이어지는 문장에서도 군주의 무도를 무력으로 간함의 정당성을 주장하고 있었다.

❹ 彼は心の中で自分を諌めると、ことさらに仕事の時の口調を使って
告げた。
그는 마음속에서 자신을 꾸짖고 일부러 일할 때의 말투를 쓰며 고했다.

❺ 諌めるための言葉には諌める相手への期待と情愛が語るまでもなく
含まれている。
간언하기 위한 말에는 간언할 상대에 대한 기대나 애정이 말할 것도 없이 포함되어 있다.

032 弄る(いじる)

□□□□

[意]

㊐ ① 指先などで触れて弄ぶ　② 慰み事として手任せに物事を行う　③ 機構、構造体などの一部に手を加える

㊤ ① 만지다, 만지작거리다　② 손질하다, 매만지다　③ (제도·기구의 개혁에) 손대다

[用]

弄るは 'おもちゃを弄る(장난감을 만지다)', '髪の毛を弄る(머리카락을 만지작거리다)', '機械を弄る(기계를 만지다)', '盆栽を弄る(분재를 만지다)', '機構を弄る(기구를 손대다)'처럼, 손으로 무언가를 만지거나 손 보는 경우에 사용한다.

[例]

❶ 砂場でおもちゃを弄って遊んでいるのが姉の子供だ。
모래밭에서 장난감을 만지며 놀고 있는 것이 언니의 아이다.

❷ 私には考え事をしている時に髪の毛を弄る癖がある。
나에게는 생각을 하고 있을 때 머리를 만지작거리는 버릇이 있다.

❸ 年老いた父のたった一つの楽しみは盆栽を弄ることだ。
나이 든 아버지의 단 하나의 즐거움은 분재를 만지는 것이다.

❹ 今度の改革案では行政機構も多少弄ることになりそうだ。
이번 개혁안에서는 행정기구도 다소 만질 것으로 보인다.

❺ 弄られることのない特別の場所に運んでいかなければならない。
농락당하는 일이 없는 특별한 장소로 옮겨가야 한다.

033 >>> いたぶる □□□□

意 🇯🇵 脅して金品などをせびり取る，強請る，嫌がらせや意地悪をする，虐める

　　🇰🇷 갈취하다, 등치다, 못살게 굴다, 괴롭히다

用 いたぶるは '生き物をいたぶる(생물을 못살게 굴다)', '下級生をいたぶる(하급생을 괴롭히다)', 'やくざにいたぶられる(폭력배에 갈취당하다)'처럼, 대상을 못살게 굴거나 금품 등을 갈취하는 경우에 사용한다. 비슷한 단어로 'ゆする'가 있다.

例

❶ 友人がいたぶられるのを黙って見ていられるわけがない。
친구가 괴롭힘당하는 것을 가만히 보고 있을 리가 없다.

❷ チームの者は皆、彼が獲物をいたぶるような男ではないことを知っている。
팀원은 모두 그가 먹잇감을 갈취할 그런 남자가 아니라는 것을 알고 있다.

❸ 捕まっていたぶられるより、飛び降りて怪我をした方がましだと判断したのだ。
붙잡혀 괴롭힘을 당하는 것보다 뛰어내려 다치는 것이 낫다고 판단한 것이다.

❹ 彼らは無力な農民をいたぶって、娘の一人でも捕まえたいと思っていた者たちだ。
그들은 힘이 없는 농민을 괴롭혀 딸 한 명이라도 붙잡으려 생각했던 자들이다.

❺ やつは自分がいたぶる相手が本気で攻撃してくるなんて考えたこともないのだろう。
녀석은 자신이 괴롭히는 상대가 진짜로 공격해오리라고는 생각한 적도 없을 것이다.

034 ≫≫ 労^{いたわ}る

【意】 ㊐ ① 優しく大切に扱う　② 労をねぎらう，慰労する

　　 ㉿ ① 소중히 여기다, 정성스럽게 다루다　② 치하하다, 위로하다

【用】 労^{いたわ}るは‘病人^{びょうにん}・お年寄^{としよ}り・部下^{ぶか}を労^{いたわ}る(환자·노인·부하를 소중히 여기다)’, ‘労^{ろう}を労^{いたわ}る(노고를 위로하다)’처럼, 상대를 소중히 여기거나 노고를 위로하는 경우에 사용한다.

【例】

❶ 誰^{だれ}が見^みてもこれ以上^{いじょう}優^{やさ}しく嫁^{よめ}を労^{いたわ}る姑^{しゅうと}というものはあるまい。
누가 봐도 이 이상 더 며느리를 소중히 하는 시어머니라는 자는 없을 것이다.

❷ 体^{からだ}の不自由^{ふじゆう}な人^{ひと}やお年寄^{としよ}りはみんなで労^{いたわ}らなければならない。
몸이 불편한 사람이나 어르신은 모두 함께 소중히 대해야 한다.

❸ 厳^{きび}しい反面^{はんめん}部下^{ぶか}を労^{いたわ}る優^{やさ}しい隊長^{たいちょう}の長年^{ながねん}の労^{ろう}を労^{いたわ}り、退職祝^{たいしょくいわ}いをした。
엄한 반면 부하를 소중히 여기는 자상한 대장의 오랜 노고를 위로하며 퇴직 축하회를 했다.

❹ それはちょうど、子^こを産^うめない妻^{つま}を、そっと労^{いたわ}るようなわざとらしい無関心^{むかんしん}さであった。
그것은 마침 아이를 낳지 못하는 아내를 슬쩍 위로하는 듯한 부자연스러운 무관심이었다.

❺ 彼^{かれ}の成功^{せいこう}は失敗^{しっぱい}の度^{たび}に優^{やさ}しく労^{いたわ}るように励^{はげ}んだ婦人^{ふじん}の内助^{ないじょ}の功^{こう}によるところが大^{おお}きい。
그의 성공은 실패 때마다 다정하게 위로하도록 힘쓴 부인 내조의 공에 의하는 바가 크다.

035 >>> 慈しむ _{いつく} ☐☐☐☐

[意] ㊐ 弱い立場のものを愛情を持って大切にする，いとおしむ

㊹ 소중히 여기다, 애지중지하다, 사랑하다

[用] 慈しむは '弱い者・幼い者を慈しむ(사람·약한 자·어린 자를 소중히 하다)', '自然を慈しむ(자연을 사랑하다)'처럼, 사람이나 자연 등을 소중히 여기는 경우에 사용한다.

[例]

❶ 動物などの弱い者や幼い者を慈しむ気持ちを大切にしたい。
동물 등의 약한 자나 어린 자를 자애하는 마음을 소중히 여기고 싶다.

❷ 冬の長い北ヨーロッパでは短い夏を慈しむ気持ちは格別だという。
겨울이 긴 북유럽에서는 짧은 여름을 소중히 여기는 마음은 각별하다고 한다.

❸ 感情までも共有することはないが、慈しんで育てた想いは伝わっていた。
감정까지도 공유하는 일은 없지만, 자애롭게 기른 마음은 전해지고 있었다.

❹ 男は手を伸ばして、まるで我が子を慈しむように彼女の髪を撫でていた。
남자는 손을 뻗어 마치 자기 자식을 사랑하듯이 그녀의 머리를 쓰다듬었었다.

❺ 四季に恵まれた日本人は、その折々の自然を慈しみながら生活を楽しんできた。
사계의 혜택을 받은 일본인은 그때그때의 자연을 소중히 여기며 생활을 즐겨왔다.

036 >>> 偽る

意 ⑪ ① 事実に反することを言う，人を騙す ② 自分の心に反するようなことをする，自分に嘘を言う

㉠ ① 거짓말하다, 속이다 ② 진심과 다른 말을 하다, 자신을 속이다

用 偽るは '名前・身分・事実・を偽る(이름・신분・사실・자신을 속이다), '病気と偽る(병이라 속이다)', '偽らない気持ち(속이지 않는 마음)' 처럼, 속이거나 거짓말을 하는 경우에 사용한다.

例

❶ 彼が刑事たちの名前で事実を偽っているとは思えなかった。
그가 형사들의 이름으로 사실을 속이고 있다고는 생각할 수 없었다.

❷ 他人の名を偽り、あちこちで詐欺を働いていた男が捕まった。
타인의 이름을 속이고 여기저기서 사기를 치던 남자가 붙잡혔다.

❸ 窶れていたので、病気と偽ってレッスンをずる休みしてしまった。
야위어 있었기에 병이라고 속여 레슨을 적당히 쉬고 말았다.

❹ 中には高校生という身分を偽って深夜アルバイトをしている者もいた。
안에는 고등학생이라는 신분을 속여 심야 아르바이트를 하고 있는 자도 있었다.

❺ 他人を騙しているつもりだったが、結局、己を偽っていることにやっと気が付いた。
남을 속일 작정이었으나, 결국 자신을 속이고 있다는 것을 겨우 깨달았다.

037 〉〉〉 凍(い)てる ☐☐☐☐

[意]

㊐ こおる, こおりつく

㊙ 얼다, 얼어붙다

[用]

凍(い)てるは'土(つち)・アスファルト・道(みち)が凍(い)てる(땅・아스팔트・길이 얼어붙다)', 'カチカチに凍(い)てる(꽁꽁 얼다)'처럼, 무언가가 얼어붙는 경우에 사용한다. 비슷한 단어로 '氷(こお)る'가 있다.

[例]

❶ 凍(い)てた土(つち)の底(そこ)にぬくもりを感(かん)じた瞬間(しゅんかん)に似(に)ていた。

얼어붙은 땅바닥에서 온기를 느낀 순간과 닮아 있었다.

❷ 夜(よる)になると街(まち)のアスファルトは鉛筆(えんぴつ)で光(ひか)らせたように凍(い)てはじめた。

밤이 되면 거리의 아스팔트는 연필로 빛을 낸 것처럼 얼어붙기 시작했다.

❸ 路地(ろじ)の溝板(どぶいた)がカチカチに凍(い)てて、月(つき)が青(あお)い冷(つめ)たい光(ひかり)を投(な)げていた。

골목의 도랑 덮개가 꽁꽁 얼고 달이 파랗게 차가운 빛을 비추고 있었다.

❹ 四五日前(しごにちまえ)に、ひどく凍(い)てる日(ひ)が続(つづ)いた時(とき)、脇腹(わきばら)の古(ふる)い傷(きず)が痛(いた)みだした。

사오일 전에 지독히 추운 날이 이어질 때 옆구리의 오랜 상처가 욱신거렸다.

❺ 氷(こおり)を切(き)り抜(ぬ)いたような月(つき)が凍(い)てて板(いた)のようになった夜空(よぞら)に静(しず)かに動(うご)いていた。

얼음을 도려낸 듯한 달이 얼어서 판자처럼 된 밤하늘에 조용히 움직이고 있었다.

─038─ >>>>　営む

意　🔵 ① 生活の基盤となる物事を行う，生活をする　② 職業として仕事を行う　③ 行事・催しなどを行う，執り行う　④ 建造物などを造り整える　⑤ 生物やその器官が、特定の作用を行う

🔵 ① 영위하다, 생활하다　② 경영하다, 생활을 위해 일을 하다　③(행사·식사 등을) 준비하다, 집행하다　④ 마련하다, 장만하다　⑤ 작용을 하다

用　営むは'生活を営む(생활을 영위하다)', '事業を営む(사업을 영위하다)', '農業を営む(농업을 영위하다)', '酒屋を営む(술집을 경영하다)', '法要を営む(법회를 행하다)'처럼, 생활이나 사업, 장사 등을 영위 또는 경영하거나, 행사 등을 거행하는 경우에 사용한다.

例

❶ 一家はそれまでオランダの片田舎で平和な生活を営んでいた。
가족은 그때까지 네덜란드 외딴 시골에서 평화로운 생활을 영위하고 있었다.

❷ 彼なら故郷で農業を営みながら好きな学問に打ち込んでいる。
그라면 고향에서 농사를 지으며 좋아하는 학문에 몰두하고 있다.

❸ 物心ついた時から樵を営む祖父と二人で森の奥に暮らしていた。
철이 들었을 때부터 나무꾼을 하는 할아버지와 둘이서 숲속에 살고 있었다.

❹ 会社勤めに満足していない父は事業でも営みたいと考えている。
회사 생활에 만족하지 못하는 아버지는 사업이라도 하려고 생각하고 있다.

❺ 亡き父の霊を慰めるため、この度高円寺で法要を営む運びとなった。
돌아가신 아버지의 영을 위로하기 위해 이번에 고원사에서 법회를 열게 되었다.

039 >>>> いなな
嘶く　　　　　　　　　　　　□□□□

意　⊞ 馬が声高く鳴く

　　　㉿ 말이 큰 소리로 울다

用　嘶くは'馬の嘶く(말이 울다)', 'ひひんと嘶く(힝힝하고 울다)'처럼, 말이 소리를 내어
　　　우는 경우에 사용한다.

例

❶ ふと気がつくと、どこかで人の声と馬のひひんと嘶くのが耳に入る。
　문득 정신을 차리자 어디선가 사람 소리와 말의 히힝 하는 소리가 귀에 들어온다.

❷ 遠くから鶏の鳴く声がしたり、野に出る馬の嘶く声が聞こえたりした。
　멀리서 닭의 울음소리가 나기도 들로 나가는 말 우는 소리가 들리기도 했다.

❸ そのうちに馬は全前途に水あることに勘づいたと見えて、急に元気
　よく嘶いた。
　그사이에 말은 앞길 전체에 물이 있음을 알아차린 것 같아 갑자기 힘차게 울었다.

❹ 馬は危険を感じてひどく嘶くが、脚を絡み付けて馬が抵抗できない
　ようにする。
　말은 위험을 느껴 심하게 울지만, 다리를 감아 매어 말이 저항하지 못하게 한다.

❺ 木に繋いだ男の馬が落ちつかなげに低く嘶き、遠くで獣たちの呼
　びあう声がした。
　나무에 묶어놓은 남자의 말이 흥분한 듯이 낮게 울고 멀리서 짐승들이 서로 부르는 소리가 났다.

040 　否む(いな)

□ □ □ □

［意］ ㈰ ①断る, 嫌がる ②否定する

㈻ ① 거절하다, 꺼리다 ② 부정하다

［用］ 否むは '功績·事実を否む(공적·사실을 부정하다)', '訪問を否む(방문을 거절하다)'처럼, 무언가를 거절하거나 부정하는 경우에 사용한다.

［例］

❶ これだけの功績はどう考えても否むことはできないと思う。
이 정두의 공적은 아무리 생각해도 부정할 수 없을 것이다.

❷ 彼が類い稀な力量の持ち主だったことを否む者はない。
그가 유례가 드문 역량의 소유주였음을 부정하는 자는 없다.

❸ その絵に素晴らしいもののあることを誰も否むことはできないだろう。
이 그림에 훌륭한 점이 있음을 아무도 부정할 수는 없을 것이다.

❹ 彼女が父にずいぶん親切にしてくれたという事実は否みようがない。
그녀가 아버지에게 아주 친절하게 해주었다고 하는 사실은 부정할 수가 없다.

❺ 日本の旅行先で表敬訪問を申し込まれると、これを否む理由がなかった。
일본 여행지에서 예방을 제안받자 이를 거절할 이유가 없었다.

041 ≫≫≫ 燻す（いぶす）　□□□□

意
　㊐ ①煙が多く出るように燃やす、煙らせる　②煙を多く出してまいらせる　③煙で黒くなるようにする、硫黄などを燃やして金属の表面を曇らせる

　㊣ ① 연기를 많이 나게 태우다　② 태워 연기를 내다, 모깃불을 피우다　③ 그슬리다

用
　燻すは '生木を燻す(생나무를 태우다)'、'魚を煙で燻す(고기를 연기로 그슬리다)'、'穴の狐を燻し出す(굴속의 여우를 연기로 몰아내다)'、'蚊を燻す(모깃불을 피우다)'、'銀の器具を燻す(은제 기구를 그슬리다)'、'燻したような金色(그을린 듯한 금빛)'、'囲炉裏の上方が燻される(화로 위쪽이 그을리다)' 처럼, 연기가 나도록 태우거나 태워 연기를 내는 경우, 그리고 불에 그을리게 하는 경우에 사용한다.

例

❶ 男は青葉を積み重ね、火をつけて、穴の中を燻しはじめた。
남자는 생잎을 겹겹이 쌓아 불을 붙이고 구멍 속을 태우기 시작했다.

❷ 昔は葉を燻して蚊遣りに用いたり、あるいは香として用いられた。
옛날에는 잎을 태워서 모기향으로 사용하거나 혹은 향으로 사용되었다.

❸ 燻す時に小さな魚が焦げないように火加減を見ながら調理する。
구울 때 작은 생선이 타지 않도록 불의 세기를 보면서 조리한다.

❹ 皮で作られた帯に燻したように黒銀に輝く帯飾りが並べて留めつけられている。
가죽으로 만들어진 띠에 그을린 듯 검은 은에 반짝이는 장식이 줄지어 고정되어 있다.

❺ 空は銀を燻したような色で晴れてはいたが、川風は肌へ凍みるように冷たかった。
하늘은 은을 그을린 듯한 색으로 맑기는 했지만, 강바람은 살갗에 얼어붙을 것처럼 차가웠다.

042 >>>> 戒める

意 ⓐ ①過ちのないように教えさとしたり注意を与えたりする ②悪い行いなどについて、してはいけないと注意する ③抑制する，禁止する ④警戒する，警固する ⑤縛って自由を奪う

ⓚ ①주의 주다, 주의시키다 ②훈계하다, 나무라다, 꾸짖다 ③금지하다, 억제하다 ④경계하다, 조심하다 ⑤포박하다, 묶다, 구속하다

用 戒めるは '子供を戒める(아이에게 주의 주다)', '自らを戒める(스스로를 나무라다)', '風潮を戒める(풍조를 경계하다)', '縄で戒める(포승줄로 묶다)'처럼, 대상에게 주의 주거나 훈계하는 경우와 대상을 경계하거나 구속하는 경우 등에 사용한다.

例

❶ 若いお母さんがいたずらをした子供を戒めている。
젊은 엄마가 장난친 아이를 나무라고 있다.

❷ 自らを戒める言葉をノートの一ページ目に書いておく。
스스로를 꾸짖는 말을 노트의 첫 페이지째에 적어둔다.

❸ 際限なくエネルギーを使う風潮を戒める声が高まってきている。
끝없이 에너지를 사용하는 풍조를 경계하는 목소리가 높아지고 있다.

❹ 過ぎ去った日々はもう帰ってこないと涙を抑え己を戒めるのであった。
지나간 날들은 더이상 돌아오지 않는다며 눈물을 억누르며 자신을 나무라는 것이었다.

❺ 表面で従っておいて後からあれこれ言うのは古人の戒めるところである。
앞에서 따라 놓고 나중에 이러쿵저러쿵 말하는 것은 옛사람이 경계하는 바이다.

043 >>> 苛立つ □□□□

意 🇯🇵 気持ちがいらいらして、じっとしていられなくなる，焦れる

🇰🇷 안절부절못하다, 초조해지다

用 苛立つは'神経・心・気持ちが苛立つ(신경·마음·기분이 안정되지 못하다)'처럼, 초조하여 마음 등이 안절부절못하는 경우에 사용한다.

例

❶ 寝不足のせいか、神経が苛立って仕事に集中できない。
수면 부족 탓인지 신경이 날카로워져 일에 집중할 수가 없다.

❷ おばの、延々と続くおしゃべりに父はだんだん苛立ってきた。
고모의 끝나지 않는 수다에 아버지는 점점 짜증이 나기 시작했다.

❸ 日が暮れて寒くなってきたので、早く下山しなければと心が苛立った。
날이 저물어 추워졌으니 얼른 하산해야지 하고 마음이 급해졌다.

❹ 苛立っていないと言うよりは何か別のことに心を奪われているようである。
초조해하고 있지 않다고 하기보다는 뭔가 다른 일에 마음을 뺏기고 있는 것 같다.

❺ 大勢の乗客が苛立つ気持ちを抑えながら、一時間もバスの来るのを待っていた。
많은 승객이 짜증 나는 기분을 참으며 한 시간이나 버스가 오는 것을 기다리고 있었다.

044 ＞＞＞ 射る

☐☐☐☐

意

� ①弓に番えた矢を放つ　②矢や弾丸が的に当たる　③光が目的物に鋭く当たる
④射かける，仕留める　⑤決定的な影響を与える

㊉ ①(활을)쏘다　②쏘아 맞히다　③빛이 예리하게 비추다　④노리다, 찌르다　⑤
결정적인 영향을 주다

用 射る는 '弓·矢を射る(활·화살을 쏘다)', '的を射る(표적을 맞추다)', '正鵠を射る(정
곡을 찌르다)', '目を射る(눈을 비추다)', '射るような視線(쏘아보는 듯한 시선)'처럼,
활을 쏘거나 쏘아 맞추는 경우, 빛을 쏘거나 대상을 노리거나 하는 경우 등에 사용한다.

例

❶ 武士たちは弓を射る技術を競い合った。
무사들은 활을 쏘는 기술을 서로 겨루었다.

❷ 警察は事件の正鵠を射る手がかりを見つけた。
경찰은 사건의 정곡을 찌르는 단서를 찾아냈다.

❸ 的の扇に向かって矢を射ると、見事に命中した。
표적인 부채를 향해 화살을 쏘자 멋지게 명중했다.

❹ 美しいステンドグラスを通して眩しい陽光が人々の目を射た。
아름다운 스탠드글라스를 통해 눈부신 빛이 사람들의 눈을 비췄다.

❺ 首相の就任記者会見では次々に的を射た質問が出された。
수상의 취임 기자회견에서는 계속해서 정곡을 찌르는 질문이 나왔다.

045 >>> 煎る(炒る) □□□□

[意] 🇯🇵 鍋などに入れた材料を火にかけ、掻き混ぜながら水気がなくなるまで熱する,少し焦げるまで炙る

🇰🇷 볶다, 지지다

[用] 煎る(炒る)는 '豆を煎るような銃の音(콩을 볶는 듯한 총소리)', '卵を煎る(계란을 지지다)'처럼, 콩이나 깨처럼 마른 것을 볶거나, 계란이나 두부 등을 물기가 없어질 때까지 지지는 경우에 사용한다. 기름 등에 볶는 '炒める'와 차 등을 불에 쬐어 볶거나 말리는 '焙じる'가 있다. '肝が煎れる(마음이 초조해지다, 속이 부글부글 끓다)'와 같이 사용하기도 한다.

[例]

❶ コーヒー豆を煎ると台所にコーヒーの香りがたっぷり広がった。
원두를 볶자 부엌에 커피 향이 가득히 퍼졌다.

❷ この茶は沸騰した水中で炒った玄米を浸出させて作られる。
이 차는 끓는 물 속에서 볶은 현미를 침출시켜 만들어진다.

❸ 煎った豆は密閉容器に入れても十日も経つと香味が落ちる。
볶은 콩은 밀폐용기에 넣어도 열흘 정도 지나면 향미가 떨어진다.

❹ 玉子は強く煎らずに、前に結んである握飯の間に挟んで結び直す。
달걀은 세게 붙이지 않고 앞에 만들어 놓은 주먹밥 사이에 끼워 다시 만든다.

❺ 炒っている間ナッツは直接火に当てず、砂を使って熱を均等に拡散させる。
볶는 동안 견과류는 직접 불에 볶지 않고 모래를 이용해 열을 균등하게 확산시킨다.

046 >>> 色めく
いろ

意

⽇ ①色づいて華やかになる ②色っぽくなる、なまめかしくなる ③緊張して落ち
着かなくなる，興奮して騒然となる

韓 ①물들어 화려해지다 ②요염해지다 ③긴장해서 침착함을 잃다, 흥분하여 소란
스러워지다

用

色めくは '庭の楓が色づく(정원의 단풍이 물들다)', '色づいた話(야한 이야기)', '市
場が色めく(시장이 술렁이다)'처럼, 색이 들어 화려해지거나 요염해지는 경우와 어떤
영향으로 흥분하여 술렁이는 경우에 사용한다. 복합어로 '色めき立つ(소란해지다)'
를 많이 사용한다.

例

❶ 株価の暴落にウォール街は大きく色めいた。

주가 폭락으로 월가는 크게 출렁였다.

❷ 色めく兵士たちに向かって、もう一人の若者が叫んだ。

술렁이는 병사들을 향해 다른 한 젊은이가 외쳤다.

❸ 彼のニュースストーリーが載った号の「週間朝日」は俄然色めくような
感じさえする。

그의 뉴스스토리가 실린 호의 '주간아사히'는 갑자기 화려해지는 듯한 느낌조차 든다.

❹ 私は父の三十七の時に生れた子だが、父にも母にも色めいた波風
は一つも起こらなかった。

나는 아버지가 37살 때 태어난 자식이지만, 부모 모두에게 큰 소동은 전혀 일어나지 않았다.

⑤ 重要な証言に色めき立つ警部は続けて目の前の老人に質問した。

중요한 증언에 소란스러워진 경찰은 계속하여 눈앞의 노인에게 질문했다.

⑥ 解剖なんかされたものだから、自殺だ他殺だと、一時は色めき立った。

해부까지 해버렸으니 자살이니 타살이니 하며 한때는 큰 소란이 일어났다.

047 >>> 飢える □□□□

[意] 回 ①食物がなくて空腹に苦しむ，ひどく腹が減る ②望み求めている物事が得られないので、それを強く求める

韓 ①굶주리다 ②절실히 원하다

[用] 飢えるは'子供・子犬が飢える(아이・강아지가 굶주리다)'，'愛情・血・活字に飢える(애정・피・활자에 굶주리다)'처럼, 사람이나 감정 등에 굶주리는 경우에 사용한다.

[例]

❶ 親の愛情に飢えている赤ちゃんは、よく泣くのだそうだ。
부모의 애정에 굶주리고 있는 아이는 자주 운다고 한다.

❷ 拾ってきた子犬は何も食べていないらしく、飢えて痩せ衰えていた。
주워온 강아지는 아무것도 먹지 못한 듯 굶주려 마르고 약해져 있었다.

❸ 血に飢えた殺人鬼のような形相が、スクリーンいっぱいに大写しになった。
피에 굶주린 살인귀 같은 형상이 화면에 꽉 차게 비추어졌다.

❹ 登山から戻ってきた兄は活字に飢えたように、新聞や雑誌を手当り次第読んでいた。
등산에서 돌아온 형은 활자에 굶주린 듯이 신문이나 잡지를 닥치는 대로 읽었었다.

❺ アフリカでは大飢饉のために食べる物がほとんどなく、飢えて死んでいく子供たちがたくさんいる。
아프리카에서는 대기근 탓에 먹을 것이 거의 없어 굶어 죽어가는 아이들이 많이 있다.

意　㊐ 絶え間なく小刻みに動く，むくむく動く，蠢動する

　　㊩ 꿈실거리다, 꿈틀거리다

用　蠢くは‘人間·農夫·怪物·虫·霧が蠢く(인간·농부·괴물·벌레·안개가 꿈틀거리다)’
처럼, 생명체나 사물이 꿈틀거리는 경우에 사용한다.

例

❶ すぐ傍で蠢く虫たちも以前のように恐怖の対象にはならなくなった。
바로 옆에서 꿈틀거리는 벌레들도 예전처럼 공포의 대상은 아니게 되었다.

❷ そこには多数の人間がいて、今なお蠢いていることだけは間違いない。
그곳에는 많은 사람이 있어 지금도 여전히 꿈틀거리고 있는 것만은 틀림없다.

❸ なにやら気味悪い六本足の怪物のようなものが、水の底で蠢いている。
뭔가 섬뜩한 여섯 발의 괴물 같은 것이 물 밑에서 꿈틀거리고 있다.

❹ 外では濃い霧がまるで一つの生き物のように渦を巻きながら蠢いている。
밖에서는 진한 안개가 마치 하나의 생명체처럼 소용돌이치며 꿈틀대고 있다.

❺ そこでは土地を奪われ、耕す意欲を失った農夫たちが蠢くように生きている。
그곳에서는 땅을 빼앗기고 경작할 의욕을 잃은 농부들이 꿈틀거리듯 살아가고 있다.

049 ≫≫ 疼く

□□□□

意 ⑪ ① 傷口などが脈打つように痛む，ずきずきと痛む ② 心に強い痛みを感じる

⑰ ① 쑤시다, 욱신거리다, 아프다 ② 하고 싶어 못 견디다, 좀이 쑤시다

用 疼くは‘虫歯が疼く(충치가 욱신거리다)’, ‘古傷が疼く(오랜 상처가 쑤시다)’, ‘心が疼く (마음이 아프다)’처럼, 상처가 욱신거리거나 마음 등이 아프거나, 무언가가 하고 싶어 좀이 쑤시는 경우에 사용한다.

例

❶ 少女は華やかな都会への憧れに胸を疼かせた。
소녀는 화려한 도회지에 대한 동경에 가슴을 아파했다.

❷ 夜になると傷口が疼き、なかなか寝付けなかった。
밤이 되자 상처부가 욱신욱신하여 좀처럼 잠이 오지 않았다.

❸ 体のすべての関節が疼くように痛み、こめかみの辺りがズキズキした。
몸의 모든 관절이 쑤시듯이 아프고 관자놀이 주위가 욱신욱신했다.

❹ 力を入れるたびに足は妙に減り込み、肩や腰や膝が疼くように痛んだ。
힘을 줄 때마다 다리는 묘하게 깊이 들어가 어깨와 허리와 무릎이 쑤시듯이 아팠다.

❺ 梅雨時に肩の傷跡が疼き、その苦痛にも増して彼の心に痛ましい傷を残した。
장마철에 어깨의 흉터가 쑤시고 그 고통에 더하여 그의 마음에 아픈 상처를 남겼다.

050 >>> 蹲<ruby>蹲<rt>うずくま</rt></ruby>る　　□□□□

意 🇯🇵 <ruby>体<rt>からだ</rt></ruby>を<ruby>丸<rt>まる</rt></ruby>く<ruby>小<rt>ちい</rt></ruby>さくしてしゃがみこむ

🇰🇷 웅크리다, 쪼그리다

用 <ruby>蹲<rt>うずくま</rt></ruby>るは '<ruby>人<rt>ひと</rt></ruby>・<ruby>猫<rt>ねこ</rt></ruby>が<ruby>蹲<rt>うずくま</rt></ruby>る(사람·고양이가 웅크리다)', '<ruby>足下<rt>あしもと</rt></ruby>・<ruby>雪<rt>ゆき</rt></ruby>の<ruby>中<rt>なか</rt></ruby>・<ruby>草<rt>くさ</rt></ruby>むらに<ruby>蹲<rt>うずくま</rt></ruby>る(발밑·눈 속·풀밭에 웅크리다)'처럼, 사람이나 동물이 웅크리거나 쪼그리고 앉는 경우에 사용한다.

例

❶ <ruby>娘<rt>むすめ</rt></ruby>は<ruby>崩<rt>くず</rt></ruby>れるように<ruby>私<rt>わたし</rt></ruby>の<ruby>足下<rt>あしもと</rt></ruby>に<ruby>蹲<rt>うずくま</rt></ruby>り、<ruby>両手<rt>りょうて</rt></ruby>で<ruby>顔<rt>かお</rt></ruby>を<ruby>覆<rt>おお</rt></ruby>って<ruby>泣<rt>な</rt></ruby>き<ruby>始<rt>はじ</rt></ruby>めた。
딸은 무너지듯 내 발밑에 웅크리고 두 손으로 얼굴을 감싸고 울기 시작했다.

❷ <ruby>呻<rt>うめ</rt></ruby>きを<ruby>漏<rt>も</rt></ruby>らして<ruby>蹲<rt>うずくま</rt></ruby>るその<ruby>男<rt>おとこ</rt></ruby>を<ruby>放<rt>ほう</rt></ruby>っておき、<ruby>私<rt>わたし</rt></ruby>は<ruby>残<rt>のこ</rt></ruby>りの<ruby>一人<rt>ひとり</rt></ruby>に<ruby>銃<rt>じゅう</rt></ruby>を<ruby>向<rt>む</rt></ruby>けた。
신음소리를 내며 웅크리는 그 남자를 내버려 두고 나는 남은 한 사람에게 총을 겨눴다.

❸ <ruby>男<rt>おとこ</rt></ruby>は<ruby>帰路<rt>きろ</rt></ruby>を<ruby>求<rt>もと</rt></ruby>めて<ruby>歩<rt>ある</rt></ruby>き<ruby>続<rt>つづ</rt></ruby>けるうち<ruby>段々<rt>だんだん</rt></ruby>と<ruby>力<rt>ちから</rt></ruby>が<ruby>抜<rt>ぬ</rt></ruby>けて<ruby>雪<rt>ゆき</rt></ruby>の<ruby>中<rt>なか</rt></ruby>に<ruby>蹲<rt>うずくま</rt></ruby>ってしまった。
남자는 돌아갈 길을 찾아 계속 걷다가 점점 힘이 빠져 눈 속에 웅크리고 말았다.

❹ <ruby>彼<rt>かれ</rt></ruby>は<ruby>蹲<rt>うずくま</rt></ruby>っていたので<ruby>大型<rt>おおがた</rt></ruby>の<ruby>監視船<rt>かんしせん</rt></ruby>がすぐ<ruby>眼<rt>め</rt></ruby>の<ruby>前<rt>まえ</rt></ruby>に<ruby>来<rt>き</rt></ruby>ていることに<ruby>気<rt>き</rt></ruby>づかなかった。
그는 웅크리고 있어서 대형 감시선이 바로 눈앞에 와 있음을 눈치채지 못했다.

❺ <ruby>生<rt>う</rt></ruby>まれたばかりの<ruby>三<rt>さん</rt></ruby>びきの<ruby>野<rt>の</rt></ruby>ウサギは<ruby>頭<rt>あたま</rt></ruby>を<ruby>真<rt>ま</rt></ruby>ん<ruby>中<rt>なか</rt></ruby>に<ruby>身<rt>み</rt></ruby>を<ruby>寄<rt>よ</rt></ruby>せ<ruby>合<rt>あ</rt></ruby>い、<ruby>草<rt>くさ</rt></ruby>むらに<ruby>蹲<rt>うずくま</rt></ruby>っていた。
갓 태어난 세 마리의 산토끼는 머리를 가운데로 하여 몸을 서로 기대며 풀밭에 웅크리고 있었다.

051 >>> 失せる □□□□

意 ⑪ ①なくなる，消える ②死ぬ，去る

⑪ ① 없어지다, 사라지다 ② 죽다, 가다, 떠나다

用 失せる는 '気力·血の気·やる気が失せる(기력·핏기·할 마음가 사라지다)', '財布が
失せる(지갑이 없어지다)'처럼, 사람이나 대상이 없어지거나 사라지는 경우에 사용한다.

例

❶ 父が倒れたという突然の知らせに、みんなの顔から血の気が失せた。
아버지가 쓰러졌다는 갑작스러운 소식에 모두의 얼굴에서 핏기가 사라졌다.

❷ さっき確かにこの目で見たはずの女の人はいつのまにか消え失せ
ていた。
아까 분명히 이 눈으로 봤을 여자는 어느새 사라져 있었다.

❸ ポケットに入れておいた財布がどこに失せたか、いつのまにかなく
なっていた。
주머니에 넣어 두었던 지갑이 어디로 사라졌나 어느새 없어졌었다.

❹ 大差で負けているチームの選手たちはやる気が失せてしまったよう
で元気がない。
큰 차이로 지고 있는 팀 선수들은 의욕을 잃어버린 것 같아 기운이 없다.

❺ 雲をつくような大男が姿を見せると、男たちは戦う気力も失せて一
目散に逃げ出した。
구름을 뚫을 듯한 큰 남자가 모습을 보이자 남자들은 싸울 기력도 잃고 쏜살같이 달아났다.

052 >>> 疑る

意 ⓐ 疑う

ⓗ 의심하다

用 疑るは '人を疑る(사람을 의심하다)', '疑るような目(의심하는 듯한 눈)', '疑ってかかる (의심하여 달려들다)', '耳を疑る(귀를 의심하다)'처럼, 무언가를 의심하는 경우에 사용한다. '疑う'와 같은 의미의 속어이다.

例

❶ ぼくは何も疑られるようなことはしていない。

나는 아무런 의심받을 만한 일은 하지 않았다.

❷ 君はぼくが本当にそれができるか疑っているんだ。

너는 내가 정말로 그것을 할 수 있을지 의심하고 있다.

❸ 兄が交通事故で入院したと聞いてぼくは耳を疑った。

형이 교통사고로 입원했다고 듣고 나는 귀를 의심했다.

❹ 誰だこれを壊したのはと言って、兄はぼくに疑るような目を向けた。

누구야 이것을 부순 것은 하며 형은 나에게 의심하는 듯한 눈을 향했다.

❺ みんなの言っていることは本当に正しいのだろうかと疑ってかかる姿勢も必要だ。

모두가 하고 있는 말은 정말로 옳은 것일까 하고 의심해보는 자세도 필요하다.

053 ≫≫ 俯く (うつむく)　□□□□

意　㊐ 頭を垂れて下を向く

　　㊩ 머리를 숙이다, 고개를 숙이다

用　俯くは '深く・しょんぼり・黙って俯く(깊이·힘없이·말없이 고개를 숙이다)' 처럼, 머리나 고개를 숙이는 경우에 사용한다.

例

❶ 犯行の動機を聞かれても男は深く俯いて答えようとしなかった。
범행 동기를 물어도 남자는 고개를 푹 숙이고 대답하려 하지 않았다.

❷ 母親が体に気をつけるんだよと言って見送ると、娘は涙ぐみ黙って俯いた。
어머니가 몸조심하는 거야라고 말하며 배웅하자 딸은 눈물지으며 말없이 고개를 숙였다.

❸ 何かの拍子で背中にかかる圧力が増して、ぼくは俯いて歯を食いしばる。
무언가의 계기로 등에 걸린 압력이 더하여 나는 고개를 숙이고 이를 악문다.

❹ 五年ぶりにいとこに会ったが、私は何となく恥ずかしくて挨拶もせずに俯いていた。
5년 만에 사촌을 만났는데, 나는 어쩐지 부끄러워서 인사도 못 하고 고개를 숙이고 있었다.

❺ 授業参観に自分の母親が来ていないことが分かると女の子はしょんぼり俯いた。
수업 참관에 자기 어머니가 오지 않은 것을 알자 여자아이는 풀이 죽어 고개를 숙였다.

>>>> **疎む**　　　　　□□□□

[意]　㊐ ①いやだと思う，嫌って遠ざける　②嫌うようにさせる

　　　㊩ ① 멀리하다, 거리를 두다　② 소외시키다

[用]　疎むは '存在・関係が疎まれる(존재・관계가 멀어지다)', '主君・同性から疎まれる
　　　(주군・동성으로부터 멀어지다)', '娘に疎まれる(딸에 소외당하다)'처럼, 대상을 싫어
　　　서 멀리하거나 소외시키는 경우에 사용한다. '疎まれる(멀어지다・소외되다)'처럼 수
　　　동태로 많이 사용된다.

[例]

❶ なぜか分からないが、自分の存在が疎まれたような気がした。
　왠지 모르겠지만 자신의 존재가 소외당한 듯한 느낌이 들었다.

❷ そのような席ではマスコミ関係者はただ存在するだけで疎まれる。
　그런 자리에서는 매스컴 관계자는 그저 존재할 뿐으로 소외된다.

❸ その激情ゆえに最後は主君と対立し疎まれ、自殺に追い込まれた。
　그 격정 탓에 마지막에는 주군과 대립하고 소외되어 자살로 내몰렸다.

❹ あまりに攻撃的でありすぎると、同性から疎まれたり攻撃されたりする。
　너무 지나치게 공격적이면 동성에게 소외당하거나 공격받거나 한다.

❺ 実の娘に疎まれることが、どれほど悲しいことか私には分からな
　かった。
　친딸에게 소외당하는 것이 얼마나 슬픈 것인지 나는 알지 못했다.

055 >>> 魘される　□□□□

意　　⊞ 眠っていて苦しそうな唸り声を上げる

　　　　⊞ 가위눌리다, 악몽에 시달리다

用　　魘されるは '夢に魘される(꿈에 가위눌리다)', '悪夢に魘される(악몽에 시달리다)'처
　　　　럼, 자다가 가위눌리거나 악몽에 시달리는 경우에 사용한다.

例

❶ いまでも、そのときのことを夢に見て魘されることがあるほどなのだ。
지금도 그때 일을 꿈꾸며 가위눌리는 일이 있을 정도이다.

❷ 目を覚ましても、まだ夢に魘されている俺が自分にのしかかっている。
눈을 떠도 아직 꿈에 가위눌리고 있는 내가 자신을 덮쳐 누르고 있다.

❸ 熱を出して寝込むと、君はよく何か悪夢に魘されているみたいだった。
열이 나서 잠들면 너는 자주 무언가 악몽에 시달리고 있는 것 같았다.

❹ 魘されることなく眠れるようになったのは、空々と暮らすようになった
お陰だった。
악몽에 시달리는 일 없이 잘 수 있게 된 것은 집착 없이 살게 된 덕분이었다.

❺ 子供が魘された時に注意して見ると、やはり胸に手を載せているこ
とが多いようである。
아이가 가위눌릴 때 주의 깊게 보면 역시 가슴에 손을 올리고 있는 일이 많은 것 같다.

056 >>> 項垂れる

意 ⓓ 頭を前に低く傾ける，心配·落胆·悲しみ·恥ずかしさなどのために、頭を前に低く垂れる

ⓚ 머리·고개를 숙이다, 머리를 떨어트리다

用 項垂れる는 '首·頭を項垂れる(머리·고개를 숙이다, 떨어트리다)'처럼, 걱정이나 슬픔 등으로 머리를 숙이거나 낙담하여 고개를 앞으로 떨어트리는 경우에 사용한다.

例

❶ 彼は身動き一つしないで首を項垂れてそこに腰を降したままでいた。
그는 몸 하나 움직이지 않고 머리를 숙이고 그곳에 앉은 채 있었다.

❷ 項垂れた背に掌を置くと、夫の悲しみが低い轟きになって伝わった。
고개를 떨군 등에 손을 올리자 남편의 슬픔이 낮은 울림이 되어 전해졌다.

❸ 記憶に残っているのは無気力そうに項垂れている父親の姿だけだ。
기억에 남아있는 것은 무기력한 듯 고개를 떨구고 있는 부친의 모습뿐이다.

❹ 彼女は相手の罪の重みを自分も担っているように頭を項垂れていた。
그녀는 상대의 죄의 무거움을 자신도 짊어지고 있는 듯이 머리를 숙이고 있었다.

❺ 女の首が項垂れているのと血が胸を染めているのを走りながら見た。
여자의 목이 늘어트려져 있는 것과 피가 가슴을 물들이고 있는 것을 달리면서 보았다.

057 唸る

意 ⑧ (自) ① ウーウーというように長く引いた、低い苦しそうな声を出す ② 動物が低く力のこもった声を出す ③ 長く響く、低く鋭い音を出す ④ 外に溢れ出さんばかりに大量にある ⑤ 優れた業や出来映えに感嘆する (他) ⑥ 下手な調子やよくない声で謡ったり語ったりする

⑧ ① 웅웅, 윙윙 소리를 내다, 신음하다 ② (짐승이) 으르렁거리다 ③ 낮고 둔한 소리가 길게 울려 퍼지다 ④ 모아 둔 물건이 안에 꽉 차 넘칠 것 같이 되다 ⑤ 뛰어난 기술이나 연기에 감탄하다, 탄성을 지르다 ⑥ (浪曲 등을) 쥐어짜는 소리로 서투르게 노래 부르다, 흥얼거리다

用 唸る는 '患者が唸る(환자가 신음하다)', '犬が唸る(개가 으르렁거리다)', '蚊·風·モーターが唸る(모기·바람·모터가 윙윙거리다)', '見物人を唸らせる(구경꾼을 탄성 짓게 하다)', '大金が唸る(큰돈이 넘쳐나다)', '歌を唸る(노래를 흥얼거리다)'처럼, 아파서 신음 소리를 내거나, 동물이 으르렁거리거나, 곤충·기계 등이 윙윙 소리를 내거나, 감탄하여 소리를 지르거나, 물건이 넘쳐나거나, 노래를 흥얼거리는 경우 등에 사용한다.

例

❶ 夏の夜は、蚊のブンブンと唸る声が暑苦しさを増す。
여름밤은 모기가 윙윙 울어대는 소리가 숨 막히는 더위를 더한다.

工場からは、朝から晩までモーターの唸る音が響いてくる。
공장으로부터는 아침부터 밤까지 모터의 윙윙거리는 소리가 울려온다.

自転車を全速力で走らせる少年の耳元で風がビュンビュン唸る。
자전거에 타서 전속력으로 달리는 소년의 귓가에서 바람이 윙윙 울린다.

❷ 急におなかが痛くなり、うんうん唸りながら医者の来るのを待った。
갑자기 배가 아파 와 끙끙 앓으며 의사가 오는 것을 기다렸다.

❸ 向こうからやってくる大きな犬を見て、うちの子犬はウーと唸った。
맞은편에서 다가오는 큰 개를 보고 우리 강아지는 응-하며 낑낑댔다.

❹ その体操選手の見事な技は見物人を唸らせた。
그 체조선수의 훌륭한 기술은 구경꾼을 감탄시켰다.

❺ お金はある所にはあるもので、あの家の金庫には大金が唸っている

そうだ。
돈은 있는 곳에 있는 법으로 저 집 금고에는 큰돈이 넘칠 듯 있다고 한다.

この男たちは金鉱を掘りあて、懐に唸るほどの大金を持っていると

いうのだ。
이 남자들은 금광을 찾아내 수중에 넘칠 정도의 많은 돈을 가지고 있다고 한다.

❻ おじいさんがお風呂の中で気持ちよさそうに浪花節を唸っている。
할아버지가 욕조 안에서 기분 좋은 듯이 나니와부시를 흥얼거리고 있다.

058 ≫≫ うねる　□□□□

意 ⑪ 上下または左右に緩やかに曲がりくねる

韓 ① 좌우·상하로 구부러지다, 꾸불꾸불하다　② 물결치다, 넘실거리다

用 うねる는 '道·山がうねる(길·산이 구불구불하다)', '川·波がうねる(강·파도가 물결치다)', '体をうねらせる(몸을 휘어지게 하다)'처럼, 무언가가 구부러지거나 구불구불하거나, 물결이 넘실대는 경우에 사용한다.

例

❶ 小高い丘の天辺へ道がうねるように登っていく。
살짝 높은 언덕 정상으로 길이 꾸불꾸불하듯이 올라간다.

❷ 海の底では色とりどりの魚たちが体をうねらせて泳いでいた。
바다 밑바닥에서는 형형색색의 물고기들이 몸을 구불거리며 헤엄치고 있었다.

❸ 見下ろすと、長々とうねる山なみが雲の彼方まで連なっていた。
내려다보니 길게 구불대는 산맥이 구름 저편까지 이어져 있었다.

❹ 丘の上から眺めると、川が大きくうねっている様子がよく分かる。
언덕 위에서 내려다보면 강이 크게 굽이쳐 있는 모습을 잘 알 수 있다.

❺ 風が強まり、波は大きくうねり、船は波の上を木の葉のように漂った。
바람이 강해지고 파도는 크게 일어 배는 파도 위를 나뭇잎처럼 떠돌았다.

059 >>> 潤う/潤す □□□□

[潤う]

意 🔵 ①ほどよく水けを帯びる，適度に湿る ②恵みを受けて経済的なゆとりができる，金銭的に豊かになる ③心に潤いが与えられる

🔴 ①축축해지다, 수분을 포함하다 ②여유가 생기다, 풍족해지다 ③마음이 따뜻해지다

用 潤うは‘田畑・大気が潤う(논밭·대기가 축축해지다)’, ‘企業・業界が潤う(기업·업계가 풍요로워지다)’처럼, 물체에 물기를 띠어 축축해지거나, 경제적으로 풍요해지거나 하는 경우에 사용한다.

例

❶ 都市が成長すると、新しく住宅やビルが必要とされ、建設業界も潤った。
도시가 성장하니 새로운 주택이나 빌딩이 필요해져 건설업계에도 활기가 돌았다.

❷ 間もなく空が雲に覆われて雨が降り出し、田畑は潤って人々は救われた。
이윽고 하늘이 구름에 덮이고 비가 내리기 시작하여 논밭은 촉촉해져 사람들은 구제되었다.

❸ 胸の動悸が速くなるにつれて、組んでいる足のその奥が潤っていくのが分かる。
가슴의 두근거림이 빨라짐에 따라 꼰 다리 그 안쪽이 축축해지는 것을 알 수 있다.

④ まだ夏とは呼べない頃なのに、今年は梅雨入りも早く大気はすでに潤っていた。

아직 여름이라고는 할 수 없는 때인데 올해는 장마 시작도 빨라 대기는 이미 습해 있었다.

⑤ 複数の企業が競合しても多くの企業が潤うような市場であれば、十分な利益を得ることができる。

복수의 기업이 경합해도 많은 기업에 풍요로워지는 시장이라면 충분한 이익을 얻을 수 있다.

[潤す]

意　⑪ ①ほどよく水気を与える, 適当に湿らせる　②経済的なゆとりを与える, 金銭的に豊かにする　③心に潤いを与える

韓　①축이다, 축축하게 하다　②혜택을 주다, 윤택하게 하다　③은총을 베풀다

用　潤すは '土·田畑を潤す(땅·논밭을 적시다)', '渇きを潤す(갈증을 해소하다)', '財政家計を潤す(재정·가계를 윤택하게 하다)'처럼, 물로 적시거나 갈증을 풀거나, 경제적으로 윤택하게 하거나 하는 경우에 사용한다.

例

❶ 春雨は土を潤して草木の根の生命力を掻き立ててくれる。

봄비는 땅을 적시고 초목의 뿌리에 생명력을 불러일으켜 준다.

❷ 貧しい国の財政を潤すために公営の賭博場が設けられた。

빈곤한 나라의 재정을 윤택하게 만들기 위해 공영 도박장이 설치되었다.

❸ 高い台地に水を運ぶ水道橋は、今もなお、台地の田畑を潤している。

높은 대지에 물을 옮기는 수도교는 지금도 여전히 대지의 논밭을 적시고 있다.

❹ 少年の僅かなアルバイト代では、とぼしい家計を潤すにはとうてい足りなかった。

소년의 적은 아르바이트 벌이로는 빈곤한 가계를 좋게 하기에는 도저히 부족했다.

❺ 登山者は山の中でせせらぎを見つけると、音を立てて水を飲み、喉の渇きを潤した。

등산인은 산중에서 개울을 발견하자 소리를 내며 물을 마셔 목의 갈증을 해소했다.

060 　熟（う）れる □□□□

[意] ㊐ 果実や穀物の実が十分にみのる，実が入る，熟す

　　� 익다, 여물다

[用] 熟れるは '柿・柘榴・果実が熟れる(감・석류・과실이 익다)', '手・膝が熟れる(손・무릎이 붉게 익다)'처럼, 과일 등이 익거나, 살이 붉게 익은 경우에 사용한다.

[例]

❶ 眼の前の彼女はあの時よりも更に肌が白く熟れて豊かに見えた。
눈앞의 그녀는 그때보다도 더욱 하얗게 익고 풍만하게 보였다.

❷ 肌が抜けるように白くて、唇は熟れた柘榴の実のような色をしている。
살갗이 비칠 듯이 희고 입술은 익은 석류 열매와 같은 색을 띠고 있다.

❸ 小さな手も剥き出しの膝も、熟れたように赤くなってすでに感覚がない。
작은 손도 벗겨진 무릎도 익은 듯 붉어져 이미 감각이 없다.

❹ 見たこともないほど大粒の、ちょうどいい具合いに熟れた上等の枇杷だった。
본 적도 없을 정도로 굵은 알의 딱 알맞게 익은 고급 비파였다.

❺ 果物屋さんの店先には柿、梨、葡萄とたくさんの熟れた果実が並べられている。
과일 집 가게 앞에는 감, 배, 포도와 많은 익은 과실이 진열되어 있다.

061 ＞＞＞＞ 狼狽える（うろたえる）　□□□□

意

⑥ どうしてよいか分（わ）からず、慌（あわ）てふためく，狼狽（ろうばい）する

㉿ 당황하다, 허둥대다, 갈팡질팡하다

用

狼狽（うろた）えるは‘悪事（あくじ）がばれて狼狽（うろた）える(못된 짓이 들켜서 허둥대다)’, ‘不意（ふい）をつかれ狼狽（うろた）える(허를 찔려 당황하다)’처럼, 어찌해야 좋을지를 몰라 허둥대거나 당황하는 경우에 사용한다. 비슷한 단어로 ‘狼狽（ろうばい）する’, ‘慌（あわ）てる’, ‘迷（まよ）う’, ‘惑（まど）う’, ‘まごつく’가 있다.

例

❶ 頼（たよ）りにしていた夫（おっと）に死（し）なれた私（わたし）は狼狽（うろた）え、なす術（すべ）がなかった。
의지하고 있던 남편을 잃은 나는 허둥대며 어찌할 방도를 몰랐다.

❷ 交通事故（こうつうじこ）を起（お）こした友人（ゆうじん）はその瞬間（しゅんかん）すっかり狼狽（うろた）えて通報（つうほう）が遅（おく）れたそうだ。
교통사고를 일으킨 친구는 그 순간 완전히 당황하여 통보가 늦어졌다고 한다.

❸ 急（きゅう）な話（はなし）で最初（さいしょ）は狼狽（うろた）えたが、今（いま）は新（あたら）しい転勤先（てんきんさき）に出発（しゅっぱつ）する決心（けっしん）がついた。
갑작스런 이야기로 처음에는 당황했지만, 지금은 새 근무지로 출발할 결심이 섰다.

❹ 先生（せんせい）は急（きゅう）に生徒（せいと）たちが腹痛（ふくつう）を訴（うった）えると狼狽（うろた）えて居（い）ても立（た）ってもいられなかった。
선생님은 갑자기 학생들이 복통을 호소하자 당황해서 어찌할 바를 몰랐다.

❺ ひそひそ話（はなし）をしていたので、先生（せんせい）から急（きゅう）に指（さ）されても質問内容（しつもんないよう）が分（わ）からず、狼狽（うろた）えてしまった。
수군대고 있었기에 선생님이 갑자기 지목해도 질문 내용을 몰라 당황하고 말았다.

062 》》》 **抉る**

□□□□□

意 🇯🇵 ① 刃物などを刺し入れて回す，刺し入れてその部分をくり抜く　② 人の心に激しい苦痛や衝撃を与える　③ 物事の核心や隠された事実を鋭く追及する，えぐり出す

🇰🇷 ① 에다, 도려내다　② 큰 고통이나 충격을 주다　③ 예리하게 추궁하다

用 抉る는 '胸を抉る(가슴을 도려내다)', '核心を抉る(핵심을 추궁하다)'처럼, 어떤 부분을 도려내거나, 상대방의 약점 등을 날카롭게 추궁하는 경우에 사용한다.

例

❶ くり舟は木の幹を抉って作った丸木船のことである。
쿠리부네는 나무의 줄기를 파내 만든 통나무배를 말한다.

❷ どんぐりの心を抉り、削った爪楊枝を差し込んで小さな駒を作った。
도토리의 심을 파내어 깎은 이쑤시개를 찔러넣어 작은 말을 만들었다

❸ 両親を失ったことも知らずに戯れる幼い兄弟に胸を抉られる思いだった。
부모를 잃은 것도 모르며 장난치며 노는 어린 형제에게 가슴을 도려내는 마음이었다.

❹ 銃が火を吹くと同時に狼の牙が閃き、肺腑を抉るような吠え声が響いた。
총이 불을 품음과 동시에 늑대 송곳니가 번쩍이며 폐부를 도려내는 듯한 울부짖음이 울렸다.

❺ 津波で浜に押し上げられた漁船は、まるで船底を抉り取られたように無惨な姿を晒していた。
해일로 해변에 밀려 올라온 어선은 마치 배 밑을 도려낸 듯이 무참한 모습을 드러내고 있었다.

063 ⟫⟫⟫ おが
拝む ☐☐☐☐

[意] 🇯🇵 ① 神仏などに向かって手を合わせたり跪いたりして礼をする，拝礼する
② 「見る」の謙譲語，拝見する，拝顔する　③ 懇願する，嘆願する

🇰🇷 ① 신 등에 예를 올리다　② 뵙다, 보다　③ 빌다, 탄원하다

[用] 拝むは '仏様を拝む(부처에게 예배하다)', '日の出·宝物を拝む(일출·보물을 보
다)', '合格を拝む(합격을 빌다)'처럼, 신에게 예배를 올리거나 삼가 보거나 기원하는
경우에 사용한다.

[例]

❶ 祖母は毎日お線香を焚いて仏様を拝んでいる。
할머니는 매일 향을 피우고 부처님께 예를 올리고 있다.

❷ 君が自慢する宝物を、ぼくにも一度拝ませてくれよ。
네가 자랑하는 보물을 나한테도 한번 보게 해줘.

❸ 彼は手を合わせて拝むような仕種をして私に援助を求めた。
그는 손을 모아 비는 듯한 몸짓을 하며 나에게 원조를 구했다.

❹ 私たちは真夜中に麓を出発し、山の頂上で日の出を拝んだ。
우리는 한밤중에 산 중턱을 출발하여 산 정상에서 일출을 보았다.

❺ 合格発表の日、どうか受かっているようにと、心の中で拝んでいた。
합격발표 날 제발 합격해 있도록 하며 마음속으로 빌고 있었다.

064 ≫≫ 怠る（おこた） □□□□

[意] ㊐ 怠けたりさぼったりして為すべきことをしない

㊧ 해야 할 일을 하지 않고 두다, 소홀히 하다, 게을리 하다

[用] 怠（おこた）る는 '仕事（しごと）・注意（ちゅうい）・努力（どりょく）・対策（たいさく）・準備（じゅんび）を怠（おこた）る(일·주의·노력·대책·준비를 소홀히 하다)'처럼, 해야 할 일을 하지 않고 게을리하거나 태만이 하는 경우에 사용한다.

[例]

❶ 税金（ぜいきん）の申告（しんこく）を怠（おこた）っていたら、税務署（ぜいむしょ）から呼（よ）び出（だ）しの通知（つうち）が来（き）た。
세금 신고를 태만히 하였더니 세무서의 호출 통지가 왔다.

❷ チャンピオンを夢見（ゆめみ）て練習（れんしゅう）に励（はげ）む青年（せいねん）は一日（いちにち）も努力（どりょく）を怠（おこた）らなかった。
챔피언을 꿈꾸며 연습에 몰두하는 청년은 하루도 노력을 게을리하지 않았다.

❸ 航空会社（こうくうがいしゃ）が必要（ひつよう）な安全対策（あんぜんたいさく）を怠（おこた）れば、多（おお）くの人命（じんめい）が失（うしな）われることになる。
항공회사가 필요한 안전대책을 소홀히 하면 많은 인명을 잃게 된다.

❹ お天気（てんき）がいいと釣（つ）りに行（い）ってしまって、近（ちか）ごろの父（ちち）は畑仕事（はたしごと）を怠（おこた）ることが多（おお）い。
날씨가 좋다며 낚시를 가버리고 최근의 아버지는 밭일을 소홀히 하는 일이 많다.

❺ 時（とき）の経（た）つのは早（はや）いものだから、まだまだ先（さき）のことだと思（おも）って準備（じゅんび）を怠（おこた）ってはいけない。
시간이 흐르는 것은 빠른 법이니 아직 멀었다고 생각하여 준비를 소홀히 해서는 안 된다.

065 >>> 驕る(傲る) □□□□

意 ⓐ いい気になって自分の思うままの行動をする

ⓚ 거만하다, 우쭐해지다

用 驕る(傲る)는 '心が驕る(마음이 교만하다)', '富・功績に驕る(부・공적에 우쭐해하다)'처럼, 무언가에 거만하거나 우쭐해하는 경우에 사용한다.

例

❶ 我らの信仰の強さを驕った指導者たちに見せつけねばならない。
우리의 강한 신앙을 거만한 지도자들에게 보이지 않으면 안 된다.

❷ 彼は穏やかで物事に頓着しない性格で少しも驕ることがなかった。
그는 온화하고 사물에 개의치 않는 성격으로 조금도 거만한 일이 없었다.

❸ 男は、むしろ嫌がらせに快感を覚えているほど、心が驕っていた。
남자는 오히려 짓궂은 행동에 쾌감을 느끼고 있을 정도로 마음이 교만해 있었다.

❹ 戦功に驕ったか、軍の意志統一を乱し、戦意を害う行動を示した。
전공에 우쭐했는지 군의 의사 통일을 어지럽히고 전의를 해치는 행동을 보였다.

❺ 勝算のまったくない戦いに勝っても驕る気配はおろか、喜色すら見

せなかった。
승산이 전혀 없는 싸움에 이겨도 우쭐하는 태도는커녕 희색조차 보이지 않았다.

066 〉〉〉 惜^おしむ □□□□

意 ⓙ ものや人^{ひと}・機会^{きかい}などが失^{うしな}われるのを残念^{ざんねん}に思^{おも}う

　　ⓚ 애석히 여기다, 아쉬워하다

用 惜^おしむは '金^{かね}・時間^{じかん}・別^{わか}れを惜^おしむ(돈・시간・이별을 아쉬워하다)', '称賛^{しょうさん}・協力^{きょうりょく}・骨身^{ほねみ}を惜^おしまない(칭찬・협력・몸을 아끼지 않다)'처럼, 무언가를 아까워하거나 아쉬워하는 경우에 사용한다.

例

❶ あの頃^{ころ}は少^{すこ}しの時間^{じかん}も惜^おしんで勉学^{べんがく}に励^{はげ}んだものだ。
그 시절에는 조금의 시간도 아쉬워하며 공부에 힘썼었다.

❷ 人気作家^{にんきさっか}の死^しを惜^おしみ、大勢^{おおぜい}のファンが告別式^{こくべつしき}に参列^{さんれつ}した。
인기 작가의 죽음을 애도하며 많은 팬이 고별식에 참석했다.

❸ 精魂^{せいこん}を込^こめたすばらしい演技^{えんぎ}に観客^{かんきゃく}は称賛^{しょうさん}を惜^おしまなかった。
심혈을 기울인 훌륭한 연기에 관객은 칭찬을 아끼지 않았다.

❹ 朝^{あさ}から晩^{ばん}まで骨身^{ほねみ}を惜^おしまず働^{はたら}いて、ついに自分^{じぶん}のお店^{みせ}が持^もてた。
아침부터 밤까지 몸을 아끼지 않고 일해 드디어 자신의 가게를 갖게 되었다.

❺ いよいよ出発^{しゅっぱつ}しようとする船^{ふね}の上^{うえ}は、別^{わか}れを惜^おしむ人々^{ひとびと}で混雑^{こんざつ}していた。
드디어 출발하려고 하는 배 위는 이별을 아쉬워하는 사람들로 혼잡해 있었다.

067 >>>> 恐れ入る ☐☐☐☐

意 🇯🇵 ① 相手に面倒をかけてすまないと思う　② 相手があまり酷いので呆れてしまう
　　③ 相手の能力が有りすぎるのを見て参ってしまう

🇰🇷 ① 황송해하다　② 어이없다, 기막히다　③ 상대 능력에 놀라다, 손들다

用 恐れ入るは 'しつこさに恐れ入る(끈질김에 질리다)', '仕事ぶりに恐れ入る(일하는 모습에 놀라다)'처럼, 상대에 죄송해하거나, 어이가 없거나 능력 등에 놀라거나, '恐れ入ります(송구스럽습니다/죄송합니다)'처럼, 공손하게 인사하며 실례나 사죄의 뜻을 표현하는 경우에 사용한다.

例

❶ 恐れ入ったふりをして、尤もらしい偽の情報を渡すかも知れない。
황송해하는 체를 하며 그럴듯한 가짜 정보를 건네는지도 모른다.

❷ 彼女の動作の計算された完璧さには時として恐れ入ったものだ。
그녀 동작의 계산된 완벽함에는 때로는 놀랐다.

❸ あれで本人は天才のつもりでいるんだから、本当に恐れ入るよ。
저것으로 본인은 천재인양 생각하고 있으니 참으로 어이가 없다.

❹ お気楽な専業主婦と軽蔑していた女の学歴の高さに恐れ入った顔だった。
태평한 전업주부라고 경멸하고 있던 여자의 고학력에 놀란 얼굴이었다.

❺ そんな別荘が企業や団体の所有物ではなく個人の持ち物なのだから、恐れ入る。
그런 별장이 기업이나 단체 소유물이 아니라 개인 소유물이니 놀랍다.

068 ▷▷▷ 煽てる（おだてる）

□□□□

[意] 🗾 ① 人を盛んに褒めていい気にさせる，持ち上げる　② 相手をその気にさせる，扇動する

🇰🇷 ① 치켜세우다　② 부추기다, 선동하다

[用] 煽てるは '人·相手を煽てる(사람·상대를 치켜세우다)', '友だち·民衆を煽てる(친구·민중을 부추기다)'처럼, 사람을 치켜세우거나 부추기거나 선동하는 경우에 사용한다.

[例]

❶ 普通凡夫の心を喜ばせるものは煽てることである。
보통 범부의 마음을 기쁘게 하는 것은 치켜세우는 것이다.

❷ 少し煽てると兄の方もそれを知りながらいろいろと話をした。
조금 치켜세우면 형 쪽도 그것을 알면서 여러 이야기를 했다.

❸ 母は周囲が揶揄するから向きになり、周囲が煽てるから調子に乗る。
어머니는 주위가 야유해서 화를 내고 주위가 치켜세워서 우쭐한다.

❹ 煽てる連中の内心は、彼をひどい目に合わせて嘲笑してやるつもりだった。
부추기는 패들의 내심은 그를 힘들게 만들어 비웃어줄 생각이었다.

❺ このような議論が盛んになるのは扇動分子が愚昧な人民を煽てるからである。
이와 같은 논쟁이 활발해진 것은 선동 분자가 우매한 인민을 선동하기 때문이다.

069 >>> 貶（おとし）める 　　□□□□

意
- ㊓ 劣（おと）ったものとして見（み）くだす，蔑（さげす）む
- ㊔ 깎아내리다, 얕보다, 깔보다

用 貶（おとし）めるは '名（な）・名誉（めいよ）・威信（いしん）を貶（おとし）める(이름·명예·위신을 깎아내리다)'처럼, 대상을 깎아내리거나 얕보는 경우에 사용한다. 비슷한 단어로 '侮（あなど）る', '蔑（さげす）む' 등이 있다. 한국어의 '무시하다'는 일본어에 '無視（むし）する' '馬鹿（ばか）にする'가 있는데, 보지 않거나 하여 '무시하는' 경우는 '無視（むし）する'를, 얕잡아보고 '무시하는' 경우에는 '馬鹿（ばか）にする'를 사용하여, 한국어와 용법이 다름에 주의해야 한다.

例

❶ 彼（かれ）は陰（かげ）で他人（たにん）を非難（ひなん）し、貶（おとし）める言葉（ことば）をよく言（い）う。
　그는 뒤에서 타인을 비난하고 깎아내리는 말을 자주 한다.

❷ 本校（ほんこう）の名（な）を貶（おとし）める行為（こうい）は許（ゆる）されるべきではない。
　본교의 이름을 깎아내리는 행위는 용서받아서는 안 된다.

❸ 部長（ぶちょう）、彼女（かのじょ）を貶（おとし）めるようなことはもう言（い）わないでください。
　부장님 그녀를 깎아내리는 듯한 말은 이제 그만해 주십시오.

❹ 社長（しゃちょう）は会社（かいしゃ）の威信（いしん）を貶（おとし）める行動（こうどう）は控（ひか）えるようにと社員（しゃいん）たちに呼（よ）び掛（か）けた。
　사장님은 회사의 위신을 깎아내리는 행동은 삼가라고 사원들에게 당부했다.

❺ うちの新聞社（しんぶんしゃ）が自分（じぶん）たちを貶（おとし）める記事（きじ）を書（か）いたのは意図的（いとてき）な歪曲（わいきょく）に違（ちが）いない。
　우리 신문사가 자신들을 깎아내리는 기사를 쓴 것은 의도적 왜곡에 다름이 없다.

070 衰える

意 🔵 勢いや力が弱くなる

🔴 쇠하다, 쇠퇴하다, 약해지다

用 衰えるは '記憶力・健康・文明・表現が衰える(기억력·건강·문명·표현이 쇠퇴하다, 약해지다)', '雨足が衰える(빗발이 약해지다)'처럼, 힘이나 기세가 쇠하거나 약해지는 경우에 사용한다.

例

❶ 喫茶店で雨宿りをしていたら、いくらか雨足が衰えてきた。
찻집에서 비를 피하고 있었더니 다소 빗발이 약해지기 시작했다.

❷ 若い頃に比べると、ぼくの記憶力もずいぶん衰えたものだ。
젊을 때에 비하면 내 기억력도 제법 떨어졌다.

❸ 日ごろの無理が祟ったのか、父の健康は目に見えて衰えてきた。
평소의 무리가 덫이 난 것인지 아버지의 건강은 눈에 띄게 안 좋아졌다.

❹ 人類の歴史が始まって以来、いくつかの文明が栄えては衰えていった。
인류의 역사가 시작된 이래 몇몇 문명이 번영하고는 쇠퇴해 갔다.

❺ 言葉は変化するものであり、古い表現は衰えて、やがて新しい表現が生まれてくる。
언어는 변화하는 것으로 오래된 표현은 쇠퇴하고 이어서 새로운 표현이 탄생하게 된다.

意 🇯🇵 体や手足がふるえる，わななく

🇰🇷 흔들리다, 부르르 떨다, 부들부들 떨다, 전율하다

用 戦くは '星・稲光りが戦く(별・번개가 흔들리다)', '恐怖・不安・損失に戦く(공포・불안・손실에 떨다)'처럼, 물체가 흔들리거나 무서워 떠는 경우에 사용한다.

例

❶ 鏡のように澄みきった空に冷たい星の戦くのが見えていた。
거울같이 아주 투명한 하늘에 차가운 별의 흔들림이 보였었다.

❷ 事件を目撃した人たちは恐怖に戦く表情でその模様を語った。
사건을 목격한 사람들은 공포에 떠는 표정으로 그 내용을 설명했다.

❸ 凶悪犯脱獄のニュースに付近の住民たちは不安に戦いている。
흉악범 탈옥 소식에 부근의 주민들은 불안에 떨고 있다.

❹ あまりの損失に戦いた英仏両政府は戦争を忌避するようになった。
너무 큰 손실에 전율한 영불 양 정부는 전쟁을 기피하게 되었다.

❺ 折も折、稲光りがぴかぴか光ってそれは幽霊のように戦いて見えた。
바로 그때 번개가 번쩍번쩍 빛나며 그것은 유령처럼 흔들려 보였다.

072 >>>> 溺れる _{おぼ} □□□□

意 ㊐ ①泳げなくて水の中でもがき苦しむ，水中に落ちて死ぬ ②一つのことに熱中
して我を忘れる

㊷ ① 물에서 허우적대다, 익사하다 ② 일에 빠지다, 탐닉하다, 정신이 팔리다

用 溺れるは '水に溺れる(물에 빠지다)', '人気・酒に溺れる(인기・술에 빠지다)', '策に
溺れる(계책에 빠지다)' 처럼, 물이나 대상에 빠지거나 마음을 뺏기는 경우에 사용한다.

例

❶ あの選手は人気に溺れることもなく、毎日練習に励んでいる。
그 선수는 인기에 빠지는 일 없이 매일 연습에 힘쓰고 있다.

❷ 水に溺れた子供を飛び込んで助けるなんて普通できることじゃない。
물에 빠진 아이를 뛰어들어 구한다니 쉽게 할 수 있는 일이 아니다.

❸ 自分の計略に引きずられて、失敗してしまうことを、策に溺れると言う。
자신의 계략에 끌려들어 실패하고 마는 것을 '책략에 빠진다'라고 한다.

❹ 「溺れる者は藁をも掴む」という心境で、合格を祈って神社にお参り
してきた。
'물에 빠진 자는 지푸라기라도 잡는다'라는 심정으로 합격을 빌며 신사에 참배하고 왔다.

❺ 世間にその作品を認められなかった小説家は自信を失い、日々酒
に溺れていった。
세간에 그 작품을 인정받지 못한 소설가는 자신을 잃고 나날이 술에 빠져들어 갔다.

073 >>>> 阿る（おもね）る □□□□

意　⑥ 人の機嫌をとって気に入られようとする，へつらう

　　　⑭ 아첨하다, 아부하다, 알랑거리다

用　阿る는 '官吏・上司・権力に阿る(관리・상사・권력에 아부하다)'처럼, 비위를 맞추며
　　　아부하는 경우에 사용한다.

例

❶ 彼は高位の官吏に阿って官途に付いた。
그는 고위 관리에 아첨하여 관직에 올랐다.

❷ 彼女は上司に阿るような妙な笑いを見せていた。
그녀는 상사에게 아첨하는 듯한 묘한 웃음을 보이고 있었다.

❸ 彼が昇進を控えて部長に積極的に阿っているのは全社員が知って
いる。
그가 승진을 앞두고 부장에게 적극적으로 아부하고 있는 것은 전 사원이 알고 있다.

❹ 息子が母の外見と料理の腕前を誉めて阿って小遣いを引き上げて
もらった。
아들이 어머니의 외모와 요리 솜씨를 자랑하며 아부하여 용돈을 올려 받았다.

❺ 今回の選挙に出馬した政治家は権力に阿るという噂が立ち、御用と
誤解された。
이번 선거에 출마한 정치가는 권력에 아부한다는 소문이 나 어용이라고 오해받았다.

074 ≫≫ 赴く

意 ⓐ ①ある場所に向かってゆく，ある状況に向かってゆく，向かう ②物事や気分がある状態に移ってゆく

ⓗ ①어떤 장소나 상태로 향해가다, 향하다 ②마음이 생기다, 할 생각이 들다

用 赴くは '欲望が赴く(욕망이 향하다)', '快方に赴く(차도를 보이다)', '現場・任地・死地・外国へ赴く(현장・임지・사지・외국으로 향하다)'처럼, 어떤 장소나 상태로 향해가거나, 할 마음이 생기거나 하는 경우에 사용한다.

例

❶ 父は電源開発の仕事のため山奥の任地に赴いた。
아버지는 전력 개발 일을 위해 산속의 임지로 향했다.

❷ 事件発生の知らせに警部は直ちに現場に赴いた。
사건 발생 소식에 경위는 즉시 현장으로 향했다.

❸ 父の病気も快方に赴き、表情にも明るさが見えてきた。
아버지 병세도 차도를 보여 표정에도 밝은 빛이 보이기 시작했다.

❹ 国を守るため、多くの兵士たちが死地に赴いていった。
나라를 지키기 위해 많은 병사들이 사지로 향해갔다.

❺ 少年野球チームは親善のために、アメリカへ赴くことになった。
소년 야구팀은 친선을 위해 미국으로 가게 되었다.

075 >>>> 織る □□□□

【意】

⊕ ① 糸を縦横に組み合わせて布を作る　② 藁などを組み合わせて筵などを作る
③ 色々なものを組み合わせて作り上げる

㉿ ① 실로 천을 만들다　② 볏짚 등으로 짜다　③ 여러 가지 것을 조합하여 만들어내다

【用】織るは'機を織る(베를 짜다)'、'布・錦・織物を織る(천・비단・직물을 짜다)'、'出来事を織る(사건을 엮다)'처럼, 직물을 짜거나 사건 등을 구성하는 경우에 사용한다.

【例】

❶ 村のあちこちで機を織る音が聞こえてくる。

마을 여기저기서 베를 짜는 소리가 들려온다.

❷ 娘はだれも見たことがないような見事な布を織った。

딸은 아무도 본 적이 없는 그런 훌륭한 천을 짰다.

❸ チワン族の女の人は、美しい錦を織ることで有名である。

치완족의 여인들은 아름다운 비단을 짜는 것으로 유명하다.

❹ 一説には「七夕」の意味はもともと織物を織る機のことだと言う。

일설에 의하면 '칠석'의 의미는 원래 직물을 짜는 베틀이라고 한다.

❺ 『西遊記』は三蔵法師一行の奇想天外な出来事を織り交ぜながら描いた物語である。

『서유기』는 삼장법사 일행의 기상천외한 사건을 엮어내면서 묘사한 이야기이다.

076 >>> 屈む/屈める

[屈む]

意 ⑤ ①腰や膝を折り曲げて体を低くする　②体の部分が折れ曲がる, 腰が前に曲がる

　　㉠ ①자세를 낮추다, 굽히다, 웅크리다　②구부러지다, 굽다, 접히다

用 屈むは '体が屈む(몸이 구부러지다)', '腰の屈む(허리가 구부러지다)', '前に屈む(앞으로 굽다)'처럼, 자세를 낮추거나 허리가 앞으로 휘거나 구부러지는 경우에 사용한다. 같은 의미로 '屈まる', '屈む'가 있다.

例

❶ 足下に光る物を見つけたので、何だろうと、屈んで拾いあげた。
발밑에 빛나는 물건을 발견해 무엇일까 하고 자세를 낮추고 주워 올렸다.

❷ 夜、勉強していると、すぐ眠くなって自然に体が前に屈んでしまう。
밤에 공부하고 있자면 금방 잠이 와 자연스럽게 몸이 앞으로 구부러지고 만다.

❸ 道端に屈んでいる旅人を見ると、通りがかりの人は親切に声をかけた。
길가에 웅크리고 있는 여행자를 보자 지나가던 사람은 친절하게 말을 걸었다.

❹ 本を読んだり字を書いたりする時には前に屈まないよう、姿勢に気をつけよう。
책을 읽거나 글을 쓰거나 할 땐 몸이 앞으로 굽지 않도록 자세에 신경 쓰자.

❺ 大きな声で「ごめんください」と言うと、中から腰の屈んだお婆さんが出てきた。
큰소리로 '실례합니다'라고 하자 안에서 허리가 굽은 할머니가 나왔다.

[屈<ruby>かが<rt></rt></ruby>める]

意 🇯🇵 体の部分を折り曲げたり縮めたりする

🇰🇷 굽히다, 구부리다, 숙이다

用 屈める는 '体·腰を屈める(몸·허리를 구부리다)'처럼, 몸의 부분을 구부리거나 굽히는 경우에 사용한다. 같은 의미로 '屈める'가 있다.

例

❶ 靴の紐が解けたので、体を屈めて結び直した。
신발 끈이 풀려 몸을 숙여 다시 묶었다.

❷ 父は急に体を屈め、脇腹を押えて苦しそうに唸った。
아버지는 갑자기 몸을 구부리고 옆구리를 감싸 쥐며 괴로운 듯이 신음했다.

❸ 道で先生に会うと、母は腰を屈めて丁寧に挨拶をした。
길에서 선생님을 만나자 어머니는 허리를 굽히며 정중하게 인사를 했다.

❹ 道で近所の人に会ったので、私は小腰を屈めて軽く挨拶をした。
길에서 이웃사람을 만나서 허리를 살짝 굽혀 가볍게 인사를 했다.

❺ 身を屈めて机の下を探してみたが、落とした百円玉は見当たらない。
몸을 숙여 책상 아래를 찾아보았지만 떨어트린 100엔 동전은 보이지 않는다.

077 　掻く

□□□□

意

㊐ ①指先や先の尖った物で、物の表面を擦る　②①に似た動作をして、払いのけたり寄せ集めたりする　③櫛の歯などで髪を梳かす, くしけずる　④刃物を手前に引いて切り取る, ひっかけるようにして切る　⑤刃物などで細かく削り取る　⑥擦るようにして捏ね混ぜる　⑦手足や艪などで水を押し分ける　⑧鋤などで田を耕す

㊊ ① 긁다, 할퀴다　② 긁어모으다, 치우다　③ 빗질하다,　④ 칼로 자르다, 쳐내다, 깎아내다　⑤ 악기를 켜다　⑥ 휘젓다　⑦ 헤치다, 물을 가르다　⑧ (논밭을) 갈다, 헤집다

用

掻くは 'ゆき 雪を掻く(눈을 치우다)', '氷を掻(얼음을 갈다)', '皮膚を掻く(피부를 긁다)', '頭を掻く(머리를 긁다)', '水を掻く(물을 가르다)'처럼, 표면을 긁거나 할퀴거나 긁어서 모으거나 치우는 경우와 빗질을 하거나, 칼로 자르거나 깎아내거나, 겨자 등을 풀어서 개거나, 땅을 파헤치거나 물을 가르고 나가거나, 현악기를 켜거나 하는 경우와 같이 무언가를 긁어서 행하는 많은 동작에 사용한다.
'汗を掻く(땀을 흘리다)', '鼾を掻く(코를 골다)', '胡座を掻く(양반다리로 앉다)', '恥を掻く(창피를 당하다)', 'べそを掻く(울먹거리다, 울상을 하다)'처럼, 관용구에도 많이 사용한다.

例

❶ 雪の多い地方では雪を掻く仕事を一家総出でやる。
눈이 많은 지방에서는 눈 치우는 일을 일가가 총동원 하여 한다.

❷ 暑くてたまらないから、早く家へ帰り、氷を掻いて食べたい。
더워서 참을 수가 없으니 얼른 집에 가서 얼음을 갈아 먹고 싶다.

③ 蚊に刺されて痒いので、ボリボリ掻いたら、血が滲んできた。

모기에 물려 가려워서 박박 긁었더니 피가 나기 시작했다.

④ 寝首を掻かれたくなかったら、あの男に気を許してはいけない。

잠든 사이에 목이 날아가고 싶지 않으면 저 남자에게 방심해서는 안 된다.

⑤ 「結婚おめでとうございます」と、みんなが言ったら、先生は照れくさ

そうに頭を掻いた。

'결혼 축하드립니다' 하고 모두가 말하자 선생님은 부끄러운 듯이 머리를 긁었다.

⑥ 金槌のぼくは川ですいすい水を掻き、上手に泳いでいる村の子供

たちが羨ましかった。

맥주병인 나는 강에서 휙휙 물을 가르며 능숙하게 헤엄치고 있는 마을 아이들이 부러웠다.

熟

① 真冬だというのに少女は鼻の頭に汗を掻いている。

한겨울인데도 소녀는 코끝에 땀이 나고 있다.

② 味方の作戦が敵に漏れたらしく、裏を掻かれ、惨敗した。

아군의 작전이 적에게 새어나간 듯하여 역습을 당해 참패했다.

③ ラブレターをみんなに読まれて、すっかり恥を掻いてしまった。

러브레터를 모두에게 읽혀 완전히 창피를 당하고 말았다.

④ 酔っぱらって帰ってきた父は、そのまま、大鼾を掻いて寝てし

まった。

취해서 돌아온 아버지는 그대로 크게 코를 골며 잠들어 버렸다.

⑤ 祖母はいつも鑪の傍であぐらを掻き、きせるでタバコを吹かしている。

조모는 늘 화톳불 근처에 양반다리를 하고 곰방대로 담배를 피우고 있다.

⑥ 妹は遊びほうけているうちに日が暮れて、べそを掻きながら帰ってきた。

여동생은 노는데 정신이 팔린 사이에 해가 저물어 울상을 지으며 돌아왔다.

[欠く]

意 🇯🇵 ①硬い物の一部分を壊す，損ずる　②なくては困るものや必要とするものが備わっていない，あるべきものを持たない　③絶対なくてはならない　④なすべきことを怠る，疎かにする

🇰🇷 ① 일부분을 깨트리다, 파손하다　② 결하다, 빠뜨리다, 없다　③ 불가결하다　④ 게을리하다, 소홀히 하다

用 欠くは '茶碗を欠く(찻잔을 깨트리다)', '礼儀·常識·資格·誠実を欠く(예의·상식·자격·성실함이 없다)', '食事を欠く(식사를 거르다)', '義理·注意を欠く(의리·주의를 게을리 하다)'처럼, 단단한 것을 파손하거나, 필요하거나 있어야 할 것을 갖추지 못하거나, 무언가를 빠트리거나 게을리하거나 하는 경우에 사용한다.

例

❶ お金は、義理を欠き、恥をかかないとたまらないという。
돈은 의리를 저버리고 창피를 당하지 않으면 모이지 않는다고 한다.

❸ 火は人間の生活にとって欠くことのできない大切なものである。
불은 인간의 생활에 있어서 빠뜨릴 수 없는 소중한 것이다.

❷ あれだけの犯罪を犯しながら、犯人は罪の意識を欠いているようだ。
저토록 범죄를 저지르면서 범인은 죄의식을 갖고 있지 않은 것 같다.

❹ 手がすべって、いちばん気に入っていたコーヒー茶わんを欠いてしまった。
손이 미끄러져 가장 마음에 들어 하던 커피잔을 깨트리고 말았다.

❺ 近ごろの父親ときたら、子供に優しすぎて親としての厳しさを欠いて
いるようだ。
요즘 아버지는 자식에게 순하기만 하고 부모로서의 엄격함이 부족한 것 같다.

❻ 三つの作品は、いずれもよく出来てはいたが、賞にふさわしい決め
手を欠いていた。
세 작품은 모두 잘 되어는 있었지만, 상에 어울리는 결정타가 부족했었다.

[欠ける]

[意]　㊐ ①硬い物の一部分が壊れてとれる　②そろうべきものの一部分、または必要な
ものが抜けている，脱落する　③あるべきものが足りない，不足する　④なすべ
きことをしていない，疎かになる　⑤満月が次第に円形でなくなる

㊩ ① 일부분이 망가지다, 손상되다　② 빠지다, 탈락하다　③ 부족하다, 결여되다　④
소홀해지다　⑤ 둥근달이 점점 작아지다

[用]　欠ける는 '一人が欠ける(한사람이 부족하다)', '自然さ・深さに欠ける(자연스러움・
깊이가 부족하다)', 'オリジナリティ・決め手に欠ける(독창성・결정타가 부족하다)'처
럼, 단단한 것이 망가지거나, 필요한 것이 빠지거나 무언가가 부족하거나 결여되는 경
우 등에 사용한다.

[例]

❶ これも映画としてのオリジナリティに欠けるもので、不成功に終わった。
이것도 영화로서의 독창성이 부족해 성공하지 못하고 끝났다.

❷ 名称の起源には様々な説があるが、どの説も決め手に欠けるとさ
れる。
명칭의 기원에는 여러 설이 있지만, 어느 설도 결정타가 부족하다고 여겨진다.

❸ 若い方の男の顔には自然さに欠けると判断されるような冷静さが
あった。

젊은 쪽 남자 얼굴에는 자연스러움이 없다고 판단될 그런 냉정함이 있었다.

❹ 一般に俳優一人が欠けるだけでも舞台や撮影が成立しなくなって
しまう。

일반적으로 배우 한 명이 비는 것만으로도 무대나 촬영은 성립하지 않게 되고 만다.

❺ 音楽や作品のエネルギーは評価されたが、感情の深さに欠けると
批判された。

음악이나 작품의 에너지는 평가받았지만, 감정의 깊이가 부족하다고 비판을 들었다.

079 >>> 匿う (かくま)

□□□□

意 ㊐ 追(お)われている人(ひと)などを、見(み)つからないように隠(かく)しておく

� 숨기다, 은닉하다

用 匿(かくま)うは'人(ひと)・犯人(はんにん)を匿(かくま)う(사람·범인을 숨기다)'처럼, 사람 등을 숨기는 경우에 사용한다.

例

❶ 決(けっ)して家族(かぞく)は襲(おそ)わないと約束(やくそく)すれば、匿(かくま)ってくれるかもしれない。
결코 가족은 공격하지 않겠다고 약속한다면 숨겨줄지도 모른다.

❷ 幸(さいわ)いなことに一味(いちみ)の中(なか)に彼(かれ)と同郷(どうきょう)の者(もの)がおり、彼(かれ)を匿(かくま)ってくれた。
다행히도 일당 중에 그와 동향인 자가 있어 그를 숨겨주었다.

❸ 稽古(けいこ)を逃(に)げた際(さい)には祖父(そふ)の家(いえ)に匿(かくま)ってもらうことが多(おお)かったという。
연습을 빼먹었을 때는 할아버지가 집에 숨겨준 적이 많았다고 한다.

❹ 知(し)らない昔(むかし)ならいざ知(し)らず、知(し)っていて匿(かくま)うなんてことはできないよ。
모르는 옛날이라면 몰라도, 알고 있으면서 숨겨주는 따위의 일은 못 한다.

❺ 彼女(かのじょ)を匿(かくま)うことで私(わたし)も月(つき)の都(みやこ)の情報(じょうほう)を仕入(しい)れることができると考(かんが)えたのだ。
그녀를 숨겨주는 것으로 나도 수도의 정보를 얻을 수 있다고 생각했다.

080 >>>> 陰る

□□□□

意 ㊐ ①日光や月光が雲などに遮られて暗くなる　②日が傾いて暗くなる　③表情などが暗くなる，状況などが悪くなる

　　㊩ ①빛이 가려 어두워지다, 흐려지다, 그늘지다　②저물어 어두워지다　③표정이 어두워지다, 상황이 나빠지다

用 陰る는 '明りが陰る(빛이 어두워지다)', '空が陰る(하늘이 어두워지다)', '顔が陰る(표정이 어두워지다)'처럼, 빛에 가려 어두워지거나 날이 저물어 어두워지거나 표정이나 상황 등이 나빠지는 경우에 사용한다.

例

❶ 彼の話を聞くにつれて、彼女の顔が次第に陰っていった。
그의 이야기를 들음에 따라 그녀의 얼굴이 점점 어두워져 갔다.

❷ 雲が走っているのだろう、陰っては明るくなり、また陰っている。
구름이 지나가고 있는 것인지 어두워졌다가는 밝아지고 다시 어두워지고 있다.

❸ 月明りが射したり陰ったりしているのは、雲の動きが速いからだろう。
달빛이 비치다 어두워졌다 하고 있는 것은 구름의 움직임이 빨라서일 것이다.

❹ 両手にしっかり握ってなるべく陽の陰っている所を選んで家に帰った。
양손에 꼭 쥐고 되도록 햇빛이 가려져 있는 곳을 고르며 집으로 돌아갔다.

❺ 両側の林のせいで陰った坂道を馬車は大きく揺れながら走りはじめる。
양쪽의 숲 탓에 그늘진 언덕길을, 마차는 크게 흔들리며 달리기 시작한다.

081 〉〉〉 **託ける**(かこつ)

意

㊐ 直接には結びつかないことを口実にする

㊎ 다른 사실을 구실로 삼다, 핑계를 대다

用 託(かこ)つける는 '病気(びょうき)・仕事(しごと)・見舞(みま)い・訪問(ほうもん)に託(かこ)つける(병·일·병문안·방문을 구실 삼다)', '道具(どうぐ)に託(かこ)つける(도구를 핑계 삼다)'처럼, 무언가를 구실 또는 핑계 삼는 경우에 사용한다.

例

❶ 友好訪問(ゆうこうほうもん)に託(かこ)つけて攻撃(こうげき)を仕掛(しか)けられるのを恐(おそ)れた。
우호 사절을 핑계로 공격을 감행해 오는 것을 두려워했다.

❷ 見舞(みま)いに託(かこ)つけて火事場泥棒(かじばどろぼう)を働(はたら)く不埒(ふらち)な奴(やつ)がいる。
병문안을 핑계로 화재 현장에서 물건을 훔치는 몹쓸 인간이 있다.

❸ 社員(しゃいん)の何人(なんにん)かが仕事(しごと)に託(かこ)つけて社長室(しゃちょうしつ)を心配(しんぱい)そうに覗(のぞ)きに来(き)た。
사원 몇 명인가가 일을 핑계로 사장실을 걱정되는 듯이 엿보러 왔다.

❹ 若(わか)い職人(しょくにん)は道具(どうぐ)に託(かこ)つけて自分(じぶん)の腕(うで)の未熟(みじゅく)さを押(お)し隠(かく)していた。
젊은 장인은 도구를 핑계 대며 자기 실력의 미숙함을 억지로 감추고 있었다.

❺ 母(はは)の病気(びょうき)に託(かこ)つけて練習(れんしゅう)をさぼり、一日中(いちにちじゅう)、漫画(まんが)を読(よ)んで過(す)ごした。
어머니의 병을 핑계로 연습을 빼먹고 하루종일 만화를 보며 지냈다.

082 >>> 翳す(かざ)

□□□□

意

⊕ ①手に持った物を高く掲げる，高く振り上げる　②陰を作るように目の上に何かを差し掛ける　③光や熱が当たるように、物の上に差し掛ける

㉭ ①(머리 위로) 쳐들다　②빛을 가리듯 눈 위를 받치다, 덮어 가리다　③빛을 쬐다

用

翳す는 '傘·棒を翳す(우산·봉을 높이 들다)', '手を翳す(손을 위로 받치다)', '宝石を翳す(보석을 비춰 보다)'처럼, 물건을 높이 쳐들거나, 무언가로 가리듯 갖다 대거나, 보석 등을 비춰 보는 경우에 사용한다.

例

❶ スマートフォン上部に手を翳すことで画面をオンにすることができる。

스마트폰 상부에 손을 가져다 대는 것으로 화면을 켤 수 있다.

❷ 右手を押さえながら、その手を自分の顔の前で翳すようにして見た。

오른손을 누르면서 그 손을 자기 얼굴 앞에서 가리듯이 하며 보았다.

❸ 王冠の左右には国王のために翳される金色の七層の傘が描かれている。

왕관 좌우에는 국왕을 위해 높이 든 금색의 7층 우산이 그려져 있다.

❹ 映画などの原始人の描写には火のついた木の棒を片手に翳す姿がよく描かれる。

영화 등의 원시인 묘사에는 불붙은 나무막대기를 한 손에 치켜든 모습이 흔히 그려진다.

❺ エメラルドの裸石を陽に翳すと疵が見えたが、澄んだ深い緑色には文句のつけようがない。

에메랄드 나석을 햇빛에 비추자 결점이 보였지만 투명한 깊은 녹색에는 흠잡을 데가 없다.

083 〉〉〉 傾げる

□□□□

| 意 | 🔵 斜めにする，傾ける |

🔴 기울이다, 갸웃하다

| 用 | 傾げる는 '首を傾げる(고개를 갸웃하다)', 'ポットを傾げる(주전자를 기울이다)'처럼, 무언가를 옆으로 기울이거나 고개 등을 갸웃하는 경우에 사용한다. |

| 例 |

❶ しばらく受話器を耳に当てていたが、首を傾げてそれを下ろした。
잠시 수화기를 귀에 대고 있었는데 고개를 갸웃하며 수화기를 내려놓았다.

❷ ポットを傾げ、カップに注ぐと、部屋中コーヒーの香りが広がった。
포트를 기울여 컵에 붓자 온 방에 커피 향이 퍼졌다.

❸ 首を傾げながらドアを開くと、そこに髪の長い若い女性が立っていた。
고개를 기울이며 문을 열자 거기에 머리가 긴 젊은 여성이 서 있었다.

❹ 籠の中をちょこちょこ動きながら、首を傾げる小鳥のポーズがとても
かわいい。
새장 안에서 총총 움직이며 머리를 갸웃하는 작은 새의 모습이 몹시 귀엽다.

❺ 昔の友達にあまりに似ていたので、声をかけると、相手はきょとんと
した顔で首を傾げていた。
옛 친구와 너무 닮아 있어 말을 걸자 상대는 어리둥절한 얼굴로 고개를 갸웃했었다.

084 >>> 畏まる
かしこ

意 🈁 ①目上の人の前などで慎み深く、きちんとした態度を取る ②硬くなって、きちんとした姿勢で座る，正座する ③承知する，承る

🈂 ①황송해하다, 공손히 하다 ②긴장하여 바른 자세로 앉다, 정좌하다 ③말씀대로 하다

用 畏まるは '畏まって聞く(공손히 듣다)', '畏まって座る(무릎 꿇고 앉다)' 처럼, 대상에 황송해하거나 정좌하여 바르게 앉거나, 상대의 말에 알겠다며 공손하게 답하는 경우에 사용한다.

例

❶ 少年らは皆、裸のまま床板の上に畏まって、膝を揃えた。
소년들은 모두 맨몸인 채로 마룻바닥 위에 정좌하여 무릎을 가지런히 했다.

❷ 名前を名乗ると、若い女子社員は畏まったような声を出した。
이름을 대자 젊은 여자 사원은 황송해하는 듯한 목소리를 냈다.

❸ 青年たちは彼が一口、味見をしているのを畏まって見ていた。
청년들은 그가 한 입, 맛을 보고 있는 것을 황송히 보고 있었다.

❹ 各世代は昔の流行を笑うが、新しい流行には畏まって従う。
각 세대는 옛 유행을 웃지만, 새로운 유행에는 공손히 따른다.

❺ 運転手が畏まって開けた扉から出てきた人物を見て息を呑んだ。
운전사가 공손히 연 문에서 나온 인물을 보고 숨을 삼켰다.

❻ 案内の者は彼を上座に導き、畏まって離れたところに座を占めた。
안내자는 그를 상석에 인도하고 공손하게 떨어진 곳에 자리했다.

─085 >>> 齧る

意 ⓙ ①切ったりちぎったりしないで、直接歯を立てて嚙み取る　②物事をほんの一部分だけ学ぶ

ⓚ ① 갉다, 갉아 먹다, 베어 먹다　② 조금 알다

用 齧る는 '木の実を齧る(열매를 갉아 먹다)', '鉛筆を齧る(연필을 입에 물다)', '日本語を齧る(일본어를 조금 안다)'처럼, 무언가를 찢거나 갉아서 먹는 경우와 지식에 대해 약간 아는 경우에 사용한다.

例

❶ 栗鼠がかりかりと美味しそうに木の実を齧っている。
다람쥐가 삭삭 맛있는 듯이 나무 열매를 갉아 먹고 있다.

❷ 父はチーズを齧りながらウイスキーを飲むのが好きである。
아버지는 치즈를 베어먹으면서 위스키 마시는 것을 좋아한다.

❸ 兄は鉛筆を齧りながら難しい顔をして数学の問題を考えている。
형은 연필을 입에 물면서 어렵다는 듯한 얼굴을 하고 수학 문제를 생각하고 있다.

❹ ぼくは親の脛を齧っている身分なので、あまり贅沢なことは言えない。
나는 부모의 신세를 지고 있는 처지여서 그다지 호사스러운 말은 못 한다.

❺ フランス語は大学でちょっと齧っただけなので、とても会話などはできない。
프랑스어는 대학에서 그저 조금 배운 정도여서 전혀 회화 따위는 못 한다.

111

086 >>> 掠める（かす）　□□□□

意　(日) (他) ①隙を見てすばやく盗み取る，略奪する，掠め取る　②見ていない隙にこっそりと何かをする，目を盗む　(自) ③すれすれに過ぎ去る，掠る　④情念や想念が意識や表情に現れたかと思うとすぐに消える，過る

(韓) ①훔치다, 빼앗다　②몰래 하다, 눈을 속이다　③스쳐 지나가다　④생각 등이 스치다

用　掠めるは‘パンを掠める(빵을 훔치다)’, ‘目を掠める(눈을 속이다)’, ‘軒先·水面を掠める(처마·수면을 스치다)’, ‘脇を掠め(옆을 스치다)’, ‘頭·脳裏を掠める(뇌리·머리를 스치다)’처럼, 무언가를 훔치거나 몰래 하거나 스치는 경우에 사용한다.

例

❶ 少年は隙を見て店のパンを掠めると、すばやく逃げ出した。
소년은 틈을 보다가 가게의 빵을 훔쳐서 잽싸게 도망쳤다.

❷ その曲を聞いたら、学生時代の恋人の面影が脳裏を掠めた。
그 곡을 들으니 학생 시절 연인의 모습이 뇌리에 스쳤다.

❸ 勉強しなさいという母の目を掠めて、ぼくはそっと家を抜け出した。
공부하라는 어머니의 눈을 속여 나는 살짝 집을 빠져나왔다.

❹ 角を曲がろうとすると、突然、一台の車が脇を掠めて通り過ぎていった。
모퉁이를 돌려고 하자 갑자기 한 대의 차가 옆을 스치며 지나쳐 갔다.

❺ ひょっとしたら、このまま生きて帰れないのではないかという思いが私の頭を掠めた。
어쩌면 이대로 살아서 돌아가지 못하는 것이 아닌가 하는 생각이 나의 머리를 스쳤다.

087 >>> 擦る(掠る)

[意] ⓙ ①かすかに触れて、さっと通りすぎる　②上前を撥ねる

ⓚ ①스치다, 스쳐 지나가다　②슬쩍 가로채다

[用] 擦る(掠る)는 '弾が擦る(총알이 스치다)', '風が掠る(바람이 스쳐 지나가다)', '腕で掠る(팔로 스치다)'처럼, 무언가가 스쳐 지나가거나 슬쩍 가로채는 경우에 사용한다.

[例]

❶ ぼくだって弾が何発か擦っていて肉が見えるほどの傷ができている。
나도 총알이 몇 발인가 스쳐서 살이 보일 정도의 상처가 생겼다.

❷ 衣にも耐えそうもない痩せた体を、急に寒気を加えた風が掠ってゆく。
옷에도 견딜 것 같지 않은 마른 몸을 갑자기 차가운 기운을 더한 바람이 스쳐 간다.

❸ 手で触れられず、腕で掠るような形で成功という際どいシーンとなった。
손으로 만지지 못하고 팔로 스치는 듯한 형태로 성공이라는 아슬아슬한 장면이 되었다.

❹ 掠られただけでも、あの若者のように生死の境を彷徨うはめになるのだ。
스친 것만으로도 저 젊은이처럼 생사의 경계를 맴도는 꼴이 된다.

❺ 私は冬に木片を焼いて髪毛に擦ると、ごみを吸い取ることを考えながら言った。
나는 겨울에 나뭇조각을 태워 머리카락에 스치면 먼지를 빨아들이는 것을 생각하며 말했다.

088 >>> 擦れる (かすれる)

□□□□

意
日 ①声がよく出ないで嗄れる ②墨・インクなどが十分に付かないで、文字の線や描いた一部分が消え消えになったり切れたりする ③軽く触れてさっと通り過ぎる

韓 ①(목이) 쉬다 ②긁히다 ③필적(筆跡) 곳곳에 먹물, 잉크 등이 묻지 않는 곳이 생기다 ④살짝 스쳐 지나가다

用
擦れる는 '声が擦れる(목이 쉬다)', '靴が擦れる(구두가 긁히다)', '風に擦れる(바람에 스치다)'처럼, 목이 쉬거나 무언가가 긁히거나 살짝 스쳐 지나가는 경우에 사용한다.

例

❶ 娘は恐れ戦いて掠れた声を上げながら、部屋中を逃げ回る。
여자아이는 두려움에 떨어 쉰 목소리를 내며 방안을 도망쳐다닌다.

❷ 買ってもらったばかりの真っ白のナイキに掠れたような靴跡が付いた。
산 지 얼마 되지 않은 새하얀 나이키에 긁힌 듯한 신발 자국이 묻었다.

❸ おそるおそるインターホンに出ると、やや掠れた男の声が聞こえてきた。
조심조심 인터폰을 받으니 조금 쉰 남성의 목소리가 들려왔다.

❹ 相手の受話器の外れる音がして、少し掠れ気味の女の声が応対した。
상대의 수화기가 잘못 놓인 소리가 나고, 조금 쉰 듯한 여자의 목소리가 대답했다.

❺ 上下数本ずつしか残ってない黄色い歯の間から掠れた声が押し出された。
위아래 몇 개씩밖에 남지 않은 누런 이 사이로 쉰 목소리가 새어 나왔다.

089 　拐す (かどわか)

意
ⓐ 人をだまして連れ去る

ⓗ 유괴하다, 속여서 데려가다

用
拐す(かどわか)는 '人(ひと)・子供(こども)・女(おんな)の子(こ)を拐(かどわ)かす(사람・아이・여자아이를 유괴하다)'처럼, 사람을 속여 데려가거나 유괴하는 경우에 사용한다.

例

❶ 天狗(てんぐ)は人間(にんげん)を拐(かどわ)かし、人間(にんげん)は狸(たぬき)を鍋(なべ)にして、狸(たぬき)は天狗(てんぐ)を罠(わな)にかける。
텡구(괴물)는 인간을 잡아가고 인간은 너구리를 잡아먹고 너구리는 텡구를 함정에 빠트린다.

❷ あの男(おとこ)は殺(ころ)さないと約束(やくそく)しただけで拐(かどわ)かさないとは約束(やくそく)しなかったのだ。
그 남자는 죽이지 않겠다고 약속했을 뿐, 납치하지 않겠다고는 약속하지 않았다.

❸ 大勢(おおぜい)の人間(にんげん)が村(むら)を出(で)て行(い)ったが、これだって連中(れんちゅう)が拐(かどわ)かしたに決(き)まっている。
많은 사람이 마을을 떠나갔지만, 이 또한 녀석들이 꾀어낸 것이 분명하다.

❹ 我(わ)が子(こ)である王子(おうじ)と姫(ひめ)は揃(そろ)って魔王(まおう)によって、拐(かどわ)かされ、魔王城(まおうじょう)に監禁(かんきん)されている。
내 아이인 왕자와 공주 모두 마왕에 의해 유괴당해 마왕성에 감금되어 있다.

❺ 彼女(かのじょ)は拐(かどわ)かされたのではあるまいか、あるいは恐(おそ)らく殺(ころ)されたのではあるまいかと心配(しんぱい)になってきた。
그녀는 유괴당한 것이 아닐까, 아니면 아마 살해당한 것이 아닐까 하고 걱정이 되어왔다.

090 >>> 奏でる かな ☐☐☐☐

[意] 🔵 楽器(特に管弦楽器)を演奏する, 奏する

🔴 켜다, 연주하다

[用] 奏でるは '琴・ギター・笛を奏でる(거문고・기타・피리를 연주하다)', '音楽・曲を奏でる(음악・곡을 연주하다)'처럼, 악기나 음악을 연주하는 경우에 사용한다.

[例]

❶ 若者が奏でるギターの音に娘はうっとりと聞き入っている。
젊은이가 연주하는 기타 소리에 딸은 넋을 잃고 듣고 있다.

❷ 辺りは静まり返り、どこからか琴を奏でる音が聞こえてくる。
주위는 아주 고요하고 어디선가 거문고를 켜는 소리가 들려온다.

❸ 恋する二人が美しい愛の曲を奏でる日も、もう間近である。
사랑하는 둘이 아름다운 사랑의 곡을 연주하는 날도 이제 얼마 남지 않았다.

❹ 少年の奏でる葦笛の調べを、小鳥たちが聴きにやってくる。
소년이 연주하는 풀피리의 가락을 작은 새들이 들으러 찾아온다.

❺ 落ち葉が大地で擦れ合い、乾いた微かな音楽を奏でている。
낙엽이 대지에서 서로 비비며 메마른 희미한 음악을 연주하고 있다.

091 >>> 醸<ruby>かも</ruby>す _{かも}

□□□□

意 ⊕ ①麹_{こうじ}に水_{みず}を加_{くわ}えて発酵_{はっこう}させ酒_{さけ}・醤油_{しょうゆ}などを作_{つく}る，醸造_{じょうぞう}する ②雰囲気_{ふんいき}・状態_{じょうたい}などを生_うみだす

㉿ ①담그다, 양조하다 ②자아내다, 빚어내다

用 醸_{かも}すは '酒_{さけ}を醸_{かも}す(술을 담그다)', '笑_{わら}いを醸_{かも}す(웃음을 자아내다)', '物議_{ぶつぎ}を醸_{かも}す(물의를 빚다)'처럼, 술이나 장을 담그거나 분위기나 상태를 자아내는 경우에 사용한다.

例

❶ 彼_{かれ}の発言_{はつげん}が物議_{ぶつぎ}を醸_{かも}すだろうことは目_めに見_みえていた。
그의 발언이 물의를 빚을 것이라는 것은 뻔히 보였었다.

❷ 彼_{かれ}が加_{くわ}わると座_ざが和_{なご}んで、笑_{わら}いを醸_{かも}すから不思議_{ふしぎ}だ。
그가 함께하면 좌중이 부드러워지고 웃음을 자아내니 신기하다.

❸ 良_よい酒_{さけ}を醸_{かも}すためには良_よい水_{みず}が要_いると昔_{むかし}から言_いわれている。
좋은 술을 빚으려면 좋은 물이 필요하다고 예로부터 말해지고 있다.

❹ リストには著名_{ちょめい}なアーティストの楽曲_{がっきょく}が多数_{たすう}含_{ふく}まれ物議_{ぶつぎ}を醸_{かも}した。
리스트에는 저명한 아티스트의 악곡이 다수 포함되어 물의를 빚었다.

❺ この酒_{さけ}が醸_{かも}される島_{しま}は故郷_{こきょう}の海_{うみ}に似_にた荒々_{あらあら}しい海_{うみ}に囲_{かこ}まれていた。
이 술이 빚어지는 섬은 고향 바다와 비슷한 거친 바다에 둘러싸여 있었다.

092 »»» 刈^かる

意　🇯🇵 一面^{いちめん}に生^はえそろっているものを道具^{どうぐ}を使^{つか}って切^きり取^とる

　🇰🇷 (초목·두발 등을) 베어내다, 깎다

用　刈る는 '稲^{いね}を刈^かる(벼를 베어내다)', '草^{くさ}·芝生^{しばふ}を刈^かる(풀·잔디를 깎다)', '種^{たね}を刈^かる(씨 앗을 거두다)', '髪^{かみ}を刈^かる(머리를 깎다)'처럼, 벼를 베거나 풀이나 머리 등을 깎는 경우 에 사용한다.

例

❶ 牧場^{ぼくじょう}の牛^{うし}たちは冬^{ふゆ}、夏^{なつ}の間^{あいだ}に刈^かっておいた干^ほし草^{くさ}を食^たべる。
목장의 소들은 겨울에 여름 사이에 베어 둔 건초를 먹는다.

❷ 髪^{かみ}がだいぶん伸^のびてきたので、床屋^{とこや}さんで短^{みじか}く刈^かってもらった。
머리가 많이 길어서 이발소에서 짧게 잘랐다.

❸ 広^{ひろ}い庭^{にわ}の芝生^{しばふ}は、きれいに刈^かられ、緑^{みどり}の絨毯^{じゅうたん}を敷^しいたようだ。
넓은 정원의 잔디는 깨끗하게 깎이어 녹색 융단을 깔아놓은 것 같다.

❹ 秋^{あき}になり、田圃^{たんぼ}の稲^{いね}が黄色^{きいろ}く実^{みの}ると、村^{むら}じゅう総出^{そうで}で稲^{いね}を刈^かる。
가을이 되어 논의 벼가 노랗게 익으면 온 마을이 총출동하여 벼를 수확한다.

❺ 「蒔^まいた種^{たね}は自分^{じぶん}で刈^かれ」とは、自分^{じぶん}の始末^{しまつ}は自分^{じぶん}でしろという 意味^{いみ}だ。
'뿌린 씨앗은 스스로 거둬라'란 자신의 뒤처리는 자신이 하라는 의미이다.

093 >>> 刻む(きざ)

□□□□

意

⑩ ①切って細かくする, 切り刻む　②物の形を作るために素材から不要な部分を削り落す, 彫り刻む, 彫刻する　③板状の物などに線状の印などを彫りつける, 刻印する　④細かい区切り目を入れるようにして物事が進行する　⑤心にくっきりと印象づける, 心にしっかり記憶する

㉿ ①잘게 자르다　②깎아내다, 파내다, 조각하다　③각인하다, 세기다　④같은 간격으로 잘게 잘라 진행하다　⑤마음에 뚜렷하게 기억하다

用

刻む는 'きゅうりを刻む(오이를 잘게 자르다)', '時·歴史を刻む(시간·역사를 세기며 지나가다)', '肖像·文字を刻む(초상·문자를 세기다)', '皺·思い出が刻み込まれる (주름·추억이 각인되다)'처럼, 무언가를 잘게 자르거나 깊게 파거나 세기거나 하는 경우에 사용한다.

例

❶ 夜の静けさの中を時を刻む時計の音だけが聞こえる。
밤의 정적 속을 시간을 세기는 시계 소리만이 들린다.

❷ 台所できゅうりを刻んでいた母が突然振り返って言った。
부엌에서 오이를 자르던 어머니가 갑자기 뒤돌아보며 말했다.

❸ 百年の歴史を刻んだこの建物も取り壊されることになった。
100년의 역사를 새긴 이 건물도 철거하기로 했다.

❹ ペルシアの貨幣にはその時代時代の王の肖像が刻まれている。
페르시아의 화폐에는 그 시대 시대의 왕의 초상이 새겨져 있다.

❺ 紙のなかった昔は、骨や甲羅、青銅や石などに文字を刻んだ。
종이가 없던 옛날에는 뼈나 거북 껍질, 청동이나 돌 등에 문자를 새겼다.

094 >>> きし
軋む □□□□

意 ㊐ ①固い物が擦れ合って滑りの悪い音を立てる，軋る ②滑らかな人間関係が
失われて、ぎすぎすした摩擦が起こる

㊩ ①마찰하여 소리가 나다, 삐걱거리다 ②인간관계가 삐걱거리다

用 軋むは‘床・歯車・ベッドのスプリング・車輪が軋む(마루·톱니바퀴·침대 스프링·차
바퀴가 삐걱거리다)’처럼, 물체가 소리를 내며 삐걱거리거나 인간관계가 좋지 않아 삐
걱거리는 경우에 사용한다.

例

❶ 大男の主人が歩き回ると、廊下の床がみしみしと軋んだ。
거한인 주인이 걸어 다니자 복도바닥이 삐걱삐걱 소리를 냈다.

❷ 学校へ急ぐ兄弟の足の下で、ギュッギュッと雪が軋んだ。
학교로 서두르는 형제의 발밑에서 뽀드득뽀드득 눈이 소리를 냈다.

❸ 歯車の軋む音も同時に聞こえてきて雰囲気を台なしにしていた。
톱니바퀴가 삐걱거리는 소리도 동시에 들려와 분위기를 망치고 있었다.

❹ 病室の大きなベッドは、スプリングが古いのか寝返りを打つたびに
軋んだ。
병실의 큰 침대는 스프링이 오래된 것인지 뒤척일 때마다 삐걱거렸다.

❺ 物置から引っ張り出した三輪車は、錆び付いた車輪がぎしぎしと軋
みながらも、やっと動いた。
창고에서 꺼낸 삼륜차는 녹슨 바퀴가 끽끽 소리를 내면서도 간신히 움직였다.

095 >>> 切らす

□□□□

【意】 ⓙ ① 切れた状態にする　② 蓄えておいた品物を使い切る

ⓚ ① 떨어진 상태로 만들다　② 구비해 두었던 물건을 다 쓰다

【用】 切らすは'タバコ・小銭・物を切らす(담배·잔돈·물건이 다 떨어지다)'처럼, 물건 등을
다 써 떨어지는 경우에 사용한다.

【例】

❶ タバコを切らしたので、ちょっと買ってくる。
담배가 다 떨어졌는데 잠시 사 오겠다.

❷ あいにく小銭を切らしてしまい、申しわけない。
공교롭게 잔돈이 다 떨어져 버려서 미안하다.

❸ 娘は寒い冬の水仕事で手にひびを切らして泣いていた。
딸은 추운 겨울 주방일로 손이 갈라져 울고 있었다.

❹ この坂はかなり急こうばいなので、上りはいつもハアハア息を切らす。
이 언덕은 상당히 급경사여서 올라갈 때는 늘 헉헉 숨이 찬다.

❺ 手紙の返事が来ないので、しびれを切らして、とうとう電話をかけて
しまった。
편지의 답장이 오지 않아 기다리다 지쳐 결국 전화를 걸어 버렸다.

096 ⟩⟩⟩⟩ **煌めく** _{きら}　□□□□

意 ⓳ きらきらと光り輝く

⟮韓⟯ 반짝반짝 빛나다, 반짝이다

用 煌めくは '光・灯・星・汗が煌めく(빛・불・별・땀이 반짝이다)', '感性・知性が煌めく (감성・지성이 빛나다)'처럼, 물체가 반짝반짝 빛나거나 감각 등이 반짝이는 경우에 사용한다.

例

❶ 朝の光が冷たい川の水面に煌めく。
아침 햇살이 차가운 강 수면에 반짝인다.

❷ 走ってきた少女の額には汗が煌めいていた。
달려온 소녀의 이마에는 땀이 반짝이고 있었다.

❸ 冬の澄みきった夜空には無数の星がきらきらと煌めいている。
겨울의 맑게 갠 밤하늘에는 무수한 별이 반짝반짝 빛나고 있다.

❹ 彼の作品は瑞々しい感性と煌めくような知性で読む人の心を捕える。
그의 작품은 신선한 감성과 반짝이는 듯한 지성으로 읽는 이의 마음을 사로잡는다.

❺ 街の煌めく灯を映した海面は豊かに脹れ上って建物の裾を濡らしている。
거리의 빛나는 등불을 투영한 해면은 잔뜩 부풀어 올라 건물 밑부분을 적시고 있다.

097 ﹥﹥﹥ 際立つ（きわだ）

□□□□

意

⽇ 他との区別がはっきりしていて目だつ

韓 다른 것과 구별이 확실하여 눈에 띄다, 현저하다

用 　際立つ는 '違い・美しさが際立つ(차이・아름다움이 현저하다)'처럼, 대상이 다른 것과 비교하여 눈에 띄거나, 두드러지는 경우에 사용한다.

例

❶ 雷鳥は夏と冬ではその羽の色に際立った違いを見せる。

뇌조는 여름과 겨울하고는 그 날개 색에 현저한 차이를 보인다.

❷ 集まった大勢の女性たちの中で彼女は際立って美しかった。

모인 많은 여성들 중에서 그녀는 눈에 띄게 아름다웠다

❸ 応援団の多数の部員の中でも彼は男らしさで際立っている。

응원단의 많은 부원 중에서도 그는 남자다움이 두드러진다.

❹ 彼はクラスの中で際立った存在でみんなから注目されていた。

그는 학급 내에서 눈에 띄는 존재로 모두로부터 주목을 받고 있었다.

❺ 濃い緑の森を背景にしているので、白い肉体がいっそう際立って見えた。

짙은 녹색 숲을 배경으로 하고 있어 하얀 육체가 한층 눈에 띄어 보였다.

098 >>> 極める/極まる 　　　□□□□

[極める]

[意] 🈁 ①この上もないところに達する　②頂点に達した状態になる　③余すところなく出し尽くす　④深く研究して物事の真理・本質を明らかにする

🇰🇷 ①더할 나위 없이…하다　②극에 이르다　③다하다　④사물의 본질 등을 밝히다

[用] 極めるは'詳細を極める(상세함이 극에 이르다)', '頂上を極める(정상에 다다르다)', '多忙・困難を極める(지극히 다망・곤란하다)', '真理を究める(진리를 추구하다)'처럼, 대상에 대해 극에 달하도록 행하거나 깊은 경지를 추구하는 경우에 사용한다.

[例]

❶ その記録は森林のサルの生態について詳細を極めていた。
그 기록은 숲속 원숭이의 생태에 관해 지극히 상세했다.

❷ 彼女たちは女性としては世界で初めてエベレストの頂上を極めた。
그녀들은 여성으로서는 세계에서 최초로 에베레스트 정상을 극복했다.

❸ 水害による行方不明者の捜索は連日の大雨で困難を極めている。
수해에 의한 실종자 수색은 연일 이어진 호우로 극도로 곤란한 상태이다.

❹ 店主が口を極めて褒め囃したので、その女性客はすっかり気をよくした。
점주가 탁월한 입담으로 극구 칭찬해서 여성 손님은 아주 기분이 좋아졌다.

❺ 『平家物語』は栄華を極めた平家一門の興亡を叙事詩的に描いたものである。
'헤이케 이야기'는 영화가 극에 달한 헤이케 일문의 흥망을 서사시적으로 그린 것이다.

[極(きわ)まる]

意　⊕ ①ぎりぎりの状態(じょうたい)まで達(たっ)する　②この上(うえ)なく…である，…極(きわ)まりない　③行(い)き詰(づ)まって動(うご)きがとれない，困(こま)り果(は)てる　④続(つづ)いていたものが終(お)わりになる

　　　⊕ ① 거의 한계에 달하다, 극에 이르다　② …하기 짝이 없다　③ 궁지에 빠지다, 아주 곤란하다　④ 끝나다, 다하다

用　極(きわ)まるは‘暴政(ぼうせい)が極(きわ)まる(폭정이 극에 달하다)’, ‘技(わざ)が極(きわ)まる(기술이 극에 이르다)’, ‘目的(もくてき)が極(きわ)まらない(목적이 정해지지 않다)’처럼, 어떤 상태가 극에 달하거나 이르는 경우에 사용한다. ‘명사+極(きわ)まる’의 형태로 사용되어 ‘지극히 ~하다’의 의미로 사용한다.

例

❶ 君主(くんしゅ)の暴政(ぼうせい)が極(きわ)まると、彼(かれ)を追(お)い出(だ)そうという動(うご)きが起(お)こった。
군주의 폭정이 극에 다다르자 그를 쫓아내려는 움직임이 일었다.

❷ なぜならこの時(とき)の川水(かわみず)は氷(こおり)のようであり、危険(きけん)極(きわ)まりないものであった。
왜냐하면 이때의 강물은 얼음과도 같아 위험하기 짝이 없는 것이었다.

❸ こんな簡単(たんじゅん)極(きわ)まることなら、何故(なぜ)もっと早(はや)くこの訪問(ほうもん)をしなかったのだろう。
이런 간단하기 짝이 없는 것이라면, 어째서 좀 더 일찍 이 방문을 하지 않던 것일까.

❹ 彼(かれ)は何(なに)か一(ひと)つの目的(もくてき)が極(きわ)まらないことには何(なに)もする気(き)になれぬらしかった。
그는 무언가 하나의 목적이 다하지 않고서는 아무것도 할 마음이 들지 못하는 모양이었다.

❺ 技(わざ)が極(きわ)まれば、相手(あいて)の膝(ひざ)が可動域(かどういき)の反対方向(はんたいほうこう)に折(お)れ曲(ま)がる形(かたち)になる。
기술이 극에 달하면 상대방 무릎이 가동역의 반대 방향으로 꺾이는 형태가 된다.

099 〉〉〉 悔_くいる □□□□

意 ⓙ 悔_{くや}しがったり反省_{はんせい}したりする，悔_くやむ，後悔_{こうかい}する

ⓗ 후회하다, 뉘우치다

用 悔_くいる는 '行為_{こうい}·結婚_{けっこん}·選択_{せんたく}を悔_くいる(행위·결혼·선택을 후회하다)'처럼, 어떤 행위
에 대해 후회하거나 뉘우치는 경우에 사용한다.

例

❶ この熱狂_{ねっきょう}が醒_さめても自分_{じぶん}は行為_{こうい}を悔_くいることはあるまいと思_{おも}った。
이 열광이 식어도 자신은 행동을 후회할 일은 없으리라 생각했다.

❷ 彼_{かれ}が自分_{じぶん}の投機_{とうき}を一度_{いちど}も悔_くいることがなかったのは確_{たし}かだと思_{おも}う。
그가 자신의 투기를 한 번도 후회하지 않았던 것은 확실 할 것이다.

❸ 自分_{じぶん}の求_{もと}めた結婚_{けっこん}に悔_くいるような気持_{きも}ちは一瞬_{いっしゅん}でも起_おこらなかった。
자신이 원한 결혼에 후회하는 그런 마음은 한순간도 일어나지 않았다.

❹ 過去_{かこ}の選択_{せんたく}を悔_くいることも、今_{いま}ここに立_たっていることを焦_{あせ}ることもない。
과거의 선택을 후회할 일도 지금 이곳에 서 있는 것을 초조해할 일도 없다.

❺ 彼_{かれ}は一生_{いっしょう}を妻_{つま}に捧_{ささ}げて来_きたので、その点_{てん}では何_{なに}も悔_くいることはな

かった。
그는 평생을 처에게 바쳐왔기에 그 점에서는 아무것도 후회할 일은 없었다.

100 区切る

意 日 ①広さや長さを持つものに境目を入れていくつかに分ける ②言葉や文章に切れ目を入れる

韓 ① 구획을 짓다, 공간을 나누다 ② 말이나 문장을 나누다, 끊다

用 区切るは '時間·空間·席を仕切り(시간·공간·자리를 나누다)', '言葉を区切る(단어를 끊다)' 처럼, 시간이나 공간을 구분 지어 나누거나 문장을 끊거나 하는 경우에 사용한다.

例

❶ 広い部屋の空間を仕切りで区切っていくつかに分けてみた。
넓은 방의 공간을 칸막이로 나누어 몇 개인가로 나누어보았다.

❷ 運動会の見物席は学年ごとに区切ってロープが張ってあった。
운동회의 관람석은 학년별로 구획을 나누어 줄이 쳐 있었다.

❸ 朝の十分、夕方の十分と時間を区切って貪るように書物を読んだ。
아침 10분, 저녁에 10분으로 시간을 나누어 탐하듯이 서적을 읽었다.

❹ 二人一緒よりも、時間を区切って交代で番をする方がいいんじゃないか?
둘이 같이하기보다도 시간을 나누어 교대로 보초를 서는 편이 좋지 않아?

❺ 日本語に慣れないぼくのために、一言一言区切るようにゆっくり話してくれた。
일본어에 익숙하지 않은 나를 위해 한마디 한마디 끊듯이 천천히 말해 주었다.

101 >>> 括る　□□□□

[意]

㊐ ①紐などを巻いて絞める，紐や縄をかけて縛る，他の物に縛りつける ②物に纏まりを付ける ③物事を軽く見る，見くびる ④覚悟を決める，腹を据える

㊱ ①묶다, 매다, 붙들어 매다 ②끝맺다, 결말 짓다 ③깔보다 ④각오하다, 마음을 정하다

[用]

括るは・新聞・薪を括る(신문・장작을 묶다)’, ‘紐・縄・括弧で括る(끈・밧줄・괄호로 묶다)’처럼, 끈이나 줄로 묶거나 감아 매는 경우와 매듭을 짓거나 상대를 얕잡아보거나 각오를 다지는 경우 등에 사용한다.

[例]

❶ 雑誌や古新聞を紐で括り、ちり紙交換に出した。
잡지랑 헌 신문을 끈으로 묶어 화장지와 바꿔주는 곳에 냈다.

❷ 台所の洗い物を始める前に母さんは和服の袖を括りあげた。
부엌의 설거지를 시작하기 전에 어머니는 옷 소매를 접어 올렸다.

❸ 薪を割ったら縄で括ってお風呂の焚き口に運んでおきなさい。
장작을 패면 줄로 묶어 욕실 아궁이로 옮겨 놓으세요.

❹ 相手はたいしたことはないと高を括っていたら、試合に負けてしまった。
상대는 별것 아니라며 얕보다가 시합에 패하고 말았다.

❺ 文の骨組みにならない修飾語の部分は括弧で括ってみると、文意がすっきりしてくる。
문의 골격이 되지 않는 수식어 부분은 괄호로 묶어보면 문의가 말끔해진다.

102 >>> 潜る ⬜⬜⬜⬜

[意] 🇯🇵 ①物の下やすき間などを通り抜ける，潜り抜ける ②潜って水面下を進む ③困難な事態や危険をかろうじて切り抜ける ④隙を狙って事を行う

🇰🇷 ① 빠져나가다 ② 잠수하다 ③ 헤쳐 나가다 ④ 허점을 노려 일을 행하다

[用] 潜る는 '下を潜る(밑을 빠져나가다)', '包囲網·法の網を潜る(포위망·법망을 빠져나가다)', '火の中を潜る(불 속을 헤치고 들어가다)'처럼, 물체의 밑이나 틈으로 빠져나가거나 잠수해 가거나 하는 경우에 사용한다.

[例]

❶ 子供たちが歌いながら、縄の下を潜って遊んでいた。
아이들이 노래를 부르며 밧줄 밑을 빠져나가 놀고 있었다.

❷ 昨夜の強盗犯人は警察の非常線を潜って逃亡したらしい。
어젯밤 강도 사건의 범인은 경찰의 비상선을 빠져나가 도망친 듯하다.

❸ 消防士は勇敢にも火の中を潜って奥にいたお年寄りを助けた。
소방수는 용감하게도 불 속을 헤치고 들어가 안에 있던 노인을 구조했다.

❹ ぼくが小さい頃は垣根をそっと潜っては隣の柿を取って食べたものだった。
내가 어릴 적에는 담장을 슬쩍 들어가서는 옆집 감을 따 먹고는 했다.

❺ 長いこと法の網を潜って甘い汁を吸ってきた彼もついに年貢の納めどきだ。
오랫동안 법망을 피해 호화롭게 살아오던 그도 드디어 대가를 치를 때가 왔다.

103 >>> 腐^{くさ}す □□□□

意 ⓙ 人の取り上げるほどのこともない欠点をわざわざ指摘して悪く言う

ⓚ 헐뜯다, 비방하다, 깎아내리다, 나쁘게 말하다

用 腐すは'人·作品を腐す(사람·작품을 헐뜯다)'처럼, 사람이나 사물을 헐뜯거나 깎아내리는 경우에 사용한다. 비슷한 단어로 'けなす', '誹る'가 있다.

例

❶ 人が戦争中に見られる偽善を腐すのは尤もである。
사람이 전쟁 중에 볼 수 있는 위선을 비난하는 것은 당연하다.

❷ 政治評論家たちは私のしていることを底俗なつまらないことだと腐した。
정치평론가들은 내가 하고 있는 일을 저속한 한심스러운 일이라고 깎아내렸다.

❸ プロの探偵が、その道についての自分の可能性をどう腐そうと構わない。
프로 탐정이 그 길에 대한 자신의 가능성을 어떻게 비난해도 상관없다.

❹ 私自身は、それほど褒めるつもりもないが、それほど腐す必要も感じない。
나 자신은 그다지 칭찬할 생각도 없지만, 그다지 비난할 필요도 느끼지 않는다.

❺ 他人のどんな作品でも、あまり腐すのは嫌であるが、悪いものは仕方がない。
타인의 어떤 작품이라도 그다지 헐뜯는 것은 싫지만, 나쁜 것은 어쩔 수 없다.

104 ≫≫ 挫く

意　⑪ ①攻撃を加えて相手の勢いを弱める　②捻ったり打ちつけたりして関節やその周辺の組織を傷つける，捻挫する

　　　㉿ ①기세를 꺾다, 누르다　②삐다, 접질리다

用　挫くは '決意·勇気を挫く(결의·용기를 꺾다)', '足を挫く(발을 삐다)' 처럼, 기세를 꺾거나 발 등을 삐는 경우에 사용한다.

例

❶ 甘い言葉で誘ってぼくの固い決意を挫かないでくれ。
　달콤한 말로 유혹해서 내 굳은 결의를 꺾지 말아줘.

❷ 見る者の勇気を挫くように船は海から波止場へ滑り込んで来た。
　보는 자의 용기를 꺾듯이 배는 바다에서 부두로 미끄러져 들어왔다.

❸ 途中で足を挫いたが、足を引き摺りながらどうやら完走することができた。
　도중에 발을 접질렸지만 발을 질질 끌면서 그럭저럭 완주할 수 있었다.

❹ 弱きを助け強きを挫く、男の中の男といえば、あの親分しかいないだろう。
　약한 자를 돕고 강자를 꺾는 남자 중의 남자라고 하면 저 두목밖에 없을 것이다.

❺ 三連勝を狙っていたのに、すぐにロングシュートを決められて出端を挫かれた。
　3연승을 노리고 있었는데 바로 장거리슛을 내주어 기선을 제압당했다.

105 ≫≫≫ くすぐる □□□□

[意]

㊐ ① 皮膚を軽く擦って、むずむずするような、笑いたいような感じを起こさせる
② わざと人をいい気持ちにさせるようなことを言う

㊪ ① 간지럽게 하다, 간지럽히다　② 마음을 흔들리게 하다, 자극하다

[用]

くすぐるは '腋の下をくすぐる(겨드랑 밑을 간질이다)', '娘心をくすぐる(처녀 마음을 흔들리게 하다)', '虚栄心をくすぐる(허영심을 자극하다)'처럼, 대상을 간지럽히거나 자극하는 경우에 사용한다.

[例]

❶ 犬をくすぐっていた手で、額にかかる髪を掻き上げる。
개를 간지럽히고 있던 손으로 이마에 걸치는 머리카락을 쓸어 올렸다.

❷ 自尊心をくすぐるこの夢が実現できないことはよく分かっていた。
자존심을 자극하는 이 꿈이 실현될 수 없는 것은 잘 알고 있었다.

❸ 作品は母姓本能をくすぐったために特に女姓に人気が高かった。
작품은 모성 본능을 자극했기 때문에 특히 여성에게 인기가 높았다.

❹ 家を出てくる時に使ったばかりのシャンプーの香りが鼻腔をくすぐった。
집을 나올 때 그때 사용한 샴푸 향이 콧구멍을 간지럽혔다.

❺ 脇腹をくすぐっても少女はなされるがままに水面に頭を垂れている。
옆구리를 간지럽혀도 소녀는 그대로 수면에 머리를 숙이고 있다.

❻ 自然の中に入るこの緊張感とは無縁の紅茶のいい香りが鼻をくすぐった。
자연 속에 들어가는 이 긴장감과는 관계없는 홍차의 좋은 향이 코를 간질였다.

106 >>> 燻る（くすぶ）

☐☐☐☐

[意]

🇯🇵 ① 勢いよく燃えないで煙を出し続ける，いぶる　② 煙で黒くなる　③ 表に出ないで内側にとどまる

🇰🇷 ① 연기만 내다　② 그을다　③ 감정이 남아있다, 맺히다, 풀리지 않다, 맴돌다, 제자리걸음 하다

[用]

燻る는 '薪が燻る(장작이 연기만 내다)', '天上が燻る(천정이 그을리다)', '喧嘩の後が燻る(싸움의 응어리가 남다)', '問題が燻る(문제가 풀리지 않다)', '地方で燻る(지방에서 썩다)'처럼, 연기를 내거나 그을리는 경우, 감정이 남아 있거나 풀리지 않거나, 내부에 머물러 있거나 맴돌거나 하는 경우 등에 사용한다.

[例]

❶ 自分はまだ、あの時と同じ位置に燻っているのだろうか。
자신은 아직 그때와 같은 위치에 남아 있는 것일까.

❷ まだ抗争が燻っているので広島には来てくれるなと断られた。
아직 항쟁이 남아 있으니 히로시마에는 오지 말라고 거절당했다.

❸ 体の中に怒りが燻ったまま、彼に背を向け、自分の席に着いた。
몸속에 화가 맺힌 채로 그에게 등을 돌려 자기 자리에 앉았다.

❹ すでに客は退場していたが、まだ余韻のようなものが燻っている。
이미 관객은 퇴장했었지만, 아직 여운 같은 것이 남아 있다.

❺ ブリキの暖炉の中には薪が燻って、煙が薄暗い室の中に一杯に満ちていた。
양철 난로 안에는 장작이 잘 안 타 연기가 어두침침한 방 안에 가득 차 있었다.

107 ≫≫≫ くすむ □□□□

意

㊐ ① 黒ずんで渋くなる，艶を失って冴えなくなる　② 地味で目立たなくなる

㊌ ① 거무스름해지다, 선명하지 않은 색을 나타내다　② 두드러지지 않다, 수수하다

用

くすむは '景色・色がくすむ(경치・색이 칙칙하다)', '灰色にくすむ(회색으로 칙칙해지다)', 'くすんだ茶色(수수한 갈색)', 'くすんだ存在(두드러지지 않은 존재)' 처럼, 사물이 윤기를 잃고 흐릿해지거나 수수하여 두드러지지 않는 경우에 사용한다.

例

❶ 憂鬱なことがあった日は美しい景色もくすんで見える。
우울한 일이 있던 날에는 아름다운 경치도 칙칙해 보인다.

❷ くすんだ茶色のコートを着た男が門のところに立っている。
수수한 갈색의 코트를 입은 남자가 문가에 서 있다.

❸ 立てかけた材木の表面が風雨に晒されて灰色にくすんでいた。
세워둔 목재 표면이 비바람에 노출되어 회색으로 바래 있었다.

❹ 春には若々しい緑に覆われていた野も、冬間近、ですっかり色が
くすんでしまった。
봄에는 파릇파릇한 녹음에 덮여있던 들도 겨울이 가까워 완전히 색이 어두워져 버렸다.

❺ あれほど輝いて見えた人が、十年後の今は、なぜか目立たない
くすんだ存在になっていた。
그토록 빛나 보이던 사람이 십 년 후인 지금은 왠지 눈에 띄지 않는 빛바랜 존재가 되어있었다.

108 ≫≫ 朽ちる

【意】　㊐ ① 草木・木材などが腐って、ぼろぼろになる　② 名声などが衰え滅びる，廃れる

　　　㊩ ① 썩어 문드러지다, 부서져 상하다　② (명성 등이) 쇠퇴하다

【用】　朽ちるは‘橋・木が朽ちる(다리·나무가 너덜너덜하다, 썩다)’, ‘名声が朽ちる(명성이 쇠퇴하다)’처럼, 나무 등이 썩어서 너덜너덜하거나 명성이 쇠퇴하는 경우에 사용한다.

【例】

❶ 二つの村を結ぶ道は荒れ放題で木の橋も朽ちてきた。
두 마을을 잇는 길은 완전히 황폐해져 나무다리도 썩기 시작했다.

❷ 台風や雷に倒されて朽ちた木の幹が無残に横たわっていた。
태풍과 번개로 쓰러져 썩은 나무 기둥이 무참하게 가로놓여 있었다.

❸ 何とかしなくては全く自分で自分を朽ちさせてしまうようなものだ。
어떻게든 하지 않으면 완전히 자신이 자신을 썩게 해 버리는 그런 것이다.

❹ あの俳優は一時の名声も朽ちて今はひっそりと暮らしているそうだ。
그 배우는 한때의 명성도 쇠하여 지금은 조용히 살고 있다고 한다.

❺ 私もこんな田舎に埋もれたまま名も知られずに朽ちていくのだろうか。
나도 이런 시골에 묻힌 채 이름도 알려지지 않고 썩어가는 것일까.

109 >>> 覆す

意

⊕ ①裏返したり逆さまの状態にしたりする，ひっくり返す ②国家や組織また計画や制度などを打ち倒す，転覆させる ③上と下の関係を逆にする ④意見や考え方などを根本から変える

㉿ ①뒤집다 ②무너뜨리다, 전복하다 ③역전시키다 ④근본부터 바꾸다

用

覆すは'船・証拠・定説を覆す(배・증거・정설을 뒤집다)', '国・計画を覆す(국가・계획을 뒤엎다)'처럼, 사물을 거꾸로 뒤집거나 전복시키거나 관계를 역전시키거나 사고 등을 바꾸는 경우 등에 사용한다. 비슷한 단어로 '引っくり返す'가 있다.

例

❶ 突然大波が船を覆さんばかりに迫ってきた。

돌연 큰 파도가 배를 뒤집을 듯이 엄습해 왔다.

❷ 容疑者のアリバイを覆す有力な証拠が見つかった。

용의자의 알리바이를 뒤집을 유력한 증거가 발견되었다.

❸ 従来の定説を覆すような大きな発言に世間が沸き返っていた。

종래의 정설을 뒤집을 그런 큰 발언에 세간이 들끓고 있었다.

❹ 日本の歴史の中にも国を覆すような大きな事件がいくつかある。

일본의 역사 속에도 나라를 전복시킬 그런 큰 사건이 몇몇 있다.

❺ 決まりかけていたこの計画を覆そうとする運動が起こるとは、夢にも思わなかった。

거의 정해지고 있던 이 계획을 뒤집으려는 운동이 일어나리라고는 꿈에도 생각지 못했다.

110 窪む

意
⑩ ①地形が低く落ち込んで周りより低くなる，凹む ②体の部分が低く落ち込んで周りより低くなる

㉿ ①움푹 패다, 땅이 주저앉아 낮아지다 ②움푹 들어가다

用 窪むは '眼が窪む(눈이 움푹 들어가다)', '道路が窪む(길이 움푹 패다)' 처럼, 지형이 움푹 패어 낮아지거나 몸의 일부분이 움푹 들어가는 경우에 사용한다. 비슷한 단어로 '凹む'가 있다.

例

❶ 私は体を四分の三ほど回してみて少し頬が窪んだのを知った。
나는 몸을 3/4 정도 돌려보고 다소 얼굴이 쑥 들어간 것을 알았다.

❷ 僕の隣の枕は彼女の頭の形を残したように微かに窪んでいた。
내 옆 베개는 그녀의 얼굴 형태를 남긴 것처럼 희미하게 움푹 들어가 있었다.

❸ 目の前には顔を叩き潰され、窪んだ肉塊に変えた男が横たわっていた。
눈앞에는 얼굴을 실컷 얻어맞아 움푹 팬 고깃덩이로 변한 남자가 누워 있었다.

❹ 作業員たちは山崩れで窪んだ道路を平坦にする作業に取り組んでいた。
작업원들은 산사태로 움푹 팬 도로를 평탄하게 하는 작업에 임하고 있었다.

❺ 緑色に塗られた不思議な形の天井は、中央が窪んで天窓になっている。
녹색으로 칠해진 이상한 형태의 천정은 중앙이 움푹 패 천창이 되어 있다.

111 ››› 悔やむ（く）　□□□□

意　⑧ ① 後（あと）から残念（ざんねん）に思（おも）う，後悔（こうかい）する　② 人（ひと）の死（し）を惜（お）しみ悲（かな）しむ

　　⑧ ① 분하게 여기다, 후회하다　② 애도하다, 조문하다

用　悔（く）やむは '過去（かこ）を悔（く）やむ(과거를 후회하다, 아쉬워하다)', '逝去（せいきょ）を悔（く）やむ(서거를 애도하다)', '今（いま）さら·今（いま）になって悔（く）やむ(새삼·이제 와서 후회하다)'처럼, 무언가를 아쉬워하거나 후회하거나 죽음을 애도하는 경우에 사용한다.

例

❶ お父様（とうさま）の御逝去（ごせいきょ）を心（こころ）からお悔（く）やみ申（もう）し上（あ）げます。
　아버님의 서거를 마음으로부터 애도합니다.

❷ 過（す）ぎたことを悔（く）やむよりこれから先（さき）のことを考（かんが）えよう。
　지나간 일을 후회하기보다 앞으로의 일을 생각하자.

❸ もう済（す）んだことを今（いま）になって悔（く）やんでも仕方（しかた）があるまい。
　이미 끝난 일을 이제 와 후회해도 소용이 없을 것이다.

❹ どうしてあの時（とき）母（はは）にあんなひどい事（こと）を言（い）ったのか、今（いま）になってひどく悔（く）やまれる。
　어째서 그때 어머니에게 그런 심한 말을 했는지 지금이 되어 크게 후회된다.

❺ 今（いま）さら悔（く）やんでも甲斐（かい）のない事（こと）だが、自分（じぶん）の将来（しょうらい）についてもう少（すこ）し真剣（しんけん）に考（かんが）えるべきだった。
　이제 와 후회해도 소용없는 일이지만, 자신의 장래에 대해 좀 더 진지하게 생각해야 했다.

112 >>> 燻らす

意　㊐ 煙をゆるやかに立ちのぼらせる

　　㊹ 연기를 피우다, 담배를 피우다

用　燻らすは'タバコ·葉巻·パイプを燻らす(담배·권련·파이프 담배를 피우다)'처럼, 담배를 피우는 경우에 사용한다. 비슷한 단어로 '吸う'가 있다.

例

❶ 客を待たせたまま、社長は悠然と葉巻を燻らしている。
손님을 기다리게 한 채 사장은 유유히 궐련을 피우고 있다.

❷ 教授は音楽にうっとりと耳を傾けながら、美味しそうにパイプを燻らした。
교수는 음악에 푹 빠져 귀를 기울이면서 맛있는 듯이 파이프 담배를 피웠다.

❸ その中に彼女の夫が外套の襟に顔を埋めるようにして葉巻を燻らしていた。
그 안에 그녀의 남편이 외투 옷깃에 얼굴을 묻듯이 하며 궐련을 피우고 있었다.

❹ 野良仕事が一段落すると、祖父は縁側に腰を下ろしてタバコを燻らし始めた。
밭일이 일단락되자 할아버지는 마루에 걸터앉고서 담배를 피우기 시작했다.

❺ 食事が済むと煙草を燻らす暇もなく、父は監督に帳簿を持って来るように命じた。
식사가 끝나자 담배를 피울 틈도 없이 아버지는 감독에게 장부를 갖고 오도록 명했다.

113 >>> ぐらつく

意 Ⓙ ぐらぐらする揺れ動く，動揺する

Ⓚ 흔들리다, 흔들흔들하다, 휘청거리다, 동요하다

用 ぐらつくは '歯がぐらつく(이가 흔들리다)', '足がぐらつく(다리가 휘청거리다)', '考え·決心がぐらつく(생각·결심이 흔들리다)'처럼, 무언가가 흔들리거나 휘청거리는 경우에 사용한다.

例

❶ 彼らの論旨は私をけっして説得できなかったが、私をぐらつかせた。

그들의 논지는 나를 결코 설득하지 못했지만, 나를 동요하게 했다.

❷ 一度聞いた事実関係は何度聞き直してもぐらつくことなく一貫していた。

한번 물은 사실관계는 여러 번 되물어도 흔들리는 일 없이 일관되어 있었다.

❸ 立ったまま竿を振り回しているのだから、その舟は初めからぐらついていた。

선 채로 노를 젓고 있어서 그 배는 처음부터 흔들리고 있었다.

❹ 相手のチームの大きな選手たちを見ると、さすがに僕らの自信もぐらついた。

상대 팀의 큰 선수들을 보자 정말이지 우리의 자신도 흔들렸다.

❺ テーブルの上のコップがぐらつくほどの揺れだから震度4ぐらいはあっただろう。

테이블 위의 컵이 흔들릴 정도의 진동이니 진도 4 정도는 되었을 것이다.

114 眩む/晦ます

□□□□

[眩む/暗む]

意 ⑪ ①暗くなる　②強い光を受けて一時的に目が見えなくなる

韓 ① 어두워지다　② 눈이 부시다, 눈이 아찔하다, 눈앞이 캄캄해지다

用 眩むは'金に目が眩む(돈에 눈이 멀다)', '目が眩む宝石(눈이 부실 보석)', '病気で目が暗む(병으로 눈이 어두워지다)'처럼, 무언가에 현혹되어 눈이 멀거나 눈앞이 캄캄해지거나 어두워지는 경우 등에 사용한다.

例

❶ 僅かな金に目が眩んだ私は自分の魂を悪魔に売り渡したようなものだ。

약간의 돈에 눈이 먼 나는 자신의 영혼을 악마에게 팔아넘긴 것과 같은 것이다.

❷ 沈没した難破船の中から出てきたのは何と目も眩むばかりの金塊の山だ。

침몰한 난파선 안에서 나온 것은 정말 눈도 어지러워질 만한 금괴의 산이다.

❸ 欲に目が眩んだあげく、ギャンブルで有り金を失ったという話はよく耳にする。

욕심에 눈이 먼 끝에 도박으로 가진 돈을 잃었다고 하는 이야기는 자주 듣는다.

❹ 追い詰められた二人の前には目の眩むような断崖絶壁が立ち塞がっていた。

내몰린 두 사람 앞에는 현기증이 날 것 같은 낭떠러지 절벽이 가로막고 있었다.

⑤ 男は一週間何も食べておらず、目は暗み、立っているのがやっとという有り様だった。

남자는 일주일간 아무것도 먹지 않아 눈은 침침해지고 서 있는 것이 겨우인 상태였다.

[晦ます/暗ます/眩ます]

[意] 🇯🇵 ①見つからないように隠す　②誤魔化す，欺く

🇰🇷 ①감추다, 숨기다　②속이다

[用] 晦ますと '行方・姿を晦ます(행방·자취를 감추다)', '人目を晦ます(사람의 눈을 속이다)'처럼, 자취나 행방, 종적을 감추거나 대상을 속이는 경우에 사용한다.

[例]

❶ 社長は借金取りの目を逃れてどこかに行方を晦ましていた。

사장은 빚쟁이의 눈을 피해 어딘가에 행방을 감추고 있었다.

❷ あいついったいどこへ姿を晦ましたんだ、大事な試合だというのに。

그놈 도대체 어디로 자취를 감췄어, 중요한 시합이 있는데.

❸ 先刻出発したのは敵の目を晦ます囮で本当の密使は拙者である。

아까 출발한 것은 적의 눈을 속이는 미끼로 진짜 밀사는 나다.

❹ 川は水がなかったので、その川床にずらりと並んで敵の眼を晦ました。

강은 물이 없었기에 그 강바닥에 쭉 늘어서서 적의 눈을 속였다.

❺ 一味は大勢の人目を晦まし、まんまとダイヤモンドを持ち出したのである。

일당은 많은 사람의 눈을 속이고 보기 좋게 다이아몬드를 가지고 나갔다.

115 ››› 包む

意 ㊐ 全体を巻くようにして包む

㊹ 감싸다, 둘러싸다

用 包むは '回りを包む(주위를 둘러싸다)', '餡を包む(팥소를 둘러싸다)', '毛布·タオル·布で包む(담요·타올·천으로 싸다)', '紙に包む(종이에 싸다)'처럼, 무언가를 둘러싸거나 감싸는 경우에 사용한다.

例

❶ 寒冷地では水道の蛇口の回りを布で包んで凍結を防ぐ。
한랭지에서는 수도꼭지 주변을 천으로 감아 결빙을 막는다.

❷ おいしい餡を包んだ和菓子を食べながら、話が弾んだ。
맛있는 팥소를 감싼 화과자를 먹으며 이야기꽃을 피웠다.

❸ 風邪を引いてぞくぞくしたので、毛布で肩の回りを包んで寝た。
감기에 걸려 으슬으슬했기에 모포로 어깨 주위를 두르고 잤다.

❹ 乳母車の中には赤ちゃんがタオルで包まれてすやすや眠っていた。
유모차 안에는 아기가 타올로 감싸여 새근새근 잠들어 있었다.

❺ 小さい頃はお隣のおばちゃんがよく紙に包んだおやつをくれたものだ。
어릴 적에는 옆집 아주머니가 자주 종이에 싼 간식을 주곤 했다.

116 ⟫⟫⟫ **ぐれる**

□□□□

意 🔵 ①見込みが外れる　②正道から外れて非行化する

🔴 ① 예상이 어긋나다　② 자포자기하다, 비뚤어지다

用 ぐれる는 '天気がぐれる(날씨가 나빠지다)', '人がぐれる(사람이 비뚤어지다)', 'ぐれた服装·格好(불량한 복장·모습)'처럼, 사람 등이 비뚤어지고 빗나가거나 계획 등이 어긋나는 경우에 사용한다.

例

❶ 中学進学時にはいじめられないように茶髪やぐれた服装をした。

중학 진학 시에는 괴롭힘당하지 않도록 갈색 머리나 불량한 복장을 했다.

❷ 彼は同級生に漫画も見せられるようになり、ぐれた格好もしなくなった。

그는 동급생에게 만화도 보일 수 있게 되고 불량한 모습도 하지 않게 되었다.

❸ 彼はぐれて、飲んだくれるようになり、果てはどこかで強盗を働いた。

그는 빗나가 술주정뱅이가 되고 결국은 어딘가에서 강도짓을 벌였다.

❹ 彼はぐれた少年たちの仲間になって、喫茶店に屯していたような少年である。

그는 빗나간 소년들의 동료가 되어 찻집에서 떼지어 있던 그런 소년이다.

❺ 次の日は、どう天気がぐれたものか、朝から秋のように侘しい雨が降っていた。

다음날은 어떻게 날씨가 나빠진 것인지 아침부터 가을처럼 처량하게 비가 내렸었다.

117 >>> 企てる(くわだ)

意 ⓐ 計画(けいかく)する, 実行(じっこう)しようとする, 企図(きと)する

⒦ 계획하다, 꾀하다, 기도하다, 시도하다

用 企(くわだ)てる는 '貿易(ぼうえき)を企(くわだ)てる(무역을 계획하다)', '抹殺(まっさつ)を企(くわだ)てる(말살을 꾀하다)'처럼, 무언가를 계획하거나 기도하는 경우에 사용한다. 비슷한 단어로 '目論(もくろ)む'가 있다

例

❶ 幕府(ばくふ)のみならず民間(みんかん)にもこの貿易(ぼうえき)を企(くわだ)てる者(もの)が輩出(はいしゅつ)した。
막부뿐 아니라 민간에도 이 무역을 시도하는 자가 배출되었다.

❷ 強盗(ごうとう)のことが夫人(ふじん)に知(し)られてしまい、教授(きょうじゅ)は彼女(かのじょ)の抹殺(まっさつ)を企(くわだ)てる。
강도 짓이 부인에게 들켜 버려 교수는 그녀의 말살을 계획했다.

❸ 彼(かれ)は手錠(てじょう)を嵌(は)められていなかったが、逃亡(とうぼう)を企(くわだ)てるようなことはあるまい。
그는 수갑이 채워져 있지 않지만, 도망을 시도하는 그런 일은 없을 것이다.

❹ この時(とき)、あの少年(しょうねん)が飛行機(ひこうき)に潜入(せんにゅう)し、密航(みっこう)を企(くわだ)てる事件(じけん)が発生(はっせい)している。
이때 그 소년이 비행기에 잠입하여 밀항을 기도하는 사건이 발생하고 있다.

❺ 二三人(にさんにん)が群(む)れている間(あいだ)はいいが、百人二百人(ひゃくにんにひゃくにん)と集(あつ)まると謀反(むほん)を企(くわだ)てる者(もの)も出(で)てくる。
두세 사람이 모여 있는 동안은 괜찮지만, 백명 이백명이 모이면 모반을 꾀하는 자도 나온다.

118 〉〉〉 けしかける　□□□□

[意] 🇯🇵 ①犬などに声をかけ、相手を攻撃するように仕向ける　②人を煽って自分が思う通りの行動をするように仕向ける

🇰🇷 ①(개 등을) 덤벼들게 하다　②부추기다, 꼬드기다, 선동하다

[用] けしかける는 '犬をけしかける(개를 공격하게 하다)', '友だち·弟をけしかける(친구·동생을 꼬드기다)', '群衆をけしかける(군중을 선동하다)', '喧嘩をけしかける(싸움을 부추기다)'처럼, 개 등을 덤벼들게 하거나 사람을 부추기거나 선동하는 경우에 사용한다. 비슷한 단어로 '煽る' '煽てる' '그そのかす' 등이 있다

[例]

❶ 弟をけしかけて父に新しい自転車を強請らせた。
동생을 꼬드겨 아버지에게 새 자전거를 조르게 했다.

❷ 群衆をけしかけて暴動を起こさせた張本人が彼だ。
군중을 선동하여 폭동을 일으키게 한 장본인이 그이다.

❸ 彼は喧嘩を止めるどころか、友だちの喧嘩をけしかけた。
그는 싸움을 말리기는커녕 친구들의 싸움을 부추겼다.

❹ 男は犬をけしかけ、通行人が怖がるのを見て喜んでいた。
남자는 개를 덤벼들게 하여 통행인이 무서워하는 것을 보고 즐기고 있었다.

❺ 私は真面目に会社に勤めていた友だちをけしかけて一緒に事業を始めた。
나는 성실하게 회사에 다니던 친구를 꼬드겨 같이 사업을 시작했다.

119 〉〉 **けちる** □□□□

意　⑪ 出し惜しむ，けちけちする

　　⑭ 인색하게 굴다, 아까워하다

用　けちる는 '金·礼金·修理費をけちる(돈·사례금·수리비를 아까워하다)' 처럼, 돈에 인
색하거나 돈 쓰기를 아까워하는 경우에 사용한다.

例

❶ 自分の腹を肥やすために、水夫たちの食物をけちった。
자신의 배를 불리기 위해 선원들의 식사를 줄였다.

❷ あれくらい脅かしておけば礼金をけちるということもなかろう。
저 정도 겁을 주어 두면 사례금을 짜게 주는 일도 없을 것이다.

❸ ひょっとしたら彼は金をけちっているのではないかもしれない。
어쩌면 그는 돈을 인색하게 쓰고 있는 것이 아닐지도 모른다.

❹ 彼はただ単純に時間と弾薬をけちっているわけではないようだ。
그는 그저 단순히 시간과 탄약을 아까워하고 있는 것은 아닌 것 같다.

❺ けちらないでここにも冷房を入れればいいのに、壁までなんだか
汗を搔いているみたいだ。
아까워하지 않고 여기에도 냉방을 켜면 좋을 텐데, 벽까지 뭔가 땀을 흘리는 것 같다.

120 >>>> 貶^{けな}す □□□□

意
- ㊐ 悪い点^{わる てん}ばかりを取^とりあげて非難^{ひ なん}する，腐^{くさ}す

- ㊻ 깎아내리다, 헐뜯다, 비방하다

用 貶^{けな}すは‘人^{ひと}・過^{あやま}ちを貶^{けな}す(사람·잘못을 비난하다)'처럼, 사람 등을 깎아내리거나 비방하는 경우에 사용한다.

例

❶ 人^{ひと}を貶^{けな}す悪趣味^{あく しゅ み}は他人^{た にん}の心^{こころ}を痛^{いた}める。
사람을 헐뜯는 악취미는 타인의 마음을 아프게 한다.

❷ 自分^{じ ぶん}の出世^{しゅっ せ}のためなら、他人^{た にん}を謀略^{ぼうりゃく}して貶^{けな}す人^{ひと}はだめだ。
자신의 출세를 위해서라면 타인을 모략하여 비방하는 사람은 안 된다.

❸ 一体私^{いったいわたし}を誉^ほめているのか、それとも貶^{けな}しているのか分^わからない。
도대체 나를 칭찬하고 있는 것인지 아니면 욕하고 있는 것인지 알 수 없다.

❹ 彼^{かれ}は自分^{じ ぶん}の過^{あやま}ちは棚^{たな}に上^あげていつも他人^{た にん}の過^{あやま}ちだけを貶^{けな}している。
그는 자신의 잘못은 제쳐두고 늘 타인의 잘못만을 비난하고 있다.

❺ 本作^{ほん さく}は批評家^{ひ ひょう か}から貶^{けな}されたことで有名^{ゆう めい}になったゲームの一^{ひと}つとなった。
본작은 비평가로부터 비판받은 것으로 유명해진 게임의 하나가 되었다.

121 >>> 煙る

意 ⑪ ①煙が出る，煙が立ち込める　②煙が立ち込めたように辺りの情景がぼんやりする

　　⑭ ① 연기가 나다, 연기가 자욱하다　② 희미해지다, 어렴풋하다

用 煙るは 'ストーブが煙る(스토브가 연기가 나다)', '小雨に煙る(가랑비에 희미해지다)', '霧のように煙る(안개처럼 자욱하다)', 'どんよりと煙る(우중충하게 흐려지다)', '湯気で煙る(수증기로 자욱하다)'처럼, 연기가 나거나 자욱하거나 연기가 낀 듯이 풍경이 희미한 경우에 사용한다.

例

❶ 窓の外は霧のように煙って部屋からは何も見えなかった。
창밖은 안개처럼 자욱하여 방에서는 아무것도 보이지 않았다.

❷ 浴場は湯気で煙っていて中の様子はよく分からなかった。
욕탕은 수증기로 자욱해 있어 안의 상황은 잘 몰랐다.

❸ 両側にはネオンの光がさまざまの色彩で雨の中に煙っている。
양쪽에는 네온 빛이 여러 색채로 빗속에 어렴풋해 있다

❹ 空は煤煙でどんより煙っていたが、地上には明るい陽が降っていた。
하늘은 매연으로 우중충하게 흐려 있었지만, 지상에는 밝은 해가 비치고 있었다

❺ 二階の部屋は女中が前もって火を入れ、煙ったので窓を開けておいた。
이 층 방은 여종업원이 미리 불을 넣어 연기가 껴 창문을 열어 두었다.

122 ⟫⟫⟫ **肥える/肥やす** □□□□

[肥える]

意 ㊐ ①動物や人が太って肉がつく ②地味が豊かになる ③ものを鑑別する能力が発達している ④資産などが増大する

㊏ ①살이 찌다 ②비옥해지다, 기름지다 ③감별 능력이 발달해 있다, 예리하다, 높아지다 ④자산이 늘어나다

用 肥えるは'牛が肥える(소가 살찌다)', '土地が肥える(토지가 비옥하다)', '舌が肥える(혀가 고급이다)', '目·耳が肥える(눈·귀가 예리하다)', '天高く馬肥える(하늘이 높고 말이 살찌다, 천고마비)'처럼, 살찌거나 땅이 비옥하거나, 능력이 발달해 있거나 자산이 늘어나는 경우 등에 사용한다.

例

❶ 温和な気候も手伝って草原の肉牛はどれもよく肥えている。
온화한 기후도 도와 초원의 육우는 모두 살이 많이 쪄 있다.

❷ 目の肥えた鑑定家はどんな精巧なにせ物にもだまされることはない。
눈이 예리한 감정사는 어떤 정교한 가짜에도 속는 일은 없다.

❸ 彼はオーケストラのちょっとした失敗も聞き分けられるほど耳が肥えている。
그는 오케스트라의 사소한 실수도 분별할 수 있을 정도로 귀가 예리하다.

❹ この地方は雨量が多いだけでなく、土地も肥えていて農業に適している。
이 지방은 우량이 많을 뿐 아니라 토지도 비옥해 있어 농업에 적합하다.

❺ いつも美味しいものを食べているだけあって、さすがに彼女の舌は
肥えている。

늘 맛있는 것을 먹고 있어서인지 정말이지 그녀의 입맛은 고급이다.

[肥やす]

意 ㊐ ① 栄養を与えて太らせる ② 肥料などを与えて地味を豊かにする，肥沃にする ③ 美を識別したり創造したりする能力を豊かにする ④ 不当に自分の利益をはかる

㊩ ① 살찌게 하다 ② 비옥하게 하다 ③ 능력을 풍부하게 하다 ④ (부당한 이익을) 꾀하다, (사복을) 채우다

用 肥やすは‘詩嚢を肥やす(시상을 풍부하게 하다)’, ‘土壌を肥やす(토양을 비옥하게 하다)’, ‘私腹・懐を肥やす(사복・주머니를 채우다)’처럼, 대상을 살찌게 하거나 땅을 비옥하게 하거나 능력을 풍부하게 하거나 자신의 이익을 챙기거나 하는 경우에 사용한다.

例

❶ 彼がこの旅にみずから抱いた期待は詩嚢を肥やすことであった。

그가 이 여행에 스스로 품은 기대는 시상을 풍요롭게 하는 것이었다.

❷ 昔、農民は土壌を肥やすため、春先になると枯草に火をつけて焼いた。

옛날에 농민은 토양을 비옥하게 만들기 위해 봄 초가 되면 마른 풀에 불을 붙여 태웠다.

❸ 総督としての勤務振りは私腹を肥やすための努力を惜しまないものだった。

총독으로서의 일하는 모습은 사복을 채우기 위한 노력을 아끼지 않는 것이었다.

❹ 人間の肉体の大部分はそのうちに土の中に犁き込まれ、それを肥やすだけである。

인간의 육체 대부분은 조금 지나 땅속에 스며들어 그것을 비옥하게 할 뿐이다.

❺ 自分の懐を肥やすことしか考えてない連中がこの国を仕切ってるんだから当然のことだ。

자기 주머니를 채우는 것밖에 생각하지 않는 무리가 이 나라를 이끌고 있으니 당연한 일이다.

123 焦がす/焦げる

[焦がす]

意 🇯🇵 ①物を火や熱で焼いて黒くまたは茶色にする ②心を悩ます, 苦悩する

🇰🇷 ①불로 구워서 검게 하다, 태우다, 그을리다 ②애태우다

用 焦がす는 'ご飯·魚·絨毯を焦がす(밥·생선·양탄자를 태우다)', '天·天地を焦がす (하늘·천지를 태우다)', '胸を焦がす(마음을 애태우다)'처럼, 불에 검게 태우거나 그을리거나 마음을 태우는 경우에 사용한다.

例

❶ 青年への熱い思いが少女の胸を焦がした。
청년을 향한 뜨거운 생각이 소녀의 가슴을 태웠다.

❷ この間、たばこの火で絨毯を焦がしてしまった。
일전에 담뱃불로 양탄자를 태워버렸다.

❸ ガスタンクから舞い立つ炎は天も焦がす勢いだった。
가스탱크로부터 날아오르는 불꽃은 하늘도 태워버릴 기세였다.

❹ 火を付けっぱなしなのを忘れて魚を真っ黒に焦がしてしまった。
불을 켜둔 채인 것을 깜빡해 생선을 새카맣게 태워버렸다.

❺ 老人の話だと、その時の山火事は天地を焦がすほどだったそうだ。
노인의 이야기로는 그때의 산불은 천지를 태워버릴 정도였다고 한다.

[焦げる]

意 ㊐ 物が火や熱で焼かれて黒くまたは茶色になる

㊌ 불에 타서 검정색 또는 갈색이 되다

用 焦げるは '畳·魚·鉄が焦げる(타타미·생선·쇠가 타다)', '皮膚が漕げる(피부가 그을리다)', '身·気持ちが焦げる(몸·마음이 타들어 가다)'처럼, 불이나 햇빛 등에 타서 검게 되거나 마음 등이 타들어 가는 경우에 사용한다.

例

❶ 煙は褐色に焦げる匂いがし、紙や草が焼けているようであった。
연기는 갈색으로 타는 냄새가 나 종이나 풀을 태우고 있는 것 같았다.

❷ なぜか居てもたってもいられぬような、焦げるような気持ちだった。
왠지 이러지도 저러지도 못할 그런 타들어 갈 것 같은 기분이었다.

❸ 考えれば考えるほどにいたたまれず、身が焦げるような思いがした。
생각하면 생각할수록 참을 수가 없어 몸이 타들어 가는 듯한 생각이 들었다.

❹ 項の辺りが焦げるような緊張感があって、逃げるように足を急がせた
뒷덜미 부근이 타는 듯한 긴장감이 있어, 도망치듯이 발걸음을 재촉했다.

❺ 内部で溶接の火花が散っているのが見え、鉄の焦げる匂いが鼻をつく。
내부에서 용접의 불꽃이 튀고 있는 것이 보이고 쇠가 타는듯한 냄새가 코를 찌른다.

124 漕ぐ

□□□□

意

㊐ ① 櫓や櫂を使って水を掻き舟を進める　② 乗り物を進めたり振り動かしたりする　③ 深い雪や藪の中などを掻き分け道を進む　④ 座ったまま居眠りをする

㊙ ① 노를 젓다　② (자전거 등의 페달을)밟다, (그네 등을)타다　③ 깊은 눈이나 흙탕물 속 등을 헤치며 나아가다　④ 꾸벅꾸벅 졸다

用

漕ぐ는 '船·ボート·楷を漕ぐ(배·보트·노를 젓다)', 'ペダルを漕ぐ(패달을 밟다)', 'ブランコを漕ぐ(그네를 타다)' 처럼, 배를 젓거나 눈이나 덤불 등을 헤지고 나가거나 꾸벅꾸벅 조는 경우에 사용한다.

例

❶ あのアベックは女のほうがボートを漕いでいる。
저 커플은 여자 쪽이 보트를 젓고 있다.

❷ 一生懸命ペダルを漕がないと、この坂は登りきれない。
열심히 페달을 밟지 않으면 이 언덕은 다 올라갈 수 없다.

❸ 公園では小さな男の子がたった一人でブランコを漕いでいた。
공원에서는 어린 남자아이가 단 혼자서 그네를 타고 있었다.

❹ 話が始まって二十分もすると、弟はこっくりこっくりと舟を漕ぎ始めた。
이야기가 시작된 지 20분이나 지나자 동생은 꾸벅꾸벅 졸기 시작했다.

❺ 年を取ったとはいえ、おじいさんの楷を漕ぐ手つきは鮮やかなものである。
나이를 먹었다고는 해도 할아버지의 노 젓는 손놀림은 훌륭하다.

125 〉〉〉 故事つける _{こ じ}　□□□□

[意] ⑪ 関係のないことを無理に理屈をつけて他の事柄に結びつける

⊛ 억지 쓰다, 억지로 갖다붙이다

[用] 故事つけるは'理由·現実·歌詞を故事つける(이유·현실·가사를 억지로 갖다 붙이다)', '下手·不適当に故事つける(서툴게·부적절하게 갖다 맞추다)'처럼, 억지를 쓰거나 무언가를 억지로 갖다 붙이거나 때려 맞추는 경우에 사용한다.

[例]

❶ それを説明するためには馬鹿げた理由を故事つけねばならない。

그것을 설명하기 위해서는 엉터리 같은 이유를 갖다붙이지 않으면 안 된다.

❷ 学会ではしばしば外国の理論に韓国の現実を故事つけることがある。

학회에서는 종종 외국의 이론에 한국의 현실을 억지로 갖다붙이는 일이 있다.

❸ 私は歌詞が思い出せないので大まかに歌詞を故事つけながら歌を歌った。

나는 가사가 생각나지 않아서 대충 가사를 갖다 맞추면서 노래를 불렀다.

❹ 彼はろくに検証を行わず、検査結果を不適当に故事つけて報告書を作成した。

그는 제대로 검증을 하지 않고 검사 결과를 부적절하게 때려 맞춰 보고서를 작성했다.

❺ その辺りを記憶の混乱や現実逃避的な夢の原因として故事つけることもできそうだ。

그 부분을 기억의 혼란이나 현실 도피적인 꿈의 원인으로 억지를 쓸 수도 있을 것 같다.

126 >>>> 拵える □□□□

意 ⓘ ① 色々と手を加えて形のあるものを作る　② 美しく整え飾る　③ 何かをするために必要なものを整え揃える, 作る　④ 友人などを作る　⑤ ないことをあるかのように見せかける

　　ⓚ ① 만들다, 제조하다, 맞추다　② 꾸미다, 치장하다　③ 준비하다, 마련하다　④ (사람을) 만들다, 낳다　⑤ 조작하다, 날조하다

用 拵える '洋服·ドレスを拵える(양복·드레스를 맞추다)', '金·身代を拵える(돈·재산을 마련하다)', '顔·身なりを拵える(얼굴·옷차림을 잘 꾸미다)', '話を拵える(이야기를 꾸미다)', '子供を拵える(아이를 만들다)', 'その場を拵える(상황을 둘러대다)' 처럼, 무언가를 제작하거나 치장하거나 준비하거나 조작하거나 사람을 만들거나 하는 경우 등에 사용한다.

例

❶ 妻が顔を拵えるのにまだ時間がかかりそうだ。
처가 얼굴을 치장하는데, 아직 시간이 걸릴 것 같다.

❷ 父は僅か二十年の間にこれだけの財産を拵えたのだ。
아버지는 불과 20년 사이에 이 만큼의 재산을 만들었다.

❸ 去年まで貧しかったのに、どうやってあんな大金を拵えたのだろう。
작년까지 가난한 했는데, 어떻게 하여 저런 큰돈을 마련한 것일까?

❹ 彼はうまく話を拵えて決して自分は悪くないと周りの人に思わせる。
그는 말을 잘 꾸미며 결코 자신은 나쁘지 않다고 주위 사람에게 생각하게 만든다.

❺ あの人はいつも体裁を拵えていて本当の自分の姿を見せたことがない。
저 사람은 늘 체면을 차리고 있어 자신의 진짜 모습을 보인 적이 없다.

127 >>> 拗れる(こじ)

□□□□

意 🇯🇵 ①物事が縺れてうまく進まなくなる　②病気が治らなくて長引く　③捩じれる

🇰🇷 ①복잡해지다, 꼬이다　②병이 악화하다　③틀어지다, 뒤틀리다

用 拗れる는 '問題・交渉・話が拗れる(문제・교섭・이야기가 복잡해지다)', '風邪・調子が拗れる(감기・몸 상태가 악화하다)'처럼, 무언가가 복잡해지거나 악화하거나 마음이 뒤틀리는 경우에 사용한다.

拗らせる(악화시키다, 복잡하게 하다)는 타동사로 '病気・風邪を拗らせる(병・감기를 악화시키다)', '事態・問題を拗らせる(사태・문제를 복잡하게 만들다)'처럼, 병을 악화시키거나 사태를 복잡하게 하는 경우에 사용한다.

例

❶ 小児というものは、その時の調子でひょいと拗れることがあるものだ。
소아라는 것은 그때의 상태에 따라 갑자기 악화하는 일이 있는 법이다.

❷ よほどしっかりした捜査をしないと、拗れると国際問題になりかねない。
어지간히 확실한 조사를 하지 않으면, 잘못되면 국제문제가 될지도 모른다.

❸ 彼は話が拗れることを恐れて、そのまま身を屈め、箱を置いて座った。
그는 이야기가 복잡해지는 것을 두려워하여 그대로 몸을 구부려 상자를 놓고 앉았다.

❹ 風邪が拗れて喉に傷ができ、それが咳のために破れて出血したのだ。
감기가 악화하여 목에 상처가 생기고 그것이 기침 때문에 찢어져 출혈한 것이다.

❺ おそらく交渉が拗れて警察沙汰にでもなった時のことを考えてのことだろう。
아마 교섭이 틀어져 경찰에 가는 사건이라도 됐을 때의 일을 생각해서 한 일일 것이다.

128 >>> 漉す(濾す)

意 ⓐ 網や布などの細かな隙間を潜らせて、ごみや滓を取り除いたり粒を細かくしたりする, 濾過する

ⓑ 거르다, 여과하다

用 漉す(濾す)는 '水・餡を濾す(물·팥소를 거르다)', '網・布で漉す(망·천으로 거르다)'처럼, 망이나 천 등으로 무언가를 거르거나 여과하는 경우에 사용한다.

例

❶ 濾過することを濾すともいうが、これは篩うに近いものである。
여과하는 것을 거른다고도 하는데, 이것은 체로 치는 것에 가까운 것이다

❷ 田舎町には桜が咲き、春風が日光を絹のように漉して流れた。
시골 마을에는 벚꽃이 피고, 봄바람이 햇빛을 비단처럼 거르고 흘러갔다.

❸ それを漉して醤油を入れてまた煮ると日本人の口に合うようだ。
그것을 걸러 간장을 넣고 또 끓이면 일본인의 입에 맞는 모양이다.

❹ 尿を漉し出す場所である糸球体が目詰まりしてしまうと腎臓が働かなくなる。
소변을 걸러내는 장소인 사구체 망이 막혀 버리면 신장이 작동하지 않게 된다.

❺ この方法で餌を取るためには、水などから餌を漉し取る装置が必要である。
이 방법으로 먹이를 취하기 위해서는 물 등으로부터 먹이를 걸러내는 장치가 필요하다.

129 >>> 擦る

意
🇯🇵 ①ある物に他の物を強く押し当てたままで動かす　②他のことに託つけて皮肉を言う，当て擦る

🇰🇷 ① 비비다, 문지르다, 긁다　② 빗대어 욕하거나 빈정대다

用 擦る는 '体・目を擦る(몸・눈을 비비다, 문지르다)', '垢を擦る(때를 문지르다, 밀다)', '壁に擦る(벽에 긁다)', '擦った跡(긁은 자국)'처럼, 무언가에 비비거나 문지르거나 긁는 경우에 사용한다.

例

❶ 父は毎朝冷水を浴び、タオルで体を擦っている。
아버지는 매일 아침 냉수를 끼얹고 수건으로 몸을 문지르고 있다.

❷ 体中がひりひりするけど、垢を擦るのって気持ちがいい。
온몸이 얼얼하지만, 때를 민다 것은 기분이 좋다.

❸ 信じられない光景におじいさんは夢かと思ってもう一度目を擦った。
믿을 수 없는 광경에 할아버지는 꿈인가 싶어 다시 한번 눈을 비볐다.

❹ 彼は靴の裏にへばり付いた泥を入り口の靴ぬぎに擦りつけていた。
그는 신발 바닥에 달라붙은 진흙을 입구의 섬돌에 문지르고 있었다.

❺ ハンドルを切り損ねて左のフロントをガレージの壁に擦ってしまった。
핸들을 잘못 꺾어 좌측 앞부분을 차고 벽에 긁고 말았다.

(130) 〉〉〉 熟す _{こな}　□□□□

[意] 🇯🇵 ① 食べた物を消化する　② 仕事などを処理する　③ 知識や技術などを自由自在に使う

　　🇰🇷 ① 소화하다　② 일을 해치우다, 처리하다　③ 능숙하게 다루다, 구사하다

[用] 熟すは'田の土を(밭의 흙을 잘게 부수다)', '固い物を熟す(단단한 것을 소화시키다)', '仕事を熟す(일을 처리하다)', '日本語を熟す(일본어를 구사하다)'처럼, 음식을 소화하거나, 일을 잘 처리하거나, 기술을 능숙하게 구사하는 경우 등에 사용한다. 동사 연용형애 붙어 '着こなす(맵시 있게 입다)', '引きこなす(능숙하게 연주하다)'처럼, 그 동작을 능숙하게 하는 경우에 사용한다.

[例]

❶ 寡黙で無表情のまま仕事を黙々と熟すことで有名だった。
과묵하고 무표정한 채로 일을 묵묵히 소화해내는 것으로 유명했다.

❷ 課題を熟そうとするたびに、必ず意図とは異なった結果が現れる。
과제를 잘 해내려고 할 때마다 반드시 의도와는 다른 결과가 나타난다.

❸ 時代劇での凄みのある悪役を熟す一方、素朴な役柄も熟していた。
사극에서의 무서운 악역을 소화하는 한편 소박한 역할도 소화하고 있었다.

❹ 父親は有名な建築家であり、また母親は声楽も熟すピアニストである。
아버지는 유명한 건축가이고 또 어머니는 성악도 잘하는 피아니스트이다.

❺ 子供の面倒を見たうえに、山のような家事を熟さなければならなかった。
아이를 돌보고 그 위에 산더미 같은 가사를 잘 처리해야 했다.

131 >>> 捏ねる (こ)　□□□□

[意] 🇯🇵 ①粉・土などに水を加えて練る，粘り気のある塊を練る　②理屈を並べたり筋の通らないことを言ったりする

🇰🇷 ①반죽하다　②억지 쓰다, 떼쓰다

[用] 捏ねるは‘粉・パン粉・小麦粉を捏ねる(가루・빵가루・밀가루를 반죽하다)’, ‘粘土・泥を捏ねる(점토・진흙을 개다, 반죽하다)’, ‘理屈を捏ねる(핑계를 대다, 억지를 쓰다)’, ‘だだを捏ねる(떼를 쓰다, 응석을 부리다)’처럼, 반죽을 하거나 억지 또는 떼를 쓰는 경우에 사용한다.

[例]

❶ いくら駄々を捏ねたって今日は何も買ってあげない。
아무리 떼를 써도 오늘은 아무것도 안 사준다.

❷ 砂場で小さい子が二人、泥を捏ねて何かを拵えていた。
모래밭에서 작은 아이 둘이 진흙을 반죽하며 무언가를 만들고 있었다.

❸ 失敗の原因を追求すると理屈を捏ねては言い逃れをしようとする。
실패의 원인을 추궁하면 핑계를 대고는 발뺌을 하려고 한다.

❹ 手が空いているのなら、そこのボールでうどん粉を捏ねておいてくれ。
할 일이 없으면 거기 보울에 우동 가루를 반죽해 놔 줘.

❺ 幼稚園の頃、粘土を捏ねて作った人形を妹は今でも大事に持っている。
유치원 때 점토를 빚어 만든 인형을 여동생은 지금도 소중히 가지고 있다.

132 >>> 拒む^{こば} □□□□

意 ⑪ ① 固く拒否する，いやだと強く断る　② 進んで来るものを妨げとどめる，阻む

　　 ㉨ ① 거절하다, 거부하다　② 저지하다, 막다

用 拒む는 '前進·入場を拒む(전진·입장을 막다, 저지하다)', '面会·要求·支払いを拒む(면회·요구·지불을 거절하다)'처럼, 무언가를 거부 또는 거절하거나 하지 못하도록 막거나 저지하는 경우에 사용한다. '拒まれる(거부·거절·저지당하다)'처럼 수동형으로 많이 사용된다.

例

❶ 道路に倒れかかった大木がぼくたちの前進を拒んでいた。
도로에 쓰러져 걸쳐진 큰 나무가 우리의 전진을 막고 있었다.

❷ 予め約束せずに、いきなり訪ねていったので、面会を拒まれた。
미리 약속도 하지 않고 갑자기 방문해 갔기 때문에 면회를 거절당했다.

❸ サングラスをかけた男は守衛に入場を拒まれ、憮然として立ち去った。
선글라스를 낀 남자는 수위에게 입장을 저지당해 허탈한 모습으로 떠나갔다.

❹ 会社側が新しい要求を拒んだため、従業員側との交渉はもの別れとなった。
회사 측이 새로운 요구를 거절했기 때문에 종업원 측과의 교섭은 결렬되었다.

❺ あんなきつい仕事をさせられた上、支払いを拒まれたのでは堪ったものではない。
그런 힘든 일을 강요받은 데다가 지불을 거부당해서는 참을 수가 없다.

133 ⟩⟩⟩ 媚びる ☐☐☐☐

意 �日 ① 人に気に入られるように機嫌を取る，諂う　② 人の気を引くために、なまめかしい態度を取る

㊞ ① 비위를 맞추다, 굽신거리다　② 아양을 떨다, 교태를 부리다

用 媚びる는 '人が媚びる(사람이 아양을 떨다)', '地主・権勢・先輩に媚びる(땅주인・권세・선배에게 굽신거리다)', '時流に媚びる(시류에 타협하다)'처럼, 사람 등에게 굽신거리거나 아양을 떠는 경우에 사용한다.

例

❶ 彼女が媚びた態度を取るのも彼の気を引こうとしているからだ。
그녀가 아양 떠는 태도를 취하는 것도 그의 관심을 끌려고 하고 있기 때문이다.

❷ よほど意志が強くなければ、時流に媚びずに生きていくのは難しい。
어지간히 의지가 강하지 않으면 시류에 타협하지 않고 살아가는 것은 어렵다.

❸ あの男は後輩には威張るくせに、先輩にはいつも卑屈なほど媚びる。
저 남자는 후배에게는 거만한데 선배에게는 늘 비겁할 정도로 굽신거린다.

❹ ふだん厳格な父が地主に媚び諂うのを見て、ぼくは悲しくなってしまった。
평소 엄격한 아버지가 땅 주인에게 굽신거리는 것을 보고 나는 슬퍼져 버렸다.

❺ 彼は苦境にありながらも、権勢に媚びることなく自分の道を歩んでいた。
그는 곤경에 있으면서도 권세에 아첨하는 일 없이 자신의 길을 걷고 있었다.

---

134 >>> <ruby>拱<rt>こまね</rt></ruby>く □□□□

意 ⓐ <ruby>腕組<rt>うでぐ</rt></ruby>みをする, こまぬく

　　 ⓚ 팔짱 끼다, 방관하다

用 <ruby>拱<rt>こまね</rt></ruby>く는 '<ruby>手<rt>て</rt></ruby>を<ruby>拱<rt>こまね</rt></ruby>く(수수방관하다)'의 형태로 사용하여, 해야 할 일을 하지 않고 보고만

있는 경우에 사용한다.

例

❶ ともかく<ruby>原因<rt>げんいん</rt></ruby>が<ruby>何<rt>なん</rt></ruby>であれ、このまま<ruby>手<rt>て</rt></ruby>を<ruby>拱<rt>こまね</rt></ruby>いているわけにはいかない。
어쨌든 원인이 무엇이든 이대로 수수방관할 수는 없다.

❷ <ruby>彼<rt>かれ</rt></ruby>は<ruby>困難<rt>こんなん</rt></ruby>で<ruby>苦<rt>くる</rt></ruby>しいことには、いつも<ruby>手<rt>て</rt></ruby>を<ruby>拱<rt>こまね</rt></ruby>いて<ruby>同僚<rt>どうりょう</rt></ruby>から<ruby>顰蹙<rt>ひんしゅく</rt></ruby>を<ruby>買<rt>か</rt></ruby>った。
그는 곤란하고 힘든 일에는 늘 뒷짐을 져서 동료들의 빈축을 샀다.

❸ <ruby>後輩<rt>こうはい</rt></ruby>の<ruby>記者相手<rt>きしゃあいて</rt></ruby>に<ruby>手<rt>て</rt></ruby>を<ruby>拱<rt>こまね</rt></ruby>いている<ruby>自分<rt>じぶん</rt></ruby>がもどかしく、<ruby>腹立<rt>はらだ</rt></ruby>たしくも

あった。
후배 기자를 상대로 손을 놓고만 있는 자신이 답답하기도 화가 나기도 했다.

❹ <ruby>長男<rt>ちょうなん</rt></ruby>を<ruby>伴<rt>ともな</rt></ruby>った<ruby>妻<rt>つま</rt></ruby>の<ruby>目<rt>め</rt></ruby>まぐるしい<ruby>動<rt>うご</rt></ruby>きを<ruby>私<rt>わたし</rt></ruby>は<ruby>手<rt>て</rt></ruby>を<ruby>拱<rt>こまね</rt></ruby>いて<ruby>見<rt>み</rt></ruby>ているより

<ruby>他<rt>ほか</rt></ruby>はない。
장남을 둘러싼 아내의 어지러운 움직임을 난 손을 놓고 보고 있을 수밖에는 없다.

❺ <ruby>製品<rt>せいひん</rt></ruby>に<ruby>欠陥<rt>けっかん</rt></ruby>が<ruby>発見<rt>はっけん</rt></ruby>されて<ruby>問題<rt>もんだい</rt></ruby>になっているにも<ruby>関<rt>かか</rt></ruby>わらず、<ruby>製造者<rt>せいぞうしゃ</rt></ruby>

は<ruby>手<rt>て</rt></ruby>を<ruby>拱<rt>こまね</rt></ruby>いている。
제품에 결함이 발견되어 문제가 되고 있음에도 불구하고 제조자는 뒷짐을 지고 있다.

135 >>> 籠もる

意 ⑪ ①ある一定の領域に入ったまま外に出ないでいる，引きこもる　②音や声が中に閉じこめられた状態で外にはっきりと伝わってこない　③煙や匂いなどがその場に満ちる，立ち込める　④ある事柄に精力・感情・情熱などが注ぎ入れられる

韓 ①두문불출하다, 틀어박히다　②소리가 분명치 않다　③자욱하다, 가득 차다　④(감정·힘 등이) 깃들다, 어리다, 담기다

用 籠もるは‘家・山に籠もる(집·산에 틀어박히다)’，‘音・声も籠もる(소리가 분명치 않다)’，‘煙が籠もる(연기가 자욱하다)’，‘心・熱・力が籠もる(마음·열의·힘이 담기다)’처럼, 어딘가에 틀어박히거나 소리가 분명치 않거나 연기나 냄새 등이 자욱하거나 마음이나 힘 등이 담기거나 하는 경우에 사용한다.

例

❶ 部屋中にたばこの煙が籠もっているから少し窓を開けなさい。
온 방 안에 담배 냄새가 가득해 있으니 창문을 여세요.

❷ 話をする彼女の言葉には、いつになく熱が籠もっていた。
이야기를 하는 그녀의 말에는 평소와 달리 열정이 담겨 있었다.

プレゼントは心が籠もってさえいれば、金額などは問題ではない。
선물은 마음이 담겨만 있으면 금액 등은 문제가 아니다.

結びの一番は横綱同士の対戦にふさわしい、力の籠もった取り組みになった。
마지막 한판은 요꼬즈나 간의 대전에 어울리는 힘이 넘치는 대전이 되었다.

❸ 僕は外出するのが嫌いで、用事がなければ何日でも家に籠もっている。

나는 외출하는 것이 싫어서 용건이 없으면 며칠이고 집에 틀어박혀 있다.

お坊さんは悟りを開くために、若い頃、何年も山に籠もって修行したそうだ。

스님은 깨달음을 얻기 위해 젊을 때 몇 년이나 산에 틀어박혀 수행했다고 한다.

❹ 山寺で打ち鳴らす鐘の音は陰に籠もってもの悲しく聞こえる。

산사에서 치는 종소리는 어둠에 묻혀 어딘가 구슬프게 들린다.

電話の向こうで籠もったような声でぼそぼそとしゃべる男がいた。

전화 건너편에서 명확하지 않은 그런 목소리로 소곤소곤 이야기하는 남자가 있었다.

この深い霧の中では警笛の音も籠もって、遠くまでは聞こえないだろう。

이 짙은 안개 속에서는 경적 소리도 파묻혀 멀리까지는 들리지 않을 것이다.

136 》》》 懲らしめる

[意]
🇯🇵 制裁を加えて悪いことはもう二度としないという気持ちにさせる，懲らす

🇰🇷 응징하다, 따끔한 맛을 뵈다

[用] 懲らしめるは‘人間·侮蔑·悪事·規則違反を懲らしめる(인간·모멸·나쁜 짓·규칙 위반을 응징하다)’처럼, 제재를 가해 응징하는 경우에 사용한다.

[例]

❶ この人間を懲らしめたいと思う感情とは似ているようで少し違う。
이 사람을 응징하려고 생각하는 감정과는 비슷한 것 같으면서 조금 다르다.

❷ 彼らの信仰規則を冒した者を懲らしめる許しがほしいというのであった。
그들의 신앙 규칙을 어긴 자를 응징할 허가가 필요하다는 것이었다.

❸ 必要やむをえない懲らしめを与えなくてはならぬ場合がますます多くなった。
어쩔 수 없이 필요한 응징을 해야만 하는 경우가 점점 많아졌다.

❹ 次の一例に明らかなように、相手の侮蔑を懲らしめると解釈すべきである。
다음 일례에 명확한 것처럼 상대의 모멸을 응징한다고 해석해야 한다.

❺ これも彼女の国では不実な男性を懲らしめるごく一般的な方法らしかった。
이것도 그녀의 나라에서는 못된 남성을 응징하는 지극히 일반적인 방법인 것 같았다.

137 ≫≫ **懲りる** こ □□□□

意 ⑩ 失敗などを悔いて、もう二度とすまいという気持ちになる

⑭ 넌더리 나다, 데다, 질리다

用 懲りるは '騒ぎ・学食・乱暴に懲りる(소동・학식・난폭함에 질리다)', '酒癖・台風・渋滞で懲りる(술버릇・태풍・교통체증으로 질리다)'처럼, 무언가에 질리거나 넌더리가 나거나 하는 경우에 사용한다.

例

❶ これに懲りて、それ以来、大きなものには手を出さないことにしている。
이에 넌더리가 나 그 이후 큰 것에는 손대지 않기로 하고 있다.

❷ この騒ぎに懲りてから、ラクダには一頭ごとに人を一人つけることにした。
이 소동에 데고 나서 낙타에는 한 마리마다 사람을 한 명 붙이기로 했다.

❸ だから破綻したのだが、戦後はそれに懲りて思想の不在状態になった。
그래서 파탄한 것이지만, 전후는 그에 질려 사상 부재 상태가 되었다.

❹ 家に遊びに行くのは一回で懲りて、その後は外で食事を取ることにした。
집에 놀러 가는 것은 한 번으로 질려 그 후는 밖에서 식사를 하기로 했다.

❺ 父親で懲りたあの母親が、もう一度別の男と結婚するなんて考えられない。
아버지로 질린 그 어머니가 다시 한번 딴 남자와 결혼하리라고는 생각되지 않는다.

[凝る]

意 ⓙ ①物事に興味を持って夢中になる，熱中する ②細かい点にまで拘って自分の好みや美意識を追求する ③筋肉が張って固くなる ④一か所に寄り集まって固まる，硬直して動かなくなる

ⓚ ①열중하다 ②신경을 쓰다, 공을 들이다, 나름의 고상함을 추구하다 ③근육이 뭉치다, 뻐근해지다 ④엉기다, 응고하다

用 凝るは‘プラモデル·盆栽に凝る(프라모델·분재에 열중하다)’, ‘細工·インテリア·柄·趣向が凝る(세공·인테리어·무늬·취향에 공들이다)’, ‘肩が凝る(어깨가 뭉치다, 뻐근하다)’처럼, 무언가에 몰두하거나 공들여 하거나 근육이 뭉치거나 액체가 엉기는 경우 등에 사용한다.

例

❶ この作品には小学生のものとは思えない凝った細工がしてある。
이 작품에는 초등학생 것이라고는 생각되지 않는 깊은 맛의 세공이 되어 있다.

❷ 二時間も作文の清書を続けたので、すっかり肩が凝ってしまった。
2시간이나 작문의 정서를 계속해서 완전히 어깨가 뭉쳐버렸다.

❸ 男の子ならだれでも一度は、プラモデルに凝った時期があると思う。
남자라면 누구나 한 번은 프라모델에 열중하는 시기가 있다고 생각한다.

❹ 父は今盆栽に凝っていて暇さえあれば庭に出てあれこれいじくっている。
아버지는 지금 분재에 빠져있어 틈만 나면 정원에 나가 이것저것 만지고 있다.

⑤ 彼女のコンサートは、いつも何か凝った趣向がされていて、それを 楽しみにするファンも少なくない。

그녀의 콘서트는 늘 무언가 멋들인 취향이 묻어나 있어 그것을 기대하는 팬도 적지 않다.

[凝らす]

意 ⓐ 一つのところに集中させる

　　　 ⓚ 한 곳에 집중시키다

用 凝らす는 '息を凝らす(숨을 죽이다)', '瞳を凝らす(눈을 응시하다, 뚫어지게 바라보다)', '工夫を凝らす(궁리를 짜다)'처럼, 사람이 무언가에 집중하는 경우에 사용한다.

例

① 仮装パーティーに各々意匠を凝らした格好で集まってくる。

가장 파티에 각자에게 의장을 공들인 모습으로 모여든다.

② 都会では見られない降るような星空を瞳を凝らして見つめた。

도시에서는 볼 수 없는 쏟아질 듯한 별하늘을 눈동자로 뚫어지게 응시했다.

③ 展覧会に出すだけあって、どれも面白い工夫が凝らしてある。

전람회에 낼 만하여 어떤 것도 재미있는 궁리가 담겨 있다.

④ 木の陰にうずくまり、息を凝らして獲物が通るのを待っていた。

나무 그늘에 웅크리고 숨을 죽이고 사냥감이 지나가는 것을 기다리고 있었다.

⑤ 山中に見える赤い小さな光は何なのか、僕たちはじっと目を凝らした。

산중에 보이는 빨간 작은 빛은 무엇인지 우리는 물끄러미 눈을 응시했다.

⑥ あれこれと趣向を凝らした歓迎に社長一行は満足そうな様子だった。

이것저것 취향을 살린 환영에 사장 일행은 만족한 듯한 모습이었다.

139 >>> 強張る

[意] ㊐ 柔らかいものが、つっぱったように固くなる

㉭ 부드러운 물건이 딱딱해지다, 경직되다

[用] 強張るは·‘筋肉·手·体·表情·顔が強張る(근육·손·몸·표정·얼굴이 굳어지다, 경직되다)’처럼, 대상이 굳어지거나 딱딱해지거나 경직되는 경우에 사용한다.

[例]

❶ 寒さのため足の筋肉が強張って、思うように走れなかった。
추위 탓에 발의 근육이 경직되어 생각대로 달릴 수 없었다.

❷ 老人は強張った手を懸命に動かし、粘土細工を作り上げていった。
노인은 경직된 손을 열심히 움직여 점토세공을 만들어나갔다.

❸ 日ごろ柔和な彼の顔が、何か心配事でもあるのか、いつになく強張っている。
늘 온화한 그의 얼굴이 걱정거리라도 있는 것인지 평소와 달리 경직되어 있다.

❹ 確かに彼は笑っていたけれど、その表情は強張っていていつもとは違うようだった。
확실히 그는 웃고 있었지만, 그 표정은 경직되어 있어 평소와는 다른 것 같았다.

❺ 優勝を意識した選手たちは緊張して体が強張り、いつもの力を出し切れなかった。
우승을 의식한 선수들은 긴장으로 몸이 경직되어 평소의 힘을 다 발휘하지 못했다.

140 >>> 苛む (さいな)

□□□□□

意
(日) 責め苦しめる, 悩ます

(韓) 꾸짖다, 책망하다, 괴롭히다

用 苛む는 '自分・心を苛む(자신・마음을 꾸짖다)', '嵐・雪・不安・劣等感に苛まれる (폭풍우・눈・불안・열등감에 괴로워하다, 시달리다)'처럼, 대상을 꾸짖거나 책망하거나 괴롭히는 경우에 사용한다.

例

❶ それは彼女が何か苦しい思いに自分を苛む時の癖だった。
그것은 그녀가 무언가 괴로운 생각에 자신을 책망할 때 하는 버릇이다.

❷ ここには季節はなく、生きものたちが嵐や雪に苛まれることもなかった。
이곳에는 계절은 없고 생물들이 폭풍우나 눈에 시달리는 일도 없었다.

❸ その瞬間から彼らは軍に子供を取り上げられる不安に苛まれるわけだ。
그 순간부터 그들은 군에 아이들을 빼앗기는 것에 대한 불안에 괴로워하는 것이다.

❹ 彼は混乱していた心に落ち着きが戻ってくるにつれ、深い後悔が心を苛んだ。
그는 혼란했던 마음에 차분함이 돌아옴에 따라 깊은 후회가 마음을 꾸짖었다.

❺ いっそ劣等感に苛まれる人生の方が、まだ苦しみも半分で済んだはずだった。
차라리 열등감에 시달리는 인생이 그래도 괴로움도 절반으로 끝났을 것이었다.

141 　≫≫≫ 遮る（さえぎる）　□□□□

意
- 🇯🇵 ①あるものが自然の齎す物理的な作用を妨げる，遮断する　②あるものが人の行動や物事の進行をさまたげる，じゃまをする

- 🇰🇷 ① 가리다, 차단하다　② 막다, 가로막다, 방해하다

用　遮る는 '光·景色を遮る(빛·경치를 가로막다)', '話·声を遮る(말·목소리를 막다)', '道·行く手を遮る(길·앞길을 차단하다)'처럼, 무언가를 차단하여 막거나 방해하여 가로막는 경우에 사용한다.

例

❶ 木立に遮られて、向こうの海の景色が見えない。
나무에 가려져서 건너편 바다 풍경이 보이지 않는다.

❷ 深い森は、木々が光を遮り、昼でもうっそうと暗い。
깊은 숲속은 나무들이 빛을 차단하여 낮에도 울창하여 어둡다.

❸ 土砂崩れで道が遮られたため、通行止めになった。
산사태로 길이 막혔기 때문에 통행금지가 되었다.

❹ 調査隊は川に行く手を遮られて、それ以上前進することができなかった。
조사대는 강에 갈 길을 차단당해 그 이상 전진할 수 없었다.

❺ 子供は学校から帰ってくると、母親の声を遮って夢中で今日あったことを話した。
아이는 학교에서 돌아오자 모친의 말을 끊고 열심히 오늘 있었던 일을 이야기했다.

142 囀る(さえずる) □□□□

意 日 ① 小鳥(ことり)がしきりに鳴(な)く ② ぺちゃくちゃとやかましく喋(しゃべ)る

韓 ① 지저귀다 ② 재잘대다

用 囀(さえず)るは '鳥(とり)·ヒバリが囀(さえず)る(새·종달새가 지저귀다)', '女(おんな)の子(こ)が囀(さえず)る(여자아이가 재잘대다)' 처럼, 새가 지저귀거나 사람이 재잘대는 경우에 사용한다.

例

❶ 村(むら)の分校(ぶんこう)ではヒバリが賑(にぎ)やかに囀(さえず)っている。
마을 분교에서는 종달새가 시끄럽게 지저귀고 있다.

❷ 森(もり)では朝(あさ)と夕方(ゆうがた)に小鳥(ことり)がやかましいばかりに囀(さえず)る。
숲에서는 아침과 저녁에 작은 새가 시끄러울 정도로 지저귄다.

❸ バスの中(なか)で女(おんな)の子(こ)たちが、ぺちゃくちゃと辺(あた)りかまわず囀(さえず)っていた。
버스 안에서 여자아이들이 재잘재잘 주변에 상관없이 떠들고 있었다.

❹ 鬱蒼(うっそう)とした初夏(しょか)の森(もり)のあちらこちらで、いろいろな鳥(とり)たちが囀(さえず)っていた。
울창한 초여름 숲의 이쪽저쪽에서 다양한 새들이 지저귀고 있었다.

❺ 巨大(きょだい)な獣(けもの)が潜(ひそ)んでいる時(とき)は鳥(とり)も囀(さえず)らず、他(ほか)の獣(けもの)たちも息(いき)を潜(ひそ)めている。
거대한 짐승이 숨어 있을 때는 새도 울지 않고 다른 짐승들도 숨을 죽이고 있다.

143 >>>> 冴える

意　㊐ ①光や色、音などが澄んでいる　②はっきりして鋭くなる　③技術が優れている、素晴らしい腕前である　④染み通るように寒い状態である

　㊪ ①빛·색·소리 등이 맑고 깨끗하다　②(눈, 머리 등이)초롱초롱해지다, 뚜렷해지다, 날카로워지다　③기술이 뛰어나다, 훌륭한 솜씨이다　④스며들게 춥다, 냉랭하다

用　冴える는 '色·月光が冴える(색·달빛이 맑고 깨끗하다)', '頭·目が冴える(머리·눈이 예리해지다, 맑아지다)', '腕·技が冴える(실력·기술이 뛰어나다)', '寒気が冴える(냉기가 스며들다)'처럼, 색이나 소리가 맑거나 정신이 맑아지거나, 기술 등이 뛰어나거나, 한기가 스며들거나 하는 경우에 사용하며, 부정형인 '冴えない'는 만족할만한 상태가 아니거나 무언가가 신통치 않은 경우에 사용한다.

例

❶ バイオリンは古くなると材質が変化して音が冴えると言う。
바이올린은 오래되면 재질이 변화해 소리가 맑다고 한다.

冬は空気が澄んでいるので、建物の色も冴えて感じられる。
겨울은 공기가 맑아 건물의 색도 선명하게 느껴진다.

❷ コーヒーを飲んだら、目が冴えて、なかなか寝つけなかった。
커피를 마셨더니 눈이 초롱초롱해져 좀처럼 잠들 수 없었다.

夜が耽けるにつれて頭が冴え、難しい問題もどんどん片づいていった。
밤이 깊어짐에 따라 머리가 맑아져 어려운 문제도 척척 정리되어 갔다.

❸ 主演女優の冴えた演技に観客はシーンと静まり返った。
주연 여배우의 훌륭한 연기에 관객은 쥐 죽은 듯 조용했다.

近ごろは腕の冴えた職人が少ないので、文化財の保護も難しく

なった。
요즘은 실력이 좋은 장인이 적어 문화재 보호도 어려워졌다.

❹ 私たちは寒気の冴える朝の川に沿って歩いたが、そうそうは寒さに

堪えられない。
우리는 한기가 매서운 아침 강을 따라 걸었지만, 그리 오래는 추위에 견딜 수 없다.

❺ 梅雨時はうっとうしくて、なんだか気分が冴えない。
장마철은 음울하여 어쩐지 기분이 가라앉는다.

何か悩みでもあるのかい、冴えない顔をしているね。
뭔가 고민이라도 있는 거니, 재미없는 표정을 하고 있네.

144 ⟫⟫⟫ 蔑^{さげす}む

意 🇯🇵 自分より劣ったものとして人を見くだす，軽蔑する

🇰🇷 얕보다, 업신여기다, 경멸하다

用 蔑む는 '人·相手を蔑む(사람·상대를 얕보다)'처럼, 사람을 얕보거나 무시하거나 경
멸하는 경우에 사용한다.

例

❶ 人がぼくを怠け者と蔑んでいることは分かっている。
남이 날 게으름뱅이라고 업신여기고 있는 것은 알고 있다.

❷ 私を蔑むような彼の軽蔑的な発言に私は苛付いた。
날 업신여기는 듯한 그의 경멸적 발언에 나는 예민해졌다.

❸ 私の告白を聞いたとたん、彼女は蔑むような表情を見せた。
내 고백을 듣자마자 그녀는 경멸하는 듯한 표정을 보였다.

❹ 自分を密かに蔑んでいる相手の男を生かしておくことに耐えられ
ない。
자신을 몰래 업신여기고 있는 상대 남성을 살려두는 것에 참을 수 없다.

❺ 父は他人からどんなに蔑まれても、自分の生き方を変えようとはしな
かった。
아버지는 남들로부터 아무리 무시당해도 자신의 삶의 방식을 바꾸려고는 하지 않았다.

145 ››› 授かる/ 授ける

[授かる]

意
- 🇯🇵 神仏や目上の人からある特別なものを与えられる，授けられる

- 🇰🇷 내려받다, 하사받다, 점지해 받다

用
授かる는 '頭脳を授かる(두뇌를 물려 받다)', '子を授かる(아이를 점지해 받다)'처럼, 신이나 윗사람으로부터 무언가를 내려받거나 특히 자식을 태어나게 해 주는 경우에 사용한다.

例

❶ 残念ながら、秀才と言われるだけの頭脳は授かっていなかった。
유감스럽게도 수재라 불릴 만한 두뇌는 물려받지 않았다.

❷ 自分には一人の息子はおろか、一人の娘さえも授かっていないのだ。
나에게는 한 명의 아들은 고사하고 한 명의 딸조차도 점지받지 못했다.

❸ 両親は彼のような子どもがいっぱい授かればいいと思ったかもしれない。
부모님은 그와 같은 아이가 많이 태어나면 좋으리라 생각했을지도 모른다.

❹ ほぼ三年間望んで授からなかった末に生まれてきた子だったからである。
거의 3년간 소망해도 소식이 없던 끝에 태어나게 된 아이였기 때문이다.

❺ 夫妻は子供を授からなかったが、仲が良く、ともに演劇の振興に尽くした。
부부는 아이를 얻지는 못했지만, 사이가 좋아 함께 연극 진흥에 힘썼다.

[授ける]

意 ㊐ 神仏や目上の人が目下の人にある特別なものを与える，授与する

㊓ 손윗사람이 손아랫사람에게 주다, 하사하다, 내려주다, 전수하다

用 授けるは '子を授ける(아이를 점지하다)', '知恵·秘伝·褒美·博士号を授ける(지혜·비전·상·박사학위를 내려주다)' 처럼, 신이나 윗사람이 무언가를 하사하거나 내려주는 경우에 사용한다.

例

❶ 若者は手柄によって、殿様から褒美を授けられた。
젊은이는 공적에 따라 영주로부터 상을 하사받았다.

❷ 隣のおばあさんに、ねずみ退治の知恵を授けてもらった。
옆집 아주머니로부터 쥐 잡는 지혜를 전수 받았다.

❸ 彼は長年の研究の成果によって、名誉ある博士号を授けられている。
그는 오랜 연구의 성과에 따라 명예로운 박사학위를 받았다.

❹ 正直もののあの夫婦に、きっと神様がかわいい女の子を授けてくれたのだ。
솔직한 그 부부에게 분명 신이 귀여운 여자아이를 내려주신 것이다.

❺ 日本の古い学問や技芸の中には親が自分の子一人だけに秘伝を授ける制度があった。
일본의 오랜 학문이나 기예 중에는 부모가 자기 자식 한 명에게만 비전을 전수하는 제도가 있었다.

146 〉〉〉〉 摩る(擦る)

【意】
ⓙ (体の痛みなどを癒すために)掌などで軽く撫でる

㉿ 가볍게 문지르다, 어루만지다

【用】
摩る(擦る)는 '背中・腹・腕・足を擦る(등・배・팔・다리를 문지르다)'처럼, 손바닥 등으로 가볍게 문지르거나 쓰다듬는 경우에 사용한다.

【例】

❶ 誰かの大きな手が布団の上から体をゆっくり摩ってくれている。
누군가의 커다란 손이 이불 위에서 몸을 천천히 쓸어주고 있다.

❷ 顎を右手でしきりに摩りながら、彼は私をぼんやりと凝視していた。
턱을 오른손으로 연신 문지르며 그는 나를 멍하니 응시하고 있었다.

❸ 母は娘の驚きを理解しているらしく、あやすように手で膝を摩った。
어머니는 딸의 놀람을 이해하고 있는 듯 달래듯이 손으로 무릎을 쓰다듬었다.

❹ 看護師の頭を胸に抱き寄せて、あやすように背中を摩り始めたのだ。
간호사의 머리를 가슴에 끌어안고 달래듯 등을 쓰다듬기 시작한 것이다.

❺ 提灯を持つ右手の甲を左手で摩って暖め、左手は握ったり開いたりする。
초롱을 드는 오른손 등을 왼손으로 문질러 따뜻하게 하고 왼손은 쥐었다 폈다 한다.

147 >>>> 悟る（さと）

意 🖪 ① ものの本質や意味などをはっきりと理解する，隠されていたことなどをはっきりと認識する　② 心の迷いを去って永遠の真理を会得する，悟りを開く

🇰🇷 ① 깨닫다, 인식하다　② 터득하다, 득도하다

用 悟る는 '意味・真理・死期を悟る(의미・진리・죽을 시기를 깨닫다)', '人に悟られる(사람에게 인지되다)'처럼, 무언가를 깨닫거나 터득하는 경우에 사용한다.

例

❶ 病に倒れて人は初めて健康の真の意味を悟る。
병에 쓰러지고 사람은 비로소 건강의 진정한 의미를 깨닫는다.

❷ ゾウは自分の死期を悟ると、群れから離れていくという。
코끼리는 자신의 죽을 때를 깨달으면 무리에서 떨어져 간다고 한다.

❸ ぼくは彼女に悟られないように用心深く後をつけてみた。
나는 그녀가 눈치채지 않도록 주의 깊게 뒤를 밟아 보았다.

❹ その男にだまされたと悟ったのは金を取られた後のことだった。
그 남자에게 속았음을 깨달은 것은 돈을 뺏기고 난 후의 일이었다.

❺ お釈迦様が真理を悟ってその教えを広めようとしたのは、もう二千年以上も前のことだ。
석가가 진리를 터득하고 그 가르침을 널리 퍼트리려고 한 것은 이미 2천 년 이상이나 전의 일이다.

148 》》》 諭す

意 ⓓ 物事の道理を目下の人に言い聞かせる，行動の指針を与えて目下の人を教え導く

ⓚ 타이르다, 지도하다

用 諭すと‘先生が諭す(선생님이 지도하다)’, ‘子供・学生を諭す(아이・학생을 타이르다)’처럼, 아랫사람 등을 타이르거나 지도하는 경우에 사용한다.

例

❶ その兄からは「お前は軍人になってはいかん」と諭された。
그 형으로부터는 ‘너는 군인이 되어선 안 된다’라고 조언을 들었다.

❷ 提出した作品を見て先生は僕を諭すようにこう言ったのだ。
제출한 작품을 본 선생님은 나를 타이르듯이 이렇게 말했다.

❸ あの集団は民族は関係なく皆兄弟であり国民であると諭している。
그 집단은 민족은 관계없이 모두 형제이며 국민이라고 가르치고 있다.

❹ 「若い時から老成するのはよくない」と、ある友人からは諭された。
‘젊을 때부터 애늙은이 짓을 하는 것은 좋지 않다’고 어떤 친구에게 훈계를 들었다.

❺ 大司教はしばらく私たちの方を見ていたが、やがて静かに諭すように言った。
대사제는 잠시 우리 쪽을 보고 있었는데 이윽고 조용히 타이르듯이 말했다.

149 　攫う（さらう）　□□□□

意　⓵ ①隙を見て奪い去る　②残らず持ち去る

　　⓴ ① 채가다, 날치기하다　② 휩쓸다, 독차지하다, 다 가져가다

用　攫う는 '餌·子供を攫う(먹이·아이를 채가다)', '人気·勝ちを攫う(인기·승리를 휩쓸다)', '波に攫われる(파도에 휩쓸리다)'처럼, 대상을 채가거나 무언가를 휩쓸어 가는 경우에 사용한다.

例

❶ 岸辺の舟が波に攫われて沖へ流されて行った。
연안의 배가 파도에 휩쓸려 먼바다로 떠내려갔다.

❷ 動物園のコアラは子供たちの人気を攫っている。
동물원의 코알라는 아이들의 인기를 독차지하고 있다.

❸ 子犬はカラスに餌を攫われて、きゃんきゃん鳴いていた。
강아지는 까마귀에게 사료를 빼앗겨 깽깽 울고 있었다.

❹ 子供を攫って身代金を要求する誘拐事件が後を絶たない。
아이를 납치해 몸값을 요구하는 유괴사건이 뒤를 끊이지 않는다.

❺ 予想もしなかったチームにあっさりと勝ちを攫われて、くやしい思いをした。
예상도 하지 않았던 팀에게 쉽게 승리를 빼앗겨 분한 마음이 들었다.

150 >>> 浚う

[意] ⓐ 底に溜まった土砂やごみなどをきれいに取り除く

ⓚ 준설하다, 파내다

[用] 浚うは‘底・溝・泥を浚う(바닥・도랑・진흙을 파내다)’처럼, 바닥에 쌓여 있는 토사나 쓰레기 등을 파내거나 준설하는 경우에 사용한다.

[例]

❶ 家の周りの溝を浚って、詰まった落ち葉を取り除いた。
집 주변의 도랑을 파내 쌓인 낙엽을 치웠다.

❷ 嘘だと思ったら池の底を浚って見ろ、必ず出てくるから。
거짓말이라고 생각하면 연못 바닥을 파 봐, 틀림없이 나올 테니.

❸ 彼は泥を浚う道具を担ぎ、垢のこびりついた木靴を穿いてやってきた。
그는 진흙을 파내는 도구를 짊어지고 때가 낀 나막신을 신고 왔다.

❹ そこでは鑑識課員や機動捜査隊の人間が数人、池の底を浚っていた。
그곳에서는 감식반원이나 기동조사대 사람이 여러 명 연못 바닥을 파내고 있었다.

❺ 底まで浚ってみて今さらながら呆れたのは沈んでいた品物の雑多さである。
밑바닥까지 파내 보고 새삼 놀란 것은 가라앉아 있던 물건의 잡다함이다.

151 >>> 晒す (さら)

☐☐☐☐

意 🇯🇵 ① 日光(にっこう)や風(かぜ)に当(あ)たる，そのようにして湿(しめ)り気(け)を取(と)り除(のぞ)く，虫干(むしぼ)しをする　② 風雨(ふうう)や日光(にっこう)の当(あ)たるままにしておく　③ 質(しつ)をよくするために布(ぬの)などを水(みず)につけたり日(ひ)に当(あ)てたり薬(くすり)を使(つか)ったりする　④ 隠(かく)すところなく人々(ひとびと)の目(め)に触(ふ)れるようにする　⑤ 好(この)ましくない状況(じょうきょう)の中(なか)に身(み)を置(お)く

🇰🇷 ① 햇볕에 쬐다　② 비바람을 맞히다　③ 포목 등을 물에 담가두거나 햇볕에 쬐어 희게 하다　④ 사람들 눈에 띄게 하다　⑤ 위험한 상태에 몸을 두다

用 晒(さら)すは '姿(すがた)・恥(はじ)を晒(さら)す(모습・수치를 드러내다)', '水(みず)・風雨(ふうう)・危険(きけん)に晒(さら)す(물・비바람・위험에 노출시키다)'처럼, 햇볕이나 물에 드러내거나 무언가를 외부에 내놓고 그대로 두는 경우 등에 사용하며, 주로 수동형으로 위기나 위험에 노출되거나 창피를 당하거나 하는 경우에 사용한다.

例

❶ 子供(こども)に羽(はね)を毟(むし)られた蝶(ちょう)が無惨(むざん)な姿(すがた)を晒(さら)していた。
어린이에게 날개를 뜯긴 나비가 무참한 모습을 드러내고 있었다.

❷ 彼(かれ)は戦場(せんじょう)で何回(なんかい)も危険(きけん)に晒(さら)されたが、運(うん)が強(つよ)かったのか、九死(きゅうし)に一生(いっしょう)を得(え)た。
그는 전장에서 여러 번 위험에 노출되었지만, 운이 강했는지 구사일생으로 살았다.

❸ 以前(いぜん)は京都(きょうと)の鴨川(かもがわ)をはじめ、各地(かくち)の河川(かせん)で布(ぬの)を川(かわ)の水(みず)に晒(さら)すのが見(み)られたものだ。
이전에는 쿄토 가모가와를 비롯하여 각지의 하천에서 천을 강물에 담가두는 것이 보였었다.

❹ 駅裏の空き地には乗り捨てられたまま、風雨に晒されて錆びた自転車が何台も積んである。

역 뒤의 빈터에는 버려진 채 비바람에 노출되어 녹슨 자전거가 여러 대 쌓여 있다.

❺ 授業参観の時、ぼくは当てられても答えられず、みんなの前で恥を晒したと母が怒っている。

수업 참관 때 나는 지적받고도 답을 못해 모두의 앞에서 창피를 당했다고 어머니가 화내고 있다.

152 >>> ざらつく

□□□□

意 🅰 ざらざらする

🅚 꺼칠꺼칠하다, 까슬까슬하다, 껄끔거리다

用 ざらつくは‘手がざらつく(손이 까슬까슬하다)’, ‘舌がざらつく(혀가 껄껄하다)’, ‘砂で廊下がざらつく(모래로 복도가 껄끔거리다)’처럼, 트거나 거칠어져 까슬까슬하거나 바닥에 이물질이 있어 껄끔거리는 경우에 사용한다. ‘ざらざらする’로도 사용한다.

例

❶ 荷物の抜けた後の埃は、住んでいたときの埃よりもざらついている。
짐이 빠진 후의 먼지는 살고 있던 때의 먼지보다도 더 거칠다.

❷ その見知らぬ男の顎の皮膚は髭剃りが必要なほどざらついていた。
그 낯선 남자의 턱의 피부는 면도가 필요할 정도로 꺼칠꺼칠해 있었다.

❸ 砂嵐に襲われたようにざらつく画面の中に、士官学校の先輩がいた。
모래 폭풍에 엄습 당한 듯 거친 화면 속에 사관학교 선배가 있었다.

❹ 姉の使っていた机の上に手を載せると、ざらつくものが表面を覆っていた。
언니가 쓰던 책상 위에 손을 올려놓자 껄끔거리는 것이 표면을 덮고 있었다.

❺ 返事をしようと口を開いたが、胸の奥からざらついた声が出てくるばかりだ。
대답을 하려고 입을 열었지만, 가슴 깊은 곳에서 까칠한 목소리가 나올 뿐이다.

─ (153) >>> ざわつく □□□□

[意] ㊐ 声や音が騒がしくなる，ざわざわする

     ㊷ 떠들썩하다, 웅성거리다, 술렁거리다

[用] ざわつく는 '声・音がざわつく(소리가 웅성거리다)' 처럼, 좌중이 시끄러워지거나 웅
     성거리거나 술렁거리는 경우에 사용한다. 비슷한 어로 'ざわめく'나 'ざわざわする'가
     있다.

[例]

❶ 私は人々のざわつく声が気になり、仕事に集中できなかった。
   나는 사람들의 웅성거리는 소리가 신경 쓰여 일에 집중할 수 없었다.

❷ 乗客たちは、エンジンの音がほとんど聞こえなくなってざわつき始めた。
   승객들은 엔진 소리가 거의 들리지 않게 되고서 웅성거리기 시작했다.

❸ ステージが暗くなると、ざわついていた客席は一転して静かになった。
   무대가 어두워지자 웅성거리던 객석은 일변하여 조용해졌다.

❹ ただでさえ祭りで浮き足立った雰囲気が一層ざわついているような
   感じだ。
   그렇지 않아도 축제로 들떠 있는 분위기가 한층 술렁이고 있는 듯한 느낌이다.

❺ 周囲が一段とざわついてきたのは、反対側に逆方向の電車が入った
   からだった。
   주위가 한층 술렁여 온 것은 반대편에 역방향의 전동차가 들어왔기 때문이었다.

154 >>> 強いる

□□□□

意

🗾 相手の気持ちなどにお構いなく、無理にさせる

🇰🇷 강요하다, 강제로 시키다

用 強いるは '転換・考え方を強いる(전환・사고를 강요하다)', '苦戦・自宅療養・窮乏生活を強いられる(고전・자가 요양・궁핍 생활을 강요받다)'처럼, 무언가를 강요하거나 강제하는 경우에 사용한다.

例

❶ この訴訟は米アップルにいくつかの方針転換を強いることになった。
이 소송은 미국 애플에 몇 가지 방침 전환을 강요하게 되었다.

❷ 秋になって、ぼくは以前にもまして窮乏生活を強いられることになった。
가을이 되어 나는 이전보다 더 궁핍한 생활을 강요받게 되었다.

❸ この男は自分のいいと思ったことは何事に拘らず他人に強いる癖がある。
이 남자는 자신이 좋다고 생각한 일은 뭐든 관계없이 남에게 강요하는 버릇이 있다.

❹ 現在、鉄道は本数が多いバスや航空機に押されて苦戦を強いられている。
현재 철도는 대수가 많은 버스나 항공기에 밀려 고전을 강요당하고 있다.

❺ 死の病を抱える主人公は医者である父の下で自宅療養を強いられていた。
죽을 병을 안고 있는 주인공은 의사인 아버지 밑에서 자가 요양을 강요받고 있었다.

155 >>> 虐げる

意 　⑪ むごい扱いをして弱いものを苦しめる, 虐待する

　　⑪ 학대하다, 괴롭히다, 못살게 굴다

用 　虐げるは '民衆・労働者・動物を虐げる(민중・노동자・동물을 학대하다)'처럼, 처참한 취급을 하여 약한 자를 괴롭히는 경우에 사용한다. '자학하다'와 같이 자신을 괴롭히는 행위에도 사용하며, 비슷한 어로 '虐待する'가 있다.

例

❶ 虐げられた農民や労働者のために、銀行から金を奪ったんだ。
학대받은 농민이나 노동자를 위해 은행에서 돈을 빼앗았다.

❷ 魚になって日頃私を辱しめ虐げている人たちを笑ってやろうと考えた。
물고기가 되어 평소 나를 욕하고 괴롭히는 사람들을 웃어 주려고 생각했다.

❸ 彼は体を虐げていることを考えるだけでも恐ろしいような気がしていた。
그는 몸을 괴롭히고 있는 것을 생각하는 것만으로도 두려운 듯한 생각이 들었었다.

❹ 彼は虐げられた民衆の代弁者として国家に対し論戦を展開し続けた。
그는 학대당한 민중의 대변자로서 국가에 대해 논전을 계속 전개했다.

❺ この本を読み進むにつれて、戦前の虐げられた労働者の悲しみが胸を打つ。
이 책을 읽어나감에 따라 전전의 학대당했던 노동자의 슬픔이 가슴을 친다.

156 >>> 萎れる (しお)

意 日 ①草木が生気を失ってぐったりする，萎える(な)　②元気を失ってしょんぼりする，

しょぼくれる

韓 ①시들다　②풀이 죽다, 의기소침해지다

用 萎れる(しお)は・'葉·草·花が萎れる(は·くさ·はな·しお)(잎·풀·꽃이 시들다)', '人が萎れる(ひと·しお)(사람이 풀이 죽다)'

처럼, 식물의 수분이 없어 시들거나 사람이 힘을 잃거나 풀이 죽는 경우에 사용한다.

例

❶ 暑さ続きで、庭の草も萎れてぐったりしている。(あつ·つづ·にわ·くさ·しお)

계속된 더위에 정원의 풀도 시들어 축 늘어져 있다.

❷ 水をやると、萎れていた葉も生気を取り戻した。(みず·しお·は·せいき·と·もど)

물을 주자 시들어 있던 잎도 생기를 되찾았다.

❸ いつもは元気な先生も今日はなぜか萎れていた。(げんき·せんせい·きょう·しお)

언제나 활기찬 선생님도 오늘은 왠지 기운 없었다.

❹ 花瓶の中で、バラの花が萎れて枯れかかっていた。(かびん·なか·はな·しお·か)

꽃병 속에서 장미가 시들어 말라 가고 있었다.

❺ 少年は悲しい目にあったというのに、特に萎れた様子もなかった。(しょうねん·かな·め·とく·しお·ようす)

소년은 슬픈 일을 당했다는데 특별히 풀이 죽은 모습도 없었다.

157 ››› 顰める^{しか}

意　ⓐ 苦痛や不快のために、眉の辺りに皺を寄せる

　　ⓚ 찌푸리다, 찡그리다

用　顰める는 '顔・目・眉を顰める(얼굴・눈・눈썹을 찡그리다)'처럼, 눈이나 눈썹 또는 얼굴을 찡그리거나 이마를 찌푸리는 경우에 사용한다.

例

❶ しきりに怒って眉を顰めると顔が醜くなる。
계속해서 화를 내며 눈썹을 찌푸리면 얼굴이 미워진다.

❷ 強く照り付ける照明に私は目を顰めるしかない。
강렬하게 내리쬐는 조명에 나는 눈을 찡그릴 수밖에 없다.

❸ 私は極度の近視なので、遠くを見る時に両目を顰める。
나는 극도의 근시여서 먼 곳을 볼 때 두 눈을 찡그린다.

❹ 患者のレントゲン写真を見て、医師は思わず顔を顰めた。
환자의 X레이 사진을 보고 의사는 무의식중에 얼굴을 찡그렸다.

❺ 女の子たちの乱暴な言葉づかいを聞くと、祖母はさも不快そうに
眉を顰めた。
여자아이들의 난폭한 언어사용을 듣자 할머니는 자못 불쾌한 듯이 눈썹을 찡그렸다.

158 >>> しくじる □□□□

[意] ⑩ ①やりそこなう，失敗する　②過失などのために勤め先や仕事などを失う

　　　㉿ ①실패하다, 실수하다, 틀리다　②실수 탓에 일이나 일자리를 잃다

[用] しくじるは‘子がしくじる(아이가 실수하다)’, ‘任務・試験をしくじる(임무・시험을 실패하다)’, ‘問題・デートをしくじる(문제・데이트를 실수하다)’, ‘会社・得意先をしくじる(회사・거래처를 잃다)’처럼, 무언가를 실수하거나 실패하는 경우나 실수로 직장이나 일을 잃는 경우에 사용한다.

[例]

❶ 最初のデートでしくじってから、彼女は口を利いてくれないんだ。

첫 데이트에서 실수하고나서 그녀는 말을 해 오지 않는다.

❷ たとえ任務をしくじったところで、それで困る人間は一人もいないのだ。

설령 임무를 실패했다 한들 그것으로 곤란해하는 인간은 한 사람도 없다.

❸ 何しろ、ただしくじっただけではなく、警察に警戒させてしまったのだ。

어쨌든 단지 실수한 것뿐 아니라 경찰에게 경계하도록 만들어 버렸다.

❹ 実際今夜しくじったら取り返しがつかないと、私も頭に熱がさしてきた。

실제로 오늘 밤 실수하면 되돌릴 수가 없다고 나도 머리에 열이 올라왔다.

❺ 子の働きは親次第と言われ、子がしくじれば、親も責任を厳しく問われる。

아이 행동은 부모 나름이라 하여 아이가 실수하면 부모에게도 책임을 엄하게 물린다.

159 時化る（しける）

□□□□

意 🇯🇵 ①風雨が強く、海が荒れる，海が荒れて不漁になる　②不景気で意気が上がらない，塞ぎ込む

🇰🇷 ①바다가 거칠어지다, 폭풍우로 고기가 안 잡히다　②우울해지다, 울적해지다

用 時化る는 '海が時化る(바다가 거칠어지다)', '時化た話(우울한 이야기)'처럼, 바다가 거칠어지거나 불경기 등으로 울적해지는 경우에 사용한다.

例

❶ せっかくの連休も金がなくてどこへも行けないとは時化た話だ。
모처럼의 연휴도 돈이 없어 어디에도 갈 수 없다니 우울한 이야기이다.

❷ 台風のシーズンは勿論だが、冬から春にかけても時化ることが多い。
태풍 시즌은 물론이지만, 겨울부터 봄에 걸쳐서도 고기가 안 잡히는 일이 많다.

❸ 空が曇り始め、海が時化てきたので、急いで網を揚げて引き返してきた。
하늘이 흐려지기 시작하고 바다가 거칠어져서 서둘러 망을 거두고 되돌아왔다.

❹ 六月からウニ採りが始まり、やがてイカ漁が北風で海が時化る十二月までつづく。
6월부터 성게잡이가 시작되고 이윽고 오징어잡이가 북풍으로 바다가 거칠어지는 12월까지 계속된다.

❺ 風にも時折海の匂いが嗅がれ、海が時化ると、沢山の鴎が逃れてきて、そこらの田に下りた。
바람에도 때때로 바다 냄새가 나고, 바다가 거칠어지면 많은 갈매기가 피해와 주변 논으로 내려왔다.

160 >>>> 茂る

□□□□

意 🇯🇵 草木が伸びて枝・葉がたくさん出る，繁茂する

🇰🇷 무성해지다, 우거지다

用 茂るは・'草・木・植物・葉・枝が茂る(풀・나무・식물・잎・가지가 무성하다)', 'こんもり・青々と茂る(울창하게・푸르게 우거지다)'처럼, 식물이 무성하거나 녹음이 우거지는 경우에 사용한다.

例

❶ 日本の夏は高温多湿なため、雑草がよく茂る。

일본의 여름은 고온다습 하기 때문에 잡초가 곧잘 무성해진다.

❷ 川に沿ってしばらく行くと、こんもりと茂った森があった。

강을 따라 조금 가니 울창하게 우거진 숲이 있었다.

❸ はい松は高山性植物で、枝は地を這うように低く茂る。

눈잣나무는 고산성 식물로 가지는 땅을 기듯이 낮게 우거진다.

❹ 原生林の中は高い木がうっそうと茂って昼でも薄暗い。

원생림 안은 큰 나무가 울창하게 우거져 낮에도 어둑하다.

❺ 向こうには青々と茂った野菜畑がどこまでも広がっていた。

건너편에는 푸르게 우거진 야채 밭이 끝없이 펼쳐져 있었다.

161 扱く

[意]

🇯🇵 ①片方の手で細長い物を握り一方の手でそれを引き抜くように強く引く ②きびしく暴力的に鍛える ③ひどく虐める

🇰🇷 ① 바싹 당기다, 훑다 ② 엄격하게 단련하다 ③ 심하게 괴롭히다

[用]

扱くは '槍を扱く(창을 바싹 당기다)', '帯を扱く(허리띠를 당겨 묶다)', '髭を扱く(수염을 훑다)', '新入りを扱く(신입을 호되게 훈련하다)'처럼, 무언가를 바싹 당기거나 엄히 훈련하거나 심하게 괴롭히는 경우에 사용한다.

[例]

❶ 敵の武将は槍を扱いて構え、私の鼻先に突き付けた。
적의 무장은 창을 바싹 당겨 자세를 취하고 내 코 앞에 들이댔다.

❷ 二人とも新米警官の頃には大いに扱かれた経験がある。
두 사람 모두 신입 경찰관 시절에는 매우 호되게 훈련받은 경험이 있다.

❸ 母は帯をきゅっきゅっという音を立てて扱き、きりりと結んだ。
어머니는 허리띠를 꾹꾹 소리를 내며 당겨 꽉 묶었다.

❹ 老人は長い顎の髭を扱きながら、昔の思い出を語ってくれた。
노인은 긴 턱수염을 훑으면서 옛 추억을 이야기해 주었다.

❺ 男たちは新入りを扱くという伝統的な気晴らしを心待ちにしていた。
남자들은 신입을 호되게 단련한다는 전통적인 기분 풀이를 기대하고 있었다.

162 >>> 慕（した）う　□□□□

意 🇯🇵 ①相手に敬愛や魅力を感じて付き従いたいと思ったり追い求めたいと思う，敬慕する，目上の異性を愛する，愛慕する　②遠く離れた故郷を懐かしんで求める，懐かしがる　③昆虫や魚類が火を好み求める

🇰🇷 ① 연모하다, 사모하다, 따르다　② 그리워하다　③ 불빛을 좇다

用 慕うは‘人を慕う(사람을 따르다)’, ‘後を慕う(뒤를 따라다니다)’, ‘学風を慕う(학풍을 따르다. 경모하다)’, ‘ひそかに慕う(남모르게 사모하다)’, ‘故郷を慕う(고향을 그리워하다)’, ‘徳を慕う(덕을 우러르다)’, ‘明かりを慕う(빛을 좇다)’처럼, 사람을 따르거나 연모하거나 고향을 그리워하거나 곤충 등이 빛을 좇거나 하는 경우에 사용한다.

例

❶ 私は幼い頃から彼のことを兄のように慕っていた。
나는 어렸을 때부터 그에 대해 형처럼 따랐었다.

❷ この子は小学生なのに、母親の後を慕ってばかりで困る。
이 아이는 초등학생인데 엄마 뒤를 따라다니기만 해 걱정이다.

❸ ショパンは、はるか遠くの故郷ポーランドを慕いつづけて亡くなった。
쇼팽은 아득히 먼 고향 폴란드를 계속 그리워하며 죽었다.

❹ 一匹の蛾が、ランプの明かりを慕ってテントの中に舞い込んできた。
한 마리의 나방이 램프의 빛을 좇아 텐트 안으로 날아들어 왔다.

❺ この大学の自由な学風を慕って、毎年大勢の若者が入学してくる。
이 대학의 자유로운 학풍을 경모하여 매년 많은 젊은이가 입학해 온다.

163 〉〉〉 滴る

□□□□

意 🈁 ① 雫になって垂れ落ちる　② 溢れるばかりに満ちている

🇰🇷 ① 뚝뚝 떨어지다, 방울져 떨어지다　② 넘쳐흐르다, 넘칠 듯이 차 있다

用 滴るは '水·涙·血が滴る(물·눈물·피가 떨어지다)', '滴るばかりの緑(넘칠 듯한 신록)', '水の滴るいい男(물오른 미남자)'처럼, 액체가 뚝뚝 떨어지거나 넘쳐흐르는 경우에 사용한다.

例

❶ 水道の蛇口からは、ポタッポタッと水が滴っている。
수도꼭지에서는 뚝뚝 물이 떨어지고 있다.

❷ ホームで電車を見送るおばあさんの頬に涙が滴り落ちた。
홈에서 전철을 배웅하는 할머니의 뺨에 눈물이 뚝뚝 떨어졌다.

❸ 「水の滴るいい男」とは美男子への最高の褒め言葉である。
'물이 오른 좋은 남자'라는 것은 미남자에 대한 최고의 찬사이다.

❹ 朝早く森に行くと、滴るばかりの緑の中で鳥たちが囀っていた。
아침 일찍 숲에 가니 넘칠듯한 신록 속에서 새들이 지저귀고 있었다.

❺ 大きく口を開けた額の傷からは地面に滴るほどの血が流れ出している。
크게 벌어진 이마의 상처로부터는 지면에 떨어질 정도의 피가 흘러나오고 있다.

164 >>> 撓う/撓る □□□□

[意] 🇯🇵 ①弾力があって折れずに柔らかに曲がる　②従う，順応する　③なよなよとする

🇰🇷 ①탄력이 있어 부러지지 않고 휘다, 휘어지다　②따르다, 순응하다

[用] 撓う(撓る)는 '枝・竹・線路・体が撓う(가지・대나무・선로・몸이 휘다)'처럼, 탄력성있는 물체가 휘거나 따르거나 순응하는 경우에 사용한다.

[例]

❶ 若い枝のように撓う少女の体がコートに舞う。
여린 가지처럼 휘어지는 소녀의 몸이 코트에 춤춘다.

❷ 折からの雪で竹が撓い、小道の両側からトンネルを作っている。
때 마침의 눈으로 대나무가 휘어서 작은 길 양쪽으로부터 터널을 만들고 있다.

❸ 肩が落ち、前のめりに崩れ、ぼくの膝も関節に逆らって前に撓う。
어깨가 떨어져 앞으로 무너지고 나의 무릎도 관절에 거슬러 앞으로 휘어진다.

❹ 堤防沿いの柳の枝が風に撓って緑のカーテンが揺れているようだ。
제방을 따라 있는 버드나무 가지가 바람에 휘어 녹색 커튼이 흔들리고 있는 것 같다.

❺ 来る途中の汽車の窓から見たら、一面のリンゴ畑は赤い実が枝を撓わせていた。
오는 도중 기차 창에서 보니 일대 사과밭은 붉은 열매가 가지를 휘게 하고 있었다.

165　>>> 萎びる

□□□□

意 ⑤ 水気が失われて萎む，生気が失われて皺が寄る

㉠ 수분이 빠져서 시들다, 생기를 잃다, 쭈글쭈글하다

用 萎びる는 '野菜·葉·事が萎びる(야채·잎·일이 시들다)', '萎びた手(쭈글쭈글한 손)'
처럼, 수분이 없어져 시들거나 생기를 잃어 쭈글쭈글해지는 경우에 사용한다.

例

❶ 売れ残りの萎びた野菜は買う人もなく店の片隅に置かれていた。
팔다 남아 시든 야채는 사는 사람도 없어 가게 한쪽 구석에 놓여 있었다.

❷ そして炎となって燃え上がり、床に落ち、小さく萎びて飛ばなくなった。
그리고 불꽃이 되어 타오르다 마루에 떨어져 더 이상 튀지 않고 작게 시들었다.

❸ おじいさんは萎びた手をざるの中に突っ込んで蝦を二、三匹摘み
上げた。
할아버지는 쭈글쭈글한 손을 소쿠리 안에 집어넣어 새우를 두세 마리 집어 들었다.

❹ 知ったことが災難の種となってその知恵に縛られて萎びてしまう人も
多いのだ。
알게 된 것이 재난의 씨앗이 되어 그 지혜에 묶여 시들어버리는 사람도 많다.

❺ 樹木の緑の葉も草の葉も穀物の葉も、皆、惨めな人々のように萎
びて、みすぼらしかった。
수목의 녹음의 잎도 풀잎도 곡물의 잎도 모두 비참한 사람들처럼 시들어 초라했다.

166 >>> 凌ぐ ^{しの} □□□□

意 ⊕ ①耐え忍んで何とか難局を切り抜ける，乗り切る　②他を越えてそれ以上になる，越える，凌駕する

㊩ ①참고 견디어 내다, 극복하다, 피하다, 막다　②넘다, 능가하다

用 凌ぐは '暑さを凌ぐ(더위를 참고 견디어 내다)', '雨露・雨風・攻め・飢えを凌ぐ(비와 이슬・비바람・공격・굶주림을 피하다・막다)', '相手・去年を凌ぐ(상대・작년을 능가하다)', '糊口を凌ぐ(입에 풀칠을 하다)'처럼, 참고 극복해내거나 대상을 능가하거나 넘어서는 경우에 사용한다.

例

❶ 家だといってもやっと雨風を凌ぐほどに過ぎない。
집이라고 해도 겨우 비바람을 막아낼 정도에 불과하다.

❷ 一行は大きなヤシの木陰に入って暑さを凌いだ。
일행은 큰 야자나무 그늘에 들어가 더위를 참아냈다.

❸ 浪人は傘張りの内職をして、糊口を凌いでいた。
실업자는 우산 만드는 부업을 하며 입에 풀칠을 하고 있었다.

❹ 今年の初詣では去年をはるかに凌ぐ人出になりそうだ。
올해의 새해 첫 참배는 작년을 훨씬 능가하는 인파가 될 것 같다.

❺ よいアイデアがあれば、業界のトップ企業すら凌ぐ競争力を獲得することもできる。
좋은 아이디어가 있으면 업계 톱 기업조차 능가할 경쟁력을 획득할 수도 있다.

167 >>> 忍ぶ

意 ⑪ (他) ① つらいことをじっと堪える，耐える，我慢する　(自) ② 人に知られない
ように事を行う，人の目から隠れて事を行う　③ 見つからないように隠れる

　🇰🇷 ① 견디다, 참다　② 남의 눈에 띄지 않게 행동하다, 남이 모르게 하다　③ 피하다,
숨다

用 忍ぶ는 '恥を忍ぶ(치욕, 수치를 참다)', '人目·世を忍ぶ(남의 눈·세상을 피하다)' 처
럼, 괴로운 일을 참거나, 남이 모르게 행동하거나, 숨거나 피하는 경우에 사용한다.

例

❶ 私は物陰に忍んで彼の帰りをじっと待っていた。
나는 그늘에 숨어서 그의 귀가를 조용히 기다리고 있었다.

❷ 出家した男は世を忍んでこの山寺でひっそりと暮らした。
출가한 남자는 세상의 이목을 피해 이 산사에서 조용히 지냈다.

❸ どうしてもお金が足りないので、私は恥を忍んでおじの所へ借りに
行った。
아무리 해도 돈이 부족해 나는 부끄러움을 참고 삼촌 댁에 빌리러 갔다.

❹ 互いの家の仲が悪いため、ロミオとジュリエットは人目を忍んで会い
続けた。
양 집의 사이가 나쁘기 때문에, 로미오와 줄리엣은 남의 눈을 피해서 계속 만났다.

❺ 僕は忍ばねばならぬことはこれを忍び、避けねばならぬことはこれ
を避けた。
나는 숨겨야 할 일은 이를 숨기고 피해야 할 일은 이를 피했다.

168 >>>> 偲ぶ(しの) □□□□

[意]
🔵 ①過ぎ去った物事や遠く離れている人・所などを懐かしい気持ちで思い出す, 懐かしむ ②心引かれて思いを巡らす, 慕わしく思う

🔴 ① 그리다, 그리워하다, 연상하다 ② 연모하다

[用]
偲ぶ는 '面影(おもかげ)を偲ぶ(자취를 그리다, 회상하다)', '故人(こじん)・故郷(ふるさと)を偲ぶ(고인・고향을 그리워하다)'처럼, 사람이나 사물을 그리워하거나 연모하거나 회상하는 경우에 사용한다.

[例]

❶ どれもこれも、かつて神童と呼ばれた男を偲ばせるものは何もない。
어떤 것도 예전에 신동이라고 불리던 남자를 연상케 하는 것은 아무것도 없다.

❷ そのことからも江戸時代には非常に重宝されていた様子が偲ばれる。
그것으로부터도 에도시대에는 아주 귀하게 여겨지고 있던 모습이 연상된다.

❸ 彼は幼い時に母を失ったので、母の面影を偲ぶごとに涙が流れた。
그는 어릴 때 부모를 잃어 어머니의 모습을 회상할 때마다 눈물이 흘렀다.

❹ 豪華なマンションと夜景を失った今、あの時代を偲ばせる物を失った。
호화로운 맨션과 야경을 잃은 지금 그 시대를 연상케 하는 것을 잃었다.

❺ 戻れなくなった故郷を偲ぶ場として作られたのが、この望郷台である。
돌아갈 수 없게 된 고향을 그리는 장소로서 만들어진 것이 이 망향대이다.

❻ 箱に入ったままのマフラーは、今も私の家でひっそりと主を偲んでいる。
상자에 넣은 채 있는 머플러는 지금도 우리 집에서 조용히 주인을 그리고 있다.

169 >>> 痺れる

□□□□

意 🈁 ①体の感覚が失われ利かなくなる　②電気などを感じてびりびり震える　③心を奪われてうっとりとする，強烈な刺激を受けて陶酔する

🇰🇷 ①감각을 잃어 듣지 않게 되다, 저리다, 마비되다　②얼얼하다　③넋을 잃다, 도취하다

用 痺れるは‘足が痺れる(발이 저리다)’, ‘体が痺れる(몸이 마비되다)’, ‘電気で痺れる(감전되어 찌르르하다)’, ‘じんと痺れる(뭉클하게 저리다)’, ‘美しさに痺れる(아름다움에 넋을 잃다)’, ‘痺れるような快感·思い(저릴듯한 쾌감·생각)’처럼, 감각이 저리거나 마비되거나 얼얼해지는 경우와 무언가에 넋을 잃는 경우에 사용한다.

例

❶ 私はその役者の美しさに痺れてしまった。
나는 그 배우의 아름다움에 넋을 잃고 말았다.

❷ 濡れた手でコンセントに触ったら、ビリッと手が痺れた。
젖은 손으로 콘센트를 만지자 찌르르하고 손이 저렸다.

❸ 長い間、正座していたら、足が痺れて立てなくなった。
오랫동안 정좌하고 있었더니 발이 저려서 설 수 없게 되었다.

❹ 床に足がついたとたん、痺れるような感覚に襲われた。
바닥에 발이 닿은 순간 저리는 듯한 감각에 휩싸였다.

❺ 獣を生け捕りにする時には麻酔銃で体を痺れさせて動けなくする。
짐승을 생포할 때에는 마취 총으로 몸을 마비시켜서 움직일 수 없게 한다.

❻ 腕や腹筋が痺れるだけでなく、だんだん時間の感覚を失っていくのだ。
팔이나 복근이 저릴뿐 아니라 점점 시간 감각을 잃어 간다.

170 >>> 渋る　□□□□

意　⑤ (自)① 物事が滑らかに進まなくなる　② 渋り腹になる　(他)③ いやがって物事を進めようとしない

　　⑳ ① 원활하게 나가지 않다　②(배가)무지근하다, 무겁다, 답답하다　③ 주저하다, 꺼리다

用　渋るは'筆が渋る(붓이 술술 나가지 않다, 글이 잘 안 써지다)', '売れ行きが渋る(팔림새가 신통치 않다)', '返事を渋る(답변을 망설이다)', '支払いを渋る(지불을 주저하다)'처럼, 무언가가 잘 진척되지 않거나, 행동하기를 주저하거나 꺼리는 경우에 사용한다. '言い渋る(말하기를 주저하다)', '出し渋る(선뜻 내놓기를 주저하다)'처럼 복합어로도 많이 사용한다.

例

❶ 取り引き先も不景気らしく、支払いを渋って困っている。
거래처도 불경기인 듯 지불을 주저해서 곤란한 상황이다.

❷ 日曜日にお遣いを頼むと、だれもが返事を渋って答えない。
일요일에 심부름을 시키면 모두 대답을 꺼리며 말하지 않는다.

❸ ここ数年、着物の売れ行きが渋ってきて商売上がったりだよ。
요 몇 년 키모노 매출이 신통치 않아져 장사가 말이 아니다.

❹ 何日も前から原稿に取りかかっているが、どうも筆が渋って先に進まない。
며칠이나 전부터 원고를 붙들고 있는데 아무래도 글이 잘 안 써져 진전이 없다.

⑤ 先生に指され、答えを言い渋っていると、隣の子が助けてくれた。

선생님에게 지명받고 바로 대답을 못 하고 있자 옆의 아이가 도와주었다.

⑥ 母親は子供がプラモデルをほしがるのに、お金を出し渋っている様子だ。

어머니는 아이가 플라모델을 갖고 싶어 하는데 돈을 내기 주저하고 있는 모습이다.

171 >>> 萎む(凋む)

〔意〕 ⓐ ①生気を失って萎れる，萎え萎びる ②張りつめていたものが勢いをなくして縮む

ⓚ ①시들다, 오그라들다 ②위축되다, 오르라들다

〔用〕 萎むは'花が萎む(꽃이 시들다)', '風船·ボールが萎む(풍선·공이 오그라들다)', '夢が萎む(꿈이 시들해지다)', '表情が萎む(표정이 일그러지다)'처럼, 식물이 생기를 잃고 시들거나 대상이 오그라들거나 위축되는 경우에 사용한다.

〔例〕

❶ 朝咲いていた朝顔は昼すぎには萎んで萎びてしまう。
아침에 피어 있던 나팔꽃은 점심 지나서는 시들어 쭈글쭈글해져 버린다.

❷ デパートでもらった風船がいつのまにか萎んで小さくなった。
백화점에서 받은 풍선이 어느새 오그라들어서 작아졌다.

❸ 希望を無くした若者の表情は老人のように萎んで生気がない。
희망을 잃은 젊은이의 표정은 노인과 같이 일그러져 생기가 없다.

❹ 使い古されたサッカーボールが庭の隅に萎んだまま放ってある。
오래 써서 낡은 축구공이 마당 구석에 오그라든 채로 내버려져 있다.

❺ 小さい時の夢は大きかったが、大人になるに従ってだんだん萎んでいく。
어릴 때의 꿈은 컸는데 어른이 되어 가면서 점점 시들해져 간다.

172　染みる

[意]

㊥ ①液体・気体・味・匂いなどが物に移りついて吸い取られるようにして中へ入ってゆく，浸透する　②細い透き間や薄い膜などを通して液体が表面に滲み出てくる　③痛いほどの刺激(感動)が突き抜けるように体(心)に入ってくる　④悪い影響を受けてその傾向を持つようになる，染まる

㊨ ① 스며들다, 배다　② 번지다　③ 자극하다, 아프다, 사무치다　④ 물들다, 젖다

[用]

染みるは‘匂い・汗が染みる(냄새・땀이 배다)’, ‘味・水が染みる(맛・물이 스며들다)’, ‘薬・消毒液が染みる(약・소독액이 스며들다)’, ‘歯・目に染みる(이・눈에 스며들다, 자극을 주다)’, ‘身・心・骨身に染みる(몸・마음・뼈에 사무치다)’처럼, 맛이나 냄새가 배거나 스며들어 번지는 경우, 무언가의 자극을 받아 통증을 느끼는 경우, 마음에 절실히 느끼는 경우 등에 사용한다.

[例]

❶ 玉葱を刻むと、必ず目に染みて、涙が出てしまう。
양파를 잘게 썰면 반드시 눈에 스며들어 눈물이 나 버린다.

焚き火の煙が目に染みて赤く泣き腫らしたような目になった。
모닥불 연기가 눈에 스며 따가워서 빨갛게 울어서 부은 듯한 눈이 되었다.

❷ 外はひどい暑さで、五分も歩くと、汗がシャツに染みてきた。
밖은 매우 더워서 겨우 5분 걸었더니 땀이 셔츠에 배어왔다.

植木鉢に水をやると、水は乾いた土にどんどん染みていった。
화분에 물을 주자 물은 마른 흙에 점점 스며들어 갔다.

❸ その家の前を通ると、心に染みるようなフルートの音色が聞こえてきた。

그 집 앞을 지나자 마음에 사무치는 듯한 플롯 소리가 들려 왔다.

あれほど気の強い人でも、一度病気になると、人の親切が身に染みるようだ。

저토록 의지가 강한 사람이라도 한번 병에 걸리면 남의 친절이 몸에 사무치는 모양이다.

❹ 掻き氷は大好きだが、食べているうちに、その冷たさが歯に染みてくる。

빙수는 정말 좋아하지만 먹는 동안에 그 차가움이 이에 스며온다.

❺ いきなり消毒薬を傷口につけられて、染みるのなんの、あまりの痛さに飛び上がった。

갑자기 소독약을 상처에 발라 너무 얼얼하여 지나친 고통에 뛰어올랐다.

173 >>> しゃがむ □□□□

意　⑪ ひざを曲げ腰を落として低い姿勢になる

　　　㉔ 웅크리다, 쭈그리다

用　しゃがむ는 '年より・人がしゃがむ(노인・사람이 웅크리다)'처럼, 사람 등이 웅크리거나 쭈그리는 경우에 사용한다.

例

❶ もう一歩も歩けないというと、女は道端にしゃがみこんでしまった。
이제 한 걸음도 걸을 수 없다고 말하고, 여자는 길가에 쭈그리고 앉아 버렸다.

❷ 父の体が、しゃがんだまま大きく左の方へ傾いているのが見えた。
아버지 몸이 쭈그리고 앉은 채 크게 왼쪽으로 기울어져 있는 것이 보였다.

❸ 見あげると、しゃがんでおれの顔を覗き込んでいる彼女の顔があった。
올려다보니 쭈그리고 앉아 내 얼굴을 들여다보고 있는 그녀의 얼굴이 있었다.

❹ 私もその時仲間の中では一番高かったのに、彼は少ししゃがんで言った。
나도 그때 동료 중에서는 제일 컸는데 그는 조금 웅크리고 말했다.

❺ 踊り子は道にしゃがみながら、桃色の櫛で犬の尨毛を梳いてやっていた。
무희는 길에 웅크리고 앉으면서 분홍색 빗으로 개의 복슬복슬한 털을 빗겨 주고 있었다.

174 >>> 杓_{しゃく}る □□□□

意 ⊕ ①中が窪むように抉る ②液体などを掬い取る，杓う ③頭を後ろに引いて下顎を軽く突き出すように上げる

    ㉿ ①떠내다, 도려내다 ②뜨다, 푸다 ③치켜올리다

用 しゃくるは '砂を杓る(모래를 푸다)', '魚を杓る(물고기를 떠내다)', '顎を·顎で杓る (턱을·턱으로 치켜올리다)'처럼, 무언가를 떠내거나 퍼내거나, 턱을 치켜올리거나 하는 경우에 사용한다. 비슷한 단어로 '汲む', '掬う'가 있다.

例

❶ 川の中で少年たちが笊で魚を杓っていた。
강 안에서 소년들이 소쿠리로 물고기를 뜨고 있었다.

❷ その子は小さな手で砂を杓っては一人で遊んでいた。
그 아이는 작은 손으로 모래를 퍼서는 혼자 놀고 있었다.

❸ 床に流れたウイスキーを男は手で杓って飲む真似をした。
바닥에 흘러내린 위스키를 남자는 손으로 떠 마시는 시늉을 했다.

❹ 男は何かぶつぶつ言いながら、顎を杓って人を追い払うようにした。
남자는 무언가 중얼중얼 말하면서 턱을 치켜올려 사람을 내쫓듯이 했다.

❺ ベッドに横になっていた男は身を起こし、中へと促すように顎を杓った。
침대에 누워있던 남자는 몸을 일으켜 안으로 재촉하듯 턱을 치켜올렸다.

─(175) >>> **しゃぶる**   □□□□

【意】 ⓐ 口に物を含んで吸うようにして嘗める

　　　 ⓗ 빨다, 핥다

【用】 しゃぶる는 '指・キャンディーをしゃぶる(손가락・사탕을 빨다)', '骨までしゃぶる(뼈까지 빨아 먹다)'처럼, 대상을 입에 넣고 빨거나 빨아 먹는 경우에 사용한다.

【例】

❶ 二匹の子虎が人間の腿をしゃぶっていた。
　두 마리의 새끼 호랑이가 인간의 허벅지를 핥고 있었다.

❷ 目星をつけた客の骨までしゃぶる悪徳商法には気をつけなさい。
　표적으로 삼은 손님의 뼛속까지 빨아먹는 악덕 상술에는 주의하세요.

❸ この店のカルビは香りが濃くてよいと、骨をしゃぶるようにして食べる。
　이 가게의 갈비는 향이 진해서 좋다고 뼈를 핥듯이 하며 먹는다.

❹ しばらく前に、水を含ませた布もしゃぶって、水もたっぷりと飲んでいる。
　얼마 전에 물을 적신 천도 빨아 먹어 물도 충분히 마시고 있다.

❺ 女の子たちが大きな棒付きのキャンディーをしゃぶりながら街を歩いている。
　여자아이들이 커다란 막대 사탕을 빨면서 거리를 걷고 있다.

176 じゃれる

意 ㊐ 纏わりついて戯れる

㊞ 달라붙어 장난치다, 재롱떨다

用 じゃれるは '子供がじゃれる(아이가 장난치다)', '子猫・犬がじゃれる(새끼고양이・개가 장난치다)'처럼, 아이나 개 등이 장난을 치거나 재롱을 부리는 경우에 사용한다. 'じゃれ合う・じゃれ付く'의 형태로도 사용한다.

例

❶ 僅かな木の枝や草の葉に近よって一人でじゃれて見たりしている。
얼마 안 되는 나뭇가지나 풀잎에 다가가서 혼자 장난치며 보기도 하고 있다.

❷ 彼女はビールをお代わりして、少し酔ったのか赤い顔でじゃれてきた。
그녀는 맥주를 한 잔 더 마시고 조금 취했는지 붉은 얼굴로 재롱을 부려왔다.

❸ 猫はしばらくの間、俺の手にじゃれていたが、今度は俺の指を舐め始めた。
고양이는 한동안 내 손에 장난치고 있었는데 이번에는 내 손을 핥기 시작했다.

❹ この犬はまだ一歳にならないので、そうしてはいけない時にじゃれる癖がある。
이 개는 아직 한 살이 되지 않아 그래서는 안 될 때 장난치는 버릇이 있다.

❺ 入り口の辺りでじゃれていた数人の男子が驚いたように彼女に場所を空けた。
입구 근처에서 장난치고 있던 몇 명의 남자가 놀란 듯 그녀에게 자리를 비웠다.

177 ››› 白ける

意　⬜ ①白くなる，色が褪せて白っぽくなる　②興が覚めて気まずい雰囲気になる
　　　③具合いが悪くなる，決まりが悪くなる

　　🇰🇷 ①하얘지다, 바래다　②흥, 분위기가 깨지다　③상황이 나빠지다, 어색해지다

用　白けるは '白けて見える(바래서 흐릿하게 보이다)', '座が白ける(좌석의 흥이 깨지다)', '白けた状態(흥이 깨진 상태)' 처럼, 바래서 하얘지거나 흥이 깨지거나 상황이 나빠지는 경우에 사용한다.

例

❶ ここで無理に会話などをしても白けた雰囲気が広がるだけだ。
여기서 무리하게 대화 등을 해도 어색한 분위기가 펼쳐질 뿐이다.

❷ 対話中、ふっと言葉が途絶え、白けた沈黙状態になることがある。
대화중에 문득 말이 끊어져 어색한 침묵 상태가 되는 일이 있다.

❸ 遠くに見えている白樺の白けた森が、次第にゆるゆると近づいてくる。
멀리 보이고 있는 자작나무의 하얘진 숲이 점차 서서히 다가온다.

❹ 脳に貧血を起こした人の眼にそう見えるように、それは白らけてしか見えなかった。
뇌에 빈혈을 일으킨 사람의 눈에 그리 보이듯 그것은 흐릿하게밖에 안 보였다.

❺ 彼の話し方は他の者に言葉を挟む余地を与えず、たちまち座は白けてしまった。
그의 화법은 다른 사람에게 말을 할 여지를 주지 않아 순식간에 좌석의 흥은 깨져 버렸다.

[意] ㊐ 知っていて知らない様を装う

　　　㊩ 시치미를 떼다, 알면서도 모른 체하다

[用] しらばくれるは'人がしらばくれる(사람이 시치미를 떼다)'처럼, 사람이 무언가를 알고
　　　있으면서 자못 아무것도 모르는 듯 시치미를 떼는 경우에 사용한다. 강하게는 'しらばっ
　　　くれる'로 사용하며, 비슷한 표현으로 '白を切る', 'とぼける' 등이 있다.

[例]

❶ しらばくれて、そんなことは一言も言わなかったんだ。
　시치미를 떼고 그런 말은 한 마디도 하지 않았다.

❷ 親しい友達が私の彼女に会いながらも、しらばっくれて私を騙した。
　친한 친구가 내 여자친구와 만나면서도 시치미를 떼며 나를 속였다.

❸ しらばくれているのか、事実なのか、刑事たちは判断しかねていた。
　모른체 하고 있는 것인지 사실인지 형사들은 판단하지 못하고 있었다.

❹ 名刺を示しても誰かが自分の名刺を悪用したのだと、しらばくれる
　人間もいた。
　명함을 제시해도 누군가가 자신의 명함을 악용한 것이라고, 시치미 떼는 인간도 있었다.

❺ たとえしらばくれても話す様子や内容に注意していれば、所詮、
　子供なのだから表情に出る。
　설령 시치미를 떼도 말하는 모습이나 내용에 주의하고 있으면 결국 어린아이라 표정에 나타난다.

179 >>> 焦れる/焦らす

[焦れる]

[意] ㊐ 物事が思うように進まず、いらいらする，いらだつ

㊓ 애타다, 안달하다, 안절부절못하다, 초조해지다

[用] 焦れる는 '人·受験生が焦れる(사람·수험생이 초조해하다)'처럼, 사람이 초조해하거나 안절부절못하는 경우에 사용한다.

[例]

❶ 家事が思うように進まなくて焦れていた。
가사가 마음대로 되지 않아서 초조해하고 있었다.

❷ 勝負が長引けば長引くほどに焦れる想いが歯を軋らせる。
승부가 길어지면 길어질수록 애타는 마음이 이를 갈게 한다.

❸ 焦れるほどゆっくり街中を抜けてから、城近くで速度を上げた。
초조할수록 천천히 마을을 빠져나오고 나서 성 근처에서 속도를 올렸다.

❹ 焦れる気持ちを押えつけながら、男は後ろにじりじりと下がった。
초조한 마음을 억누르며 남자는 뒤로 조금씩 물러났다.

❺ 早く知りたい焦れる思いと何が起きたのかという心配とが一気に溢れる。
빨리 알고 싶은 초조한 생각과 무슨 일이 일어났는지 하는 걱정이 한꺼번에 분출한다.

[焦^じらす]

意 ⑪ 相手^{あいて}が望^{のぞ}むことをなかなかしないで、いらだたせる, じれさせる

⑭ 애태우다, 약 올리다, 초조하게 하다

用 焦^じらすは '焦^じらさないで話^{はな}す(애태우지 말고 이야기하다)', '子供^{こども}を焦^じらして泣^なかす
(아이를 약 올려 울리다)'처럼, 상대를 애태우거나 약 올리거나 초조하게 하는 경우에
사용한다.

例

❶ 充分^{じゅうぶん}に焦^じらしておいてから彼^{かれ}らの欲^ほしがっているものを与^{あた}える。
충분히 애태우고 나서 그들이 원하고 있는 것을 준다.

❷ どうせ答^{こた}えを知^しっているくせに、もったいぶった物言^{ものい}いで焦^じらしてきた。
어차피 답을 알고 있으면서 거드름 피우는 말투로 애를 태워 왔다.

❸ 彼女^{かのじょ}はもう少^{すこ}しで手^てが届^{とど}きそうな所^{ところ}で焦^じらしながら看守^{かんしゅ}をからかった。
그녀는 조금 더 하면 손이 닿을 것 같은 곳에서 애를 태우면서 간수를 놀렸다.

❹ 欲^{よく}の皮^{かわ}で硬^{かた}く張^はった彼^{かれ}の予期^{よき}を、もう少^{すこ}し焦^じらしてやろうとまで思案^{しあん}

した。
욕심으로 크게 부푼 그의 예상을 조금 더 약 올려 주려고까지 생각했다.

❺ 朝一^{あさいち}で渡^{わた}すのもいいかなと思^{おも}ったけど、たまには先輩^{せんぱい}を焦^じらしてみ

たい。
아침 일찍 건네는 것도 괜찮을까 생각했는데, 가끔은 선배를 애태워 보고 싶다.

180 >>> 嗄れる
しわが

意
ⓙ 声が擦れてよく出ない状態になる
こえ かす で じょうたい

㉠ 목이 쉬다, 잠기다

用
嗄れるは '声が嗄れる(목소리가 쉬다)', '嗄れた声·嗄れ声(쉰 목소리)' 처럼 목소리
しわが こえ しわが しわが こえ しわが ごえ
가 잠기거나 쉬는 경우에 사용한다.

例

❶ その嗄れた声は胸を劈いて迸り出てくるみたいだった。
しわが こえ むね つんざ ほとばし で
그 쉰 목소리는 가슴을 찢고 솟구쳐 나오는 것 같았다.

❷ 彼の言った通り、声は嗄れていたけれども、なかなかよく歌った。
かれ い とお こえ しわが うた
그가 말한 대로 목소리는 잠겨 있었지만, 상당히 잘 불렀다.

❸ その嗄れた声には揺るがすことのできない真実感が込められている。
しわが こえ ゆ しんじつかん こ
그 쉰 목소리에는 흔들 수 없는 진실감이 담겨져 있다.

❹ 闇の中から嗄れた声が聞こえてきたのは、そんなある夜のことである。
やみ なか しわが こえ き よる
어둠 속에서 쉰 목소리가 들려온 것은 그런 어느날 밤의 일이다.

❺ 暫くして雨が上がると天の彼方から不気味な嗄れ声が聞こえてきた。
しばら あめ あ てん かなた ぶきみ しわが ごえ き
잠시 지나 비가 멎자 하늘 저편에서 섬뜻한 쉰 목소리가 들려왔다.

181 >>>> 据える _す □□□□

意 🇯🇵 ①重みのあるものを一定の場所に動かないように置く，設置する　②人を重要な地位につける，任命する　③落ち着ける　④灸をする　⑤判子を押す，押印する

🇰🇷 ①(물건을) 놓다, 설치하다　②위치에 앉게 하다, 임명하다　③진정시키다, 가라앉히다　④뜸을 뜨다　⑤도장을 찍다, 날인하다

用 据えるは'お膳を据える(밥상을 차리다)', '火鉢を据える(화로를 놓다)', '機械を据える(기계를 설치하다)', '上座·議長·社長に据える(상석·의장·사장에 앉히다)', '腰を据える(자리에 눌러앉다)', '目を据える(눈여겨보다)', '度胸を据える(담력을 내다)', '性根を据える(마음가짐을 확고하게 하다)', 'お灸を据える(뜨끔한 맛을 뵈다)', '腹に据えかねる(화가 치밀어오르다)'처럼, 장소에 놓거나 설치하거나, 위치에 앉히거나 마음을 가라앉히거나 하는 경우 등에 사용한다.

例

❶ 新郎新婦を上座に据えると、パーティーが始まった。
신랑 신부를 상석에 앉히자 파티가 시작됐다.

❷ 朝になると、母は茶の間に据えられている火鉢に炭を入れた。
아침이 되자 엄마는 거실에 놓여 있는 화로에 숯을 넣었다.

❸ 宴会場にはお膳が据えられ、おいしそうな料理が並んでいた。
연회장에는 밥상이 차려지고 맛있어 보이는 요리가 줄지어 있었다.

❹ 授業中に漫画を読んでいるのが見つかって先生にお灸を据えられた。
수업 중에 만화를 보고 있는 것이 발각되어 선생님에게 뜨끔한 맛을 봤다.

❺ 不良に絡まれている子を助けようと、度胸を据えて近づいていった。
불량배에게 둘러싸여 있는 아이를 구하려고 용기를 내어 다가갔다.

182 >>>> 饐える

□□□□

意 ⓐ 飲食物が腐ってすっぱくなる

ⓚ 쉬다, 상하다, 쾨쾨하다

用 饐える는 '食べ物·空気が饐える(음식·공기가 쉬다)', '饐えた匂いがする(쉰 냄새가 나다)'처럼, 음식이 쉬거나 상한 경우에 사용한다.

例

❶ 劇場の中は、じめじめしていて、獣の巣のような饐えた匂いがした。
극장 안은 축축하고 짐승의 둥지와 같은 쾨쾨한 냄새가 났다.

❷ 道路はゴミだらけで、空気はいつものように饐えた臭いを放っている。
도로는 쓰레기투성이로 공기는 여느 때처럼 상한 냄새를 풍기고 있다.

❸ その通りもその一種で、細く暗い道一杯に饐えた臭いが漂っていた。
그 거리도 그 일종으로 좁고 어두운 길 가득히 상한 냄새가 떠돌고 있었다.

❹ 色街特有の饐えたような匂いが鼻を刺し、それだけでも吐きそうになる。
유곽 특유의 쾨쾨한 냄새가 코를 찌르고 그것만으로도 토할 것 같이 된다.

❺ 牛乳をコップに空けて鼻に近づけてみたが、饐えた匂いがして飲めそうになかった。
우유를 컵에 따라 코를 가까이 대보았는데, 쉰 냄새가 나서 마실 수 있을 것 같지 않았다.

183 >>> 透く / 透ける / 透かす □□□□

[透く/空く]

意 ㊐ ①透ける ②隙間ができる ③心の支えがなくなってすっきりする，心が晴れる，すかっとする ④するべき仕事がなくなる，暇ができる，手が空く

� ①투명하다, 들여다보이다 ②틈새가 생기다 ③후련해지다 ④한가해지다

用 透くは'戸・木の間が透く(문・나무 사이에 틈새가 생기다)', '底が透いて見える(바닥이 들여다 보이다)', '間が透く(사이가 벌어지다)', '胸の透く(가슴이 후련하다)'처럼, 투명하여 들여다 보이거나 틈새가 벌어지거나 가슴 등이 후련해지는 경우에 사용한다.

例

❶ 秋になって木の葉が落ちると、木の間が透いてくる。
가을이 되어 낙엽이 떨어지면 나무 사이가 비어 훤해진다.

❷ 戸が少しでも透いていると、透き間風が入るから、しっかり閉めなさい。
문틈이 조금이라도 벌어져 있으면 외풍이 들어오니 잘 닫으세요.

❸ 底まで透いて見えるような綺麗な川は都会では滅多にお目にかかれない。
바닥까지 들여다보이는 듯한 아름다운 강은 도심에서는 좀처럼 보실 수 없다.

❹ 応援していた野球チームが九回裏で逆転して、胸の透く思いを味わった。
응원하고 있던 야구팀이 9회 말에서 역전하여 마음이 후련해지는 느낌을 맛보았다.

⑤ 姉は歯と歯の間が透いていることを気にしていて、あまり大きな口を開けない。

누나는 이와 이 사이가 벌어져 있는 것을 신경 쓰고 있어 그다지 입을 크게 벌리지 않는다.

[透ける]

意　🗾 ①ものを通して中や向こう側が見える，透き通る　②見えにくかったものが透明感をもってくっきりと見えてくる

　　　🇰🇷 ①들여다보이다, 비쳐 보이다　②뚜렷하게 보여오다

用　透けるは '姿・葉が透ける(모습・잎이 비쳐 보이다)', '状態・悲しみ・色が透けて見える(상태・슬픔・색이 비쳐 보이다)'처럼, 무언가가 들여다 보이거나 비쳐 보이거나 뚜렷하게 보여 오는 경우에 사용한다.

例

❶ もちろん、ガラス戸の向こうにいる姿が透けているわけではなかった。

물론 유리 창문 건너편에 있는 모습이 들여다보이고 있는 것은 아니었다.

❷ 叔父さんの声の裏に透けて見える悲しみに気づかないわけがなかった。

숙부의 목소리 뒤에 비쳐 보이는 슬픔을 알아채지 못할 리가 없었다.

❸ 内側の血の色が透けて見えているのかと思えるほど、紅い唇をしていた。

안쪽의 피의 색이 비쳐 보이고 있는 것인가 하고 생각될 정도로 붉은 입술을 하고 있었다.

❹ 身に付けているものを見ただけでも相当に裕福な経済状態が透けて見える。

몸에 걸치고 있는 것을 본 것만으로도 상당히 유복한 경제 상태가 들여다보인다.

❺ 庭に桜の大木があって、その青葉が陽に透けているのが窓から眺められた。

정원에 큰 벚꽃 나무가 있어 그 푸른 잎이 햇빛에 비치고 있는 것을 창가에서 볼 수 있었다.

[透かす]

[意] 🇯🇵 ①物と物の間に隙間を作る　②混んでいるものを間引いて疎らにする，特に枝を刈り込む　③光を透過させて中が見えるようにする　④透かし模様や透かし彫りを作りつける

🇰🇷 ① 틈새를 만들다, 성기게 하다, 가지를 치다　② 통해서 보다, 비춰 보다　③ 틈새로 내보내다　④ 비출 때 모양이 보이게 하다

[用] 透かすは '木の間を透かして見る(나무 사이를 통해 보다)', 'コップを透かして見る(컵을 빛에 비추어 보다)', '光・明かり・ライトに透かす(빛・불빛・라이트에 비추다)'처럼, 무언가의 사이로 보거나 햇빛이나 불빛에 비추어 보는 경우 등에 사용한다.

[例]

❶ お酒の入った茶色瓶を明かりに透かして残りの量を見た。

술이 든 갈색 병을 빛에 비추어 남은 양을 보았다.

❷ コップを透かして見ると、中の水が濁っているのが分かった。

컵을 빛에 비추어 보자 안의 물이 탁해져 있는 것을 알 수 있었다.

❸ 木の間を透かして見ると、奥の方で鬼たちが酒盛りをしていた。

나무 사이를 통해서 보자 안쪽에서 귀신들이 축하 주연을 열고 있었다.

❹ 一見漆黒に見える彼の瞳は光を透かすと微かに緑がかっている。

일견 칠흑으로 보이는 그의 눈동자는 빛을 비추면 희미하게 녹색 빛이 돈다.

❺ ライトに透かされた自然石の模様が和紙の照明のような表情を持つ。

라이트에 비춰진 자연석의 모양이 와시(일본 종이)의 조명과 같은 표정을 갖는다.

─ 184 ≫≫ すが
縋る

☐☐☐☐

意 📖 ①頼りになるものに捕まる ②頼みとする、頼る

🇰🇷 ①매달리다 ②기대다, 의지하다

用 縋る는 '肩·杖·体に(어깨·지팡이·몸에 의지하다)', '神様·他人·情けに縋る(신·타인·인정에 기대다)', '袖に縋る(소매에 매달리다)', '縋る人(기댈 사람)', '縋るような目(매달리는 듯한 눈)'처럼, 무언가에 매달리거나 의지하거나 기대는 경우에 사용한다.

例

❶ 手術後、初めて杖に縋って歩き、足馴らしをした。
수술 후 처음으로 지팡이에 의지하여 걸으며 걷는 연습을 했다.

❷ 困難にぶつかると、すぐ他人に縋るような者は成功しない。
곤란에 부딪히면 바로 타인에게 의지하는 사람은 성공 못 한다.

❸ 涙を堪えていた娘もついに親切な主人の袖に縋って泣いた。
눈물을 참고 있던 딸도 그만 친절한 주인의 소매에 매달리며 울었다.

❹ 難しい問題を当てられた子供は縋るような目で助けを求めた。
어려운 문제를 제시받은 아이는 매달리는 듯한 눈으로 도움을 구했다.

❺ 自分は何の努力もしないで、神様に縋っても助けてもらえない。
자신은 아무런 노력도 하지 않고 신에 의지해도 도움받을 수 없다.

❻ 階段で転んで足を痛めたので、友人の肩に縋って家まで帰った。
계단에서 굴러 다리를 다쳐서 친구의 어깨에 기대고 집까지 돌아왔다.

185 〉〉〉〉 掬う（すく）

□□□□

意

㊐ ① 液体（えきたい）や粉状（こなじょう）のものを掌（てのひら）や匙（さじ）などで軽（かる）く掠（かす）めるようにして上（うえ）に取（と）り出（だ）す，液体（えきたい）の表面（ひょうめん）や中（なか）にあるものを下（した）から受（う）けるようにして取（と）り出（だ）す ② 下（した）から上（うえ）にすばやく持（も）ち上（あ）げる，持（も）ち上（あ）げるようにして横（よこ）に払（はら）う

㊥ ① 떠내다, 퍼내다 ② 떠올리다, 퍼 올리다 ③발을 걷어차다

用

掬（すく）うは'水（みず）をすくう(물을 떠내다)'，'土（つち）をすくう(흙을 퍼내다)'，'魚（さかな）をすくう(물고기를 떠올리다)'，'さじですくう(수저로 뜨다)'，'バケツですくう(양동이로 퍼 올리다)'，'足（あし）をすくう(발을 걷어올리다)'처럼, 무언가를 떠내거나 퍼내는 경우와 사람의 발을 걷어 올리는 경우에 사용한다.

例

❶ 田（た）んぼの土（つち）を、シャベルで畦（あぜ）に掬（すく）い上（あ）げた。

논의 흙을 삽으로 논두렁에 퍼 올렸다.

❷ 瓶（びん）のジャムを匙（さじ）で掬（すく）って、パンにつけて食（た）べた。

병의 잼을 수저로 떠 빵에 발라 먹었다.

❸ 綺麗（きれい）な山（やま）の湧（わ）き水（みず）を両手（りょうて）で掬（すく）って一口二口（ひとくちふたくち）と飲（の）んだ。

깨끗한 산의 용수를 양손으로 떠내 한 모금 두 모금 마셨다.

❹ 魚（さかな）を掬（すく）おうとしたら網（あみ）に穴（あな）が開（あ）いていて逃（に）げられてしまった。

물고기를 건져 올리려고 했더니 그물에 구멍이 나 있어 놓쳐버렸다.

❺ いたずらっ子（こ）に不意（ふい）に足（あし）を掬（すく）われて、ぼくは転（ころ）んでしまった。

장난꾸러기가 갑자기 발을 걸어 나는 넘어져 버렸다.

❻ 他人（たにん）の足（あし）を掬（すく）って出世（しゅっせ）しようとする人（ひと）は、けっこう多（おお）いものだ。

타인의 발을 걷어차서 출세하려 하는 사람은 제법 많은 법이다.

186 》》》 竦む^{すく}

□□□□

意 🇯🇵 ① 恐怖^{きょうふ}や緊張^{きんちょう}のあまり、体^{からだ}が強張^{こわば}って動^{うご}かなくなる　② 体^{からだ}を縮^{ちぢ}めて小^{ちい}さくなる

🇰🇷 ① 움츠러들다, 몸이 굳다　② 위축되다

用 竦^{すく}むは '足^{あし}・身^み・体^{からだ}が竦^{すく}む(발·몸이 움츠러들다)', '恐怖^{きょうふ}に竦^{すく}む(공포에 위축되다)' 처럼, 몸이 경직되어 움츠러들거나 위축되는 경우에 사용한다. '居竦^{いすく}む(꼼짝 못 하고 있다)'나 '立^たち竦^{すく}む(선 채로 움직이지 못하다)'와 같은 복합동사로도 사용한다. 타동사로 '竦^{すく}める(움츠리다)'가 있다.

例

❶ 高^{たか}い崖^{がけ}から下^{した}を見下^{みお}ろしたら、足^{あし}が竦^{すく}んでしまった。
높은 절벽에서 아래를 내려다보자 발이 움직여지지 않았다.

❷ 雲^{くも}をつくような大男^{おおおとこ}が向^むかってくると、一瞬^{いっしゅん}、身^みが竦^{すく}んだ。
구름을 뚫을 듯한 큰 남자가 다가오자 일순 몸이 움츠러들었다.

❸ 大^{おお}きなクマに睨^{にら}まれてキツネは体^{からだ}が竦^{すく}んで動^{うご}けなくなった。
큰 곰이 노려보아서 여우는 몸이 움츠러져 움직일 수 없게 되었다.

❹ 目^めを閉^とじたままに身^みを竦^{すく}ませて何^{なに}が起^おきても驚^{おどろ}かない覚悟^{かくご}を決^きめる。
눈을 감은 채 몸을 움츠리고서 무슨 일이 일어나도 놀라지 않을 각오를 다진다.

❺ 王女^{おうじょ}の動^{うご}きがあまりにも素早^{すばや}く、恐怖^{きょうふ}に竦^{すく}んで何^{なに}もできなかったのだ。
공주의 움직임이 너무나도 빨라 공포에 위축되어 아무것도 할 수 없었다.

187 >>>> 荒む(荒ぶ) ⬜⬜⬜⬜

意 🇯🇵 ①気持ちなどが荒れて粗雑になる　②勢いが激しくなる　③耽り溺れる

🇰🇷 ① 피폐해지다, 무절제해지다　② 거칠어지다, 거세지다, 조잡해지다　③ 빠지다, 탐닉하다

用 荒むは '生活が荒む(생활이 거칠어지다)', '心·気持ちが荒む(마음·기분이 피폐해지다)', '荒んだ世相(삭막한 세태)', '酒色に荒む(주색에 빠지다)', '芸が荒む(기예가 조잡해지다)'처럼, 기분, 생활 등이 거칠어지거나 상태가 거칠어지거나 무언가에 빠지는 경우에 사용한다. '荒ぶ'로도 사용하며, 동사 연용형에 붙어 '吹き荒む(바람이 세계 휘몰아치다)'처럼, 동작이 더욱 심해지는 경우에 사용한다.

例

❶ 両親の離婚をきっかけに生活は荒み、22歳でアメリカに渡った。
부모의 이혼을 계기로 생활은 피폐해지고 22살로 미국으로 건너갔다.

❷ 我々は生活は荒んでも心まで荒まないように心掛けたいものだと思う。
우리는 생활은 피폐해도 마음까지 피폐해지지 않도록 유념했으면 한다.

❸ 現在でも貧富の格差から民の心は荒み、治安も悪いと耳にしている。
현재도 빈부 격차로부터 민심은 거칠어져 치안도 나쁘다고 듣고 있다.

❹ 会社を解雇された後は生活が荒み、経済的にも苦しむようになっていた。
회사를 해고당한 후는 생활이 피폐해지고 경제적으로도 괴로워하게 되었었다.

❺ 心は荒み、肉親には見捨てられ、まったくの孤立無援の生き地獄に陥る。
마음은 피폐해지고 육친에게는 버려져 완전히 고립무원의 생지옥에 떨어진다.

─ 188 >>> 濯ぐ(漱ぐ・雪ぐ)

意　㊤ ①水で汚れを洗い落とす(濯ぐ) ②水などで口を洗い清める(漱ぐ) ③身に受けた屈辱を除きさる(雪ぐ)

㊦ ①씻다, 헹구다 ②입을 헹구다, 양치질하다 ③오명을 씻어내다

用　濯ぐ는 '洗濯物を濯ぐ(세탁물을 헹구다)', '口を漱ぐ(양치질하다)', '汚名·恥を雪ぐ(오명·수치를 씻다)'처럼, 물로 씻거나 헹구거나 오명 등을 씻거나 하는 경우에 사용한다.

例

❶ 洗剤が残らないように、洗濯物を水でよく濯ぐ。
세제가 남지 않도록 세탁물을 물로 잘 헹군다.

❷ 口を濯ぎ、顔を洗った私には不思議に悲しみは湧いてこなかった。
입을 헹구고 얼굴을 씻은 나에게는 이상하게도 슬픔은 느껴지지 않았다.

❸ 裏切り者の汚名を濯ぐためには、密告者を見つけなければならない。
배반자의 오명을 씻기 위해서는 밀고자를 찾아내지 않으면 안 된다.

❹ 父が受けた恥を濯ぐため、息子は自らの手で事の真相を確かめた。
아버지가 받은 치욕을 씻기 위해 아들은 자신의 손으로 일의 진상을 확인 했다.

❺ 界面活性剤は試験の信頼性を損なうため、完全に濯ぐ必要がある。
계면활성제는 시험의 신뢰성을 훼손하기 때문에 완전히 헹굴 필요가 있다.

❻ 水を含んで口を閉じ、頬を膨らませたり元に戻したりを交互に素早く行って濯ぐ。
물을 머금고 입을 닫고 뺨을 부풀렸다 되돌렸다를 빠르게 반복하며 헹군다.

189 >>>> 煤ける

□□□□

| 意 | ⓐ ①煤がついて黒く汚れる　②古くなって薄汚れた色になる |

ⓗ ①그을리다　②낡아서 그을린 빛깔이 되다, 더러워져 검어지다

| 用 | 煤ける는 '天井が煤ける(천장이 그을다)', '煤けたランプ·風景·顔(그을린 램프·얼굴·풍경)'처럼, 검게 그을리거나 오래돼 더러워지는 경우에 사용한다.

例

❶ 工場地帯は煤けた風景が広がっているばかりである。

공장지대는 검게 그을린 풍경이 퍼져있을 뿐이다.

❷ 囲炉裏から出る煙で天井は煤けて真っ黒になっている。

화로에서 나오는 연기로 천장은 그을어서 시커멓게 되어 있다.

❸ 天井からちっぽけで煤けた吊りランプがぶら下がっていた。

천장으로부터 자그맣고 검게 그을린 램프가 매달려 있었다.

❹ 私にはこの煤けた古い列車が都を目ざして行くようには思えなかった。

나에게는 이런 낡아빠진 오래된 열차가 수도를 향해 가는 것처럼은 생각되지 않았다.

❺ 向こうの煤けて黒ずんだ衣の上に見えている目は、一層恐ろしいようだ。

상대방의 새카맣게 낡은 옷 위로 보이고 있는 눈은 한층 공포스러운 모양이다.

---

190 〉〉〉 **啜る**（すす）　□□□□

意

㊐ ①麺類・粥・茶などを音を立てて吸い込むように口に入れる　②垂れてくる鼻水を息とともに吸い込む

㊧ ①홀짝홀짝 마시다　②(콧물을) 홀쩍거리다

用

啜る는 '粥・お茶を啜る(죽·차를 홀짝홀짝 마시다)', '一口啜る(한입 홀짝 마시다)', '鼻を啜る(콧물을 홀쩍거리다)'처럼, 면이나 죽, 차 등을 홀짝이며 마시거나 콧물을 훌쩍거리는 경우에 사용한다. 콧물을 훌쩍거리거나 흐느껴 우는 경우에 '啜り上げる', '啜り泣く'와 같은 복합동사를 사용하기도 한다. 액체가 아닌 면을 홀짝홀짝 마시다 라고 하는 표현은 한국어과 다르다.

例

❶ 生徒たちは寒い校庭に鼻を啜りながら立っていた。
학생들은 추운 교정에 콧물을 홀쩍거리며 서 있었다.

❷ 薬湯を一口啜った彼は、あまりの苦さに顔を顰めた。
달인 약을 한 모금 마신 그는 너무나 쓴맛에 얼굴을 찡그렸다.

❸ 泣き虫の妹はちょっと叱られただけで、すぐに啜り上げて泣き始める。
울보인 여동생은 조금 야단맞은 것만으로 바로 훌쩍거리며 울기 시작한다.

❹ 昔は蒸かした芋を食い、粥を啜りながら、朝早くから働いたものだ。
옛날에는 찐 고구마를 먹고 죽을 마시면서 아침 일찍부터 일하곤 했다.

❺ 生存者はいないようだと伝えると、家族の間から啜り泣く声が聞こえた。
생존자는 없는 것 같다고 전하자 가족 사이에서 훌쩍거리며 우는 소리가 들렸다.

191 >>> 廃<ruby>すた</ruby>れる □□□□

意 ⓐ 盛んだったものが衰<ruby>おとろ</ruby>えたり勢<ruby>いきお</ruby>いを無<ruby>な</ruby>くしたりする

　　ⓗ 쇠퇴하다, 쓰이지 않게 되다

用 廃<ruby>すた</ruby>れる는 '町<ruby>まち</ruby>・商売<ruby>しょうばい</ruby>・遊<ruby>あそ</ruby>び・風習<ruby>ふうしゅう</ruby>が廃<ruby>すた</ruby>れる(거리·장사·놀이·풍습이 쇠퇴하다)', '流行<ruby>りゅうこう</ruby>が廃<ruby>すた</ruby>れる(유행이 지나다)', '敬語<ruby>けいご</ruby>・流行語<ruby>りゅうこうご</ruby>が廃<ruby>すた</ruby>れる(경어·유행어가 쓰이지 않게 되다)'처럼, 무언가가 쇠퇴하거나 쓰이지 않게 되는 경우에 사용한다.

例

❶ 節分<ruby>せつぶん</ruby>に豆<ruby>まめ</ruby>を蒔<ruby>ま</ruby>く風習<ruby>ふうしゅう</ruby>も今<ruby>いま</ruby>ではだんだん廃<ruby>すた</ruby>れてきているようだ。
입춘 전날에 콩을 뿌리던 풍습도 지금은 점점 쇠퇴해지고 있는 것 같다.

❷ 使<ruby>つか</ruby>い捨<ruby>す</ruby>ての世<ruby>よ</ruby>の中<ruby>なか</ruby>になると、傘直<ruby>かさなお</ruby>しなどの商売<ruby>しょうばい</ruby>も廃<ruby>すた</ruby>れていった。
한 번 쓰고 버리는 세상이 되자 우산 수선 등의 장사도 쇠퇴해 갔다.

❸ 昔<ruby>むかし</ruby>は宿場町<ruby>しゅくばまち</ruby>として栄<ruby>さか</ruby>えたこの町<ruby>まち</ruby>も今<ruby>いま</ruby>ではすっかり廃<ruby>すた</ruby>れてしまった。
옛날 여관 거리로 번영했던 이 거리도 지금은 완전히 쇠퇴해 버렸다.

❹ 現代社会<ruby>げんだいしゃかい</ruby>で敬語<ruby>けいご</ruby>は廃<ruby>すた</ruby>れるどころか、使<ruby>つか</ruby>い過<ruby>す</ruby>ぎが耳触<ruby>みみざわ</ruby>りなほどだ。
현대 사회에서 경어는 쇠퇴하기는커녕 빈번한 사용이 귀에 거슬릴 정도이다.

❺ 子供<ruby>こども</ruby>たちの間<ruby>あいだ</ruby>で一時<ruby>いちじ</ruby>流行<ruby>はや</ruby>っていたその遊<ruby>あそ</ruby>びも最近<ruby>さいきん</ruby>では廃<ruby>すた</ruby>れているらしい。
아이들 사이에서 한때 유행하던 그 놀이도 최근에는 쇠퇴해 있는 것 같다.

---

192 〉〉〉 **拗ねる**　　　　　　　　　　□□□□

[意]　 ⑧ 不平・不満をに率直に表さないで、ぐずぐずと反抗的な態度を取る，ひねくれ
　　　たように我を張る

　　　 ⑧ 토라지다, 고집을 부리다, 반항적 태도를 취하다

[用]　 拗ねるは '子供・恋人が拗ねる(아이・연인이 토라지다)'，'ぷいと拗ねる(홱 토라지
　　　다)'，'世を拗ねる(세상과 비뚤게 보다)'처럼, 사람이 토라지거나 고집을 부리거나 비
　　　뚤게 보는 경우에 사용한다.

[例]

❶ 彼は気に入らないことがあると、すぐにぷいと拗ねてしまう。
　그는 마음에 들지 않는 일이 있으면 금방 홱 토라져 버린다.

❷ 彼は恋人をこうも拗ねさせるようなことを何かしたかと一生懸命考えた。
　그는 연인을 이렇게도 토라지게 할 그런 일을 무언가 했나 하고 열심히 생각했다.

❸ いかなる理由で父親に拗ねたり反抗したりしたかは見当がつかな
　かった。
　어떤 이유로 부친에게 토라지거나 반항하거나 했는지는 짐작이 가지 않았다.

❹ 一度結婚に失敗して以来、彼は世を拗ねて真面目に働こうとしな
　かった。
　한 번 결혼에 실패한 이래 그는 세상을 비뚤게 보고 착실히 일하려 하지 않았다.

❺ わずかに歪みを帯びた部長の顔は、どこか拗ねた少年の表情を思
　わせる。
　희미하게 일그러트린 부장의 얼굴은 어딘가 토라진 소년의 표정을 생각하게 한다.

193 ≫≫≫ 窄める(すぼめる)

□□□□

[意]

⒥ 小さく縮める, 蕾める

㉿ 오므리다, 움츠리다

[用] 窄める(すぼめる)는 '傘を窄める(우산을 접다)', '体・肩を窄める(몸・어깨를 움츠리다)', '口を窄める(입을 오므리다)'처럼, 대상을 작게 축소하거나 몸을 움츠리거나 잎을 오므리는 경우에 사용한다.

[例]

❶ 雨が止んだので、差していた傘を窄めた。

비가 그쳤기 때문에 쓰고 있던 우산을 접었다.

❷ 男は狭い路地を体を窄めるようにして歩いた。

사나이는 좁을 골목을 몸을 움츠리듯 하며 걸었다.

❸ 私は口を窄め、息を吹きかけてローソクを消した。

나는 입을 오므리고 숨을 불어서 양초를 껐다.

❹ 妹は母に叱られて外国人のように肩を窄めてみせた。

여동생은 엄마에게 혼이 나서 외국인처럼 어깨를 움츠려 보였다.

❺ 犬は幽かに鼻を鳴らして旅人の顔を仰いで耳を窄めて首を低める。

개는 살짝 코를 킁킁이며 여행자의 얼굴을 올려다보고는 귀를 움츠리며 고개를 낮췄다.

194 》》》 ずらかる ☐☐☐☐

意 ⓙ 逃げ出す, 姿を晦ます

ⓚ 도망치다, 자취를 감추다.

用 ずらかる는 '手をつけてずらかる(손을 대고서 도망치다)', 'サボってずらかる(빼먹고 도망치다)'처럼, 사람이 자취를 감추거나 도망치는 경우에 사용한다.

例

❶ 昨日、彼らは掃除当番をサボってずらかった。
어제 그들은 청소 당번을 빼먹고 도망쳤다.

❷ どの顔を見ても、ずらかったり逃げ隠れしたりするような色は見せていなかった。
어느 얼굴을 봐도 달아나거나 도망쳐 숨거나 할 그런 기색은 보이지 않았다.

❸ やっぱりこの隙にずらかった方がいいと決めて、手提袋を片手に部屋を出た。
역시 이 틈에 도망치는 편이 낫겠다 마음먹고 손가방을 한 손에 들고 방을 나왔다.

❹ 警察は遅ればせながら犯人を探し出したが、すでにずらかって姿を消していた。
경찰은 늦게나마 범인을 찾아냈지만, 이미 도망쳐 자취를 감추고 있었다.

❺ 彼は人通りの少ない所で人を引いたが、怖くて通報せずそのままずらかってしまった。
그는 인적이 드문 곳에서 사람을 치었는데 무서워서 통보하지 않고 그대로 도망쳐 버렸다.

195 >>>> 擦る(摩る/ 磨る/ 擂る) □□□□

[意]

🇯🇵 ①ある物の表面に他の物を押しつけて繰り返し動かす，そのようにしてある物を作る「擦る・磨る」 ②手などを前後に擦り合わせる「摺る」 ③擂鉢・石臼などに入れ、強く押しつけて細かく砕く「擂る」 ④ 賭け事などで不本意に金を使ってしまう「摩る」

🇰🇷 ① 문지르다 ② 비비다 ③ 갈다, 으깨다, 짓이기다 ④ 다 써 버리다, 탕진하다

[用]

擦る(摩る/磨る/擂る)는 'ガラスを擦る(유리를 문지르다)', 'マッチを擦る(성냥을 켜다)', '墨をする(먹을 갈다)', 'ごまをする(참깨를 갈다, 아부하다)', '身代・財産をする(재산을 탕진하다)'처럼, 문지르거나 비비거나 넣어서 갈거나 돈을 탕진하는 경우 등에 사용한다.

[例]

❶ 爪でガラスを強く擦ると、キーといういやな音がする。
손톱으로 유리를 강하게 문지르면 끼-이 라는 싫은 소리가 난다.

❷ 夕食に必要なのだろうか、母は擂鉢で胡麻を擂っている。
저녁 식사에 필요한 것인지 어머니는 양념절구로 참깨를 갈고 있다.

❸ 婦人は左の手で器用にマッチを摺って煙草に火をつけた。
부인은 왼손으로 능숙하게 성냥불을 켜 담배에 불을 붙였다.

❹ それがよく摺れた処で今のスープを少しずつ入れてドロドロに弛める。
그것이 잘 갈아진 상태에서 지금의 스프를 조금씩 넣어 걸쭉하게 푼다.

❺ この池の水で修行者達が墨を摺っていたという伝説が伝えられている。
이 연못의 물에서 수행자들이 먹을 갈았었다는 전설이 전해지고 있다.

❻ 版に絵の具や墨汁などを塗り、紙を当てて上から馬楝で摺って制作する。

판에 물감이나 먹물 등을 칠하여 종이를 대고 위에서 말 붓으로 문질러 제작한다.

196 >>>> 刷る(摺る)

□□□□

意　㊤ ①版木などに墨や絵の具をつけて紙などに当て擦るようにして写し取って、その物を作る　②印刷して、その物を作る

㊧ ①문질러 찍어내다　②인쇄하다, 찍다

用　刷る(摺る)는 '年賀状・封筒・偽札を刷る(연하장・봉투・위조지폐를 찍다)'처럼, 종이 등을 대고 문질러 찍어내거나 인쇄하여 찍는 경우에 사용한다.

例

❶ 今年は版画を作って年賀状を刷った。
올해는 판화를 만들어 연하장을 찍었다.

❷ どれだけ刷っても刷っただけ金になって入ってくる感じであった。
아무리 찍어도 찍어낸 만큼 돈이 되어 들어오는 느낌이었다.

❸ 封筒はみんな事務用のもので、角に事務所の名が刷ってあった。
봉투는 모두 사무용이어서 귀퉁이에 사무소의 이름이 찍혀 있었다.

❹ 彼は特別に用意した紙を使って、印刷機で偽札を大量に刷っていたのだ。
그는 특별히 준비한 종이를 사용해 인쇄기로 위조지폐를 대량으로 찍어내고 있었다.

❺ 一説には数十万部も刷られたとされ、当時としては破格のベストセラーである。
일설에는 수십만 부나 찍었다고 알려져 당시로서는 파격의 베스트셀러이다.

197 >>> 掏る

□□□□

意
- ⑪ 人が身につけている金品を気づかれないように盗み取る

- 韓 소매치기 하다

用
掏るは‘お金を掏る(돈을 소매치기하다)’처럼, 금품을 소매치기하는 경우에 사용한다.

例

❶ 彼は他人のものを掏るけど、女を襲ったりはしない男だ。

그는 남의 물건을 훔치긴 하지만 여자를 덮치거나는 하지 않는 남자다.

❷ 少年はふとすれ違った紳士のポケットから金時計を掏った。

소년은 살짝 스쳐 지나간 신사의 호주머니에서 금시계를 훔쳐냈다.

❸ 履いている足袋を掏るというと奇術のようだが、手順がある。

신고 있는 버선을 훔친다고 하면 진기인 것 같지만 순서가 있다.

❹ 彼に人を掏るなどという大逸れたことは出来なかったはずだ。

그가 남을 소매치기하는 등의 엉뚱한 짓은 할 수 없었을 것이다.

❺ 人込みではお金を掏られたりしないよう、注意が必要である。

인파 속에서는 돈을 소매치기당하지 않도록 주의가 필요하다.

>>>> **急かす** せ □□□□

意 ㊐ 早_{はや}くするように促_{うなが}す, 急_{いそ}がせる

㊟ 재촉하다, 서두르게 하다

用 急_せかす는 '相手_{あいて}を急_せかす(상대를 재촉하다)', '何_{なに}かに急_せかされる(무언가에 재촉받다)'처럼, 빨리 하도록 상대를 재촉하는 경우에 사용한다.

例

❶ 時間_{じかん}に余裕_{よゆう}ができたせいか、相手_{あいて}を急_せかす動作_{どうさ}が消_きえている。
시간에 여유가 생긴 탓인지 상대를 재촉하는 동작이 사라졌다.

❷ 自転車_{じてんしゃ}に跨_{また}がり、夜_{よる}の町_{まち}を彼女_{かのじょ}は何_{なに}かに急_せかされるように走_{はし}った。
자전거에 올라타 밤거리를 그녀는 무언가에 쫓기듯 달렸다.

❸ 皆_{みな}きびきびと動_{うご}いているのだが、本社_{ほんしゃ}はそんな彼_{かれ}らをさらに急_せかした。
모두 빠릿빠릿 움직이고 있지만, 본사는 그런 그들을 한층 재촉했다.

❹ 追_おわれたというより、絶_たえず何_{なに}かに急_せかされているような思_{おも}いで暮_くらしてきた。
쫓겼다기보다는 끊임없이 무언가에 재촉받고 있는 듯한 마음으로 살아왔다.

❺ なぜ前_{まえ}の車_{くるま}が止_とまったか分_わからず、クラクションを鳴_ならして急_せかす者_{もの}も多_{おお}かった。
왜 앞차가 멈추었는지 모르고 경적을 울리며 재촉하는 자도 많았다.

199 》》》 せがむ □□□□

[意] ⓙ しつこく頼む, ねだる

ⓚ 조르다, 비난하여 괴롭히다

[用] せがむ는 '金をせがむ(돈 달라고 조르다)', 'おもちゃをせがむ(장난감을 사달라고 조르다)'처럼, 무언가를 달라거나 해달라고 조르는 경우에 사용한다.

[例]

❶ デパートに子供を連れていけば、おもちゃをせがまれるに決まっている。

백화점에 아이를 데리고 가면 장난감을 사달라고 으레 보챈다.

❷ 子供たちも貧乏な暮らしで苦労しているのに、お金をせがむなんて
できない。

아이들은 가난한 생활로 고생하고 있는데 돈을 달라 조르는 따위 할 수 없다.

❸ 妻がさっきから早く家に帰ろうとせがむので、夕食も食べられず家
に帰った。

처가 아까부터 빨리 집에 가자고 졸라서 저녁도 못 먹고 집에 돌아왔다.

❹ 隣の家の夫婦はとても切り詰めて生活をしていて全然お金をせがむ
ことはないようだ。

이웃집 부부는 매우 절약하여 생활하고 있어 전연 돈을 조르는 일은 없는 모양이다.

❺ 店の主人は、無一文だから無料で食事を提供してほしいとせがむ
お客さんに困惑した。

가게 주인은 무일푼이니 무료로 식사를 제공해 달라고 조르는 손님에게 당혹해했다.

200 >>> せびる □□□□

意 ⓐ 金品をもらおうとして、しつこく頼む、無理にねだる

ⓗ 조르다, 강요하다

用 せびるは '小遣いをせびる(용돈을 조르다)' 처럼, 한도를 넘어 요구하는 경우에 사용
한다. 비슷한 단어로 'ねだる'가 있다.

例

❶ 時々前の亭主から慰謝料だとか言って金をせびっているらしい。
종종 예전 주인에게서 위자료라는 둥 하며 돈을 강요하고 있는 것 같다.

❷ それが癖になって今では子供の学費という体裁で毎月せびられて
いる。
그것이 버릇이 되어 지금은 아이 학비라는 명목으로 매월 돈을 조르고 있다.

❸ 早い話、五体そろった者がお金をせびるこの根性が私は嫌いなの
である。
쉽게 말해 사지 멀쩡한 자가 돈을 요구하는 이 근성이 나는 싫은 것이다.

❹ 私は人徳がないのか、役に立つことはおろか、周りに金をせびる人
しかいない。
나는 인복이 없는 건지 도움이 되기는커녕 주변에 돈을 뜯는 사람밖에 없다.

❺ 父親に小遣いをせびる一番有効な方法は友達に借金をしたという
口実である。
아버지께 용돈을 받아내는 가장 유효한 방법은 친구에게 돈을 빌렸다는 구실이다.

201 >>> 迫る

意

⊜ (自) ① すぐ近くまで押し寄せる，近づく ② 切り立った崖などが狭い間隔を保って、他を圧するように存在する ③ 時間的な隔たりが小さくなる，刻限が近づく ④ 基準とする状態、物事の本質に近づく，肉迫する ⑤ 感動で胸が縮めつけられたようになる ⑥ 動悸や息遣いが激しくなって苦しくなる，切迫する ⑦ 行き詰まる，せっぱつまる　(他) ⑧ 強い態度で要求する，強要する

⊜ ① 밀어닥치다, 밀려오다　② 다가가다, 다가오다, 육박하다　③ 감동하여 가슴이 오그라들다　④ 숨이 거칠어지다, 절박하다, 막다른 골목에 다다르다　⑤ 강요하다, 재촉하다

用 迫る는 '敵·土砂が迫る(적·토사가 밀려오다)', '空·夕やみが迫る(하늘·어둠이 다가오다)', '山が迫る(산이 버티고 서다)', '試験·出港·危険が迫る(시험·출항·위험이 다가오다)', '新記録·間近に迫る(신기록·바로 앞으로 다가오다)', '本質·真に迫る(본질·진실에 다가가다)', '入会·加入·決断を迫る(입회·가입·결단을 강요하다)'처럼, 무언가가 밀려오거나 가까이에 다가오거나 육박하거나 절박하거나, 무언가를 강요하는 경우 등에 사용한다.

例

❶ 山から崩れ落ちた土砂が村に迫ってきた。
산에서 무너져내린 토사가 마을에 밀려왔다.

敵は各地で味方の軍を破ると、首都に迫った。
적은 각지에서 아군을 격파하자 수도로 밀어닥쳤다.

別荘は切り立った崖の上に建っており、すぐ後ろには山が迫っている。
별장은 깎아내린 듯한 절벽 위에 세워져 있고 바로 뒤는 산이 버티고 있다.

❷ 北国の冬は、空が低く迫り、重苦しく感じられる。
북쪽 나라의 겨울은 하늘이 낮게 드리워 갑갑하게 느껴진다.

真っ赤に輝く太陽が沈み、辺りに夕やみが迫る頃になると、子供たちは家路につく。
빨갛게 빛나는 태양이 지고 주변에 어둠이 내릴 무렵이 되면 아이들은 귀로에 오른다.

❸ Ａ選手の出したタイムは日本新記録に迫る好タイムだ。
Ａ선수가 낸 타임은 일본 신기록에 육박하는 타임이다.

船の出港が間近に迫ったある日、私はお土産を買いに町に出た。
배의 출항이 눈앞으로 다가온 어느 날 나는 선물을 사러 마을에 나갔다.

入学試験が目の前に迫ってくると、ふだんは呑気なぼくも落ち着かなかった。
입학시험이 목전으로 다가오자 평소에는 태평한 나도 조바심이 났다.

どんな危険が迫ろうとも、決してこの場所を離れるでない。
어떠한 위험이 닥치더라도 절대 이 장소를 떠나는 것이 아니다.

男は自分の死期が迫っているのを知り、それとなく友人たちに別れを告げた。
남자는 자신의 죽을 시기가 닥쳐오고 있음을 알고 넌지시 친구들에게 작별을 고했다.

❹ 彼の真に迫った演技は観客に深い感動を与えた。
그의 실로 박진감 넘치는 연기는 관객에게 깊은 감동을 주었다.

この本は人間の死を取り上げ、生の本質に鋭く迫っている。
이 책은 사람의 죽음을 다뤄 생의 본질에 예리하게 다가가고 있다.

❺ 上級生のぼくたちに運動部への入部を迫ってうるさい。

상급생인 우리에게 운동부에 들어오라며 입회를 강요하여 귀찮다.

彼は腰が重い人で、必要に迫られなければ行動を起こそうとしない。

그는 엉덩이가 무거운 사람이라 필요하지 않으면 행동에 나서려 하지 않는다.

202 ﹥﹥﹥ 添える

□□□□

[意] ㊐ ①ある物を補助的に付け加える ②手を差し出して重ね合わせるようにする，手助けするために手を差し出す ③ある物になお一層の美点を付け加える ④付き添わせる

㊩ ①덧붙이다, 대다, 첨부하다, 딸리다 ②손을 내밀다, 거들다 ③더하다 ④곁들이다

[用] 添えるは‘支えを添える(지지대를 대다)’, ‘手紙に添える(편지에 딸리다)’, ‘手を添える(손을 내밀다)’, ‘身ぶりを添える(몸짓을 더하다)’, ‘花・野菜・おかずを添える(꽃・야채・반찬을 곁들이다)’, ‘美しさ・彩りを添える(미・색채를 더하다)’처럼, 무언가를 덧붙이거나 첨부하거나 돋보이게 하기 위해 곁들이는 경우 등에 사용한다.

[例]

❶ 彼女は言葉だけでは、身ぶりを添えて説明し始めた。
그녀는 말뿐만 아니라 몸 짓을 더하여 설명하기 시작했다.

❷ 何気なく襟足に手を添える彼女の仕種がとても女らしかった。
아무렇지 않게 목덜미에 손을 내미는 그녀의 몸짓이 아주 여자다웠다.

❸ 最後の種目でも彼女は最高得点を挙げ、優勝に花を添えた。
마지막 종목에서도 그녀는 최고 득점을 올려 우승에 꽃을 더했다.

❹ お世話になった人にお礼の手紙に添えて名物のお菓子を送った。
신세를 진 사람에게 답례 편지에 딸려 명물인 과자를 보냈다.

❺ 台風が来るので、庭木に何か支えになる棒を添えて縛っておいた。
태풍이 오고 있어서 정원수에 무언가 지지대가 될 봉을 대 묶어두었다.

203 》》》 謗る(誹る・譏る)

□□□□

意

㊐ 人のことを悪く言う，けなす，非難する

㊷ 나쁘게 말하다, 비난하다, 비방하다

用 謗るは‘人を謗る(사람을 비방하다)’처럼, 사람을 나쁘게 말하거나 비난하는 경우에
사용한다.

例

❶ 人格の高い人だから、良く言う人はいても謗る人はだれもいない。
인격이 높은 사람이어서 좋게 말하는 사람은 있어도 비방하는 사람은 아무도 없다.

❷ 知らぬ者が聞けば、陣中へ女の子を伴ったと謗られるにちがいない。
모르는 사람이 들으면 진중에 여자를 데려갔다고 비난당할 것이 틀림없다.

❸ 事情を理解もせずに、周囲と一緒になって人を謗るようなことはした
くない。
사정을 이해도 못 하고 주위와 함께 되어 남을 비난하는 그런 일은 하고 싶지 않다.

❹ 他国の力を借りて国を再統一しても、国民からは卑怯者と謗られる
だろう。
타국의 힘을 빌려 나라를 재통일해도 국민으로부터는 비겁자로 비난받을 것이다.

❺ 共和国軍人は税金泥棒と謗られ、国内では制服姿で街を歩くのも
憚られる。
공화국 군인은 세금 도둑이라 비난받아 국내에서는 제복 차림으로 거리를 걷는 것도 꺼려진다.

204 ▶▶▶ 唆す_{そそのか} ☐☐☐☐

意　⑩ 煽_{おだ}てたり賺_{すか}したりして人_{ひと}をある行動_{こうどう}に誘_{さそ}い込_こむ，悪事_{あくじ}に誘_{さそ}い込_こむ

　　⑪ 꼬드기다, 부추기다

用　唆_{そそのか}すは '人_{ひと}・友人_{ゆうじん}・悪戯_{いたずら}・横領_{おうりょう}を唆_{そそのか}す(사람·친구·못된 짓·횡령을 부추기다)' 처럼, 무언가를 꼬드기거나 부추기는 경우에 사용한다. 비슷한 단어로 'けしかける'가 있다.

例

❶ 小_{ちい}さい子供_{こども}に悪戯_{いたずら}を唆_{そそのか}すなんて、よくないことだ。
어린아이에게 장난을 부추기다니 좋지 않은 일이다.

❷ 人_{ひと}を唆_{そそのか}して犯罪_{はんざい}を行_{おこな}わせた人_{ひと}もまた罪_{つみ}に問_とわれる。
남을 부추겨서 범죄를 행하게 한 사람도 또한 죄를 추궁당한다.

❸ まるでその部屋_{へや}は彼_{かれ}を唆_{そそのか}せるように設計_{せっけい}されているようだった。
마치 그 방은 그를 부추길 수 있도록 설계되어 있는 것 같았다.

❹ 彼_{かれ}がそんな悪_{わる}いことをするなんて、きっと誰_{だれ}かに唆_{そそのか}されたに違_{ちが}いない。
그가 그런 나쁜 일을 하다니 틀림없이 누군가에게 꼬드김을 당한 것이 틀림없다.

❺ 新_{あたら}しい政府_{せいふ}に対_{たい}する忠誠_{ちゅうせい}を誓_{ちか}うことを拒否_{きょひ}するように友人_{ゆうじん}を唆_{そそのか}す者_{もの}もいた。
새로운 정부에 대한 충성을 맹세하는 것을 거부하도록 지인을 부추기는 자도 있었다.

❻ 金額_{きんがく}の多寡_{たか}にかかわらず、横領_{おうりょう}を唆_{そそのか}したことが判明_{はんめい}すれば、自分_{じぶん}も破滅_{はめつ}だ。
금액의 많고 적고에 상관없이 횡령을 부추긴 것이 판명되면 나도 파멸이다.

205 》》》 **そそる** □□□□

意 ⓐ ある感情や欲望を起こさせる，煽る

ⓚ 돋우다, 자아내다, 자극하다

用 そそるは '食欲・興味をそそる(식욕・흥미를 돋우다)', '涙をそそる(눈물을 자아내다)', '夢・心・好奇心をそそる(꿈・마음・호기심을 자극하다)'처럼, 감정이나 욕망을 불러 일으키거나 자극하는 경우에 사용한다.

例

❶ 彼女は人の心をそそるような思わせぶりな行動をする人だ。
그녀는 사람의 마음을 자극하는 그런 의미 있는 듯한 행동을 하는 사람이다.

❷ 母の料理は彩りもよく奇麗に盛りつけてあり、とても食欲をそそる。
어머니의 요리는 색깔도 좋고 예쁘게 담겨 있어서 대단히 식욕을 돋운다.

❸ 読む人の興味をそそり、感動を与えるような文章を書くことはたやすいことではない。
읽는 사람의 흥미를 유발하여 감동을 주는 그런 문장을 쓰는 일은 쉬운 일은 아니다.

❹ 新聞の広告に好奇心をそそられて、この本を買ってみたが、思ったほど面白くなかった。
신문 광고에 호기심을 자극받아 이 책을 사 봤지만 생각했던 만큼 재미있지 않았다.

❺ 死というものが理解できない幼い子が、遺影に向かって笑いかけているのが参列者の涙をそそった。
죽음이라는 것을 이해할 수 없는 어린아이가 영정을 향해 웃고 있는 것이 참석자들의 눈물을 자아냈다.

206 ≫≫≫ 背く（そむく）

□□□□

意

🇯🇵 ①規則・約束・教えなどに反する行動をする　②国家や主君に異を唱えて敵に回る，叛逆する，裏切る　③背を向けてその人のもとを去る，その方向に背を向ける

🇰🇷 ①반하다, 어긋나다　②배반하다, 거역하다　③등을 돌리다, 등지다

用

背くは'意志・信頼に背く(의지・신뢰에 반하다)', '法に背く(법에 어긋나다)', '命令に背く(명령에 거역하다)', '親に背く(부모에 등을 돌리다)'처럼, 정해진 것에 반한 행동을 하거나 배신・배반하거나 상대에게 등을 돌리거나 하는 경우에 사용한다.

例

❶ 親に背いて勝手に家を出たのだから、簡単には戻れない。
부모에 등을 돌리고 멋대로 집을 나갔으니 간단히는 되돌아올 수 없다.

❷ 法に背かなければ何をしてもいいというのは、情けない風潮だ。
법에 어긋나지 않으면 무엇을 해도 좋다고 하는 것은 한심한 풍조다.

❸ 軍隊は規律が厳しく、どんなことでも命令に背くことは許されない。
군대는 규율이 엄격하여 어떤 일이라도 명령에 거역하는 일은 허용되지 않는다.

❹ 彼女が行けばもう安心、私たちの信頼に背くようなことはないだろう。
그녀가 가면 이제 안심, 우리들의 신뢰에 반하는 그런 일은 없을 것이다.

❺ 親友を裏切るようなことは、ぼくの意志に背くことだから絶対にできない。
친구를 배신하는 그런 일은 나의 의지에 반하는 일이라서 절대로 할 수 없다.

207 ››› 背ける (そむ)

□□□□

意

⑪ 顔(かお)や目(め)を対象(たいしょう)から逸(そ)らして、よそに向(む)ける

㉿ (얼굴이나 눈을 딴 데로) 돌리다, 외면하다

用

背(そむ)けるは '顔(かお)・目(め)を背(そむ)ける(얼굴·눈을 돌리다)'처럼, 얼굴이나 눈 등을 딴 데로 돌리거나 외면하는 경우에 사용한다.

例

❶ 妹(いもうと)は顔(かお)を背(そむ)けて壁(かべ)のほうを向(む)き、微(かす)かに溜(た)め息(いき)をついた。
여동생은 얼굴을 돌려 벽 쪽을 향해 살며시 한숨을 쉬었다.

❷ 彼女(かのじょ)は自分(じぶん)が住(す)んでいる環境(かんきょう)から顔(かお)を背(そむ)けたい様子(ようす)だった。
그녀는 자신이 살고 있는 환경으로부터 얼굴를 돌리고 싶은 모습이었다.

❸ 写真(しゃしん)はあまりにも残酷(ざんこく)なものだったので、目(め)を背(そむ)ける人(ひと)も多(おお)かった。
사진은 너무나도 잔혹한 것이었기에 눈을 돌리는 사람도 많았다.

❹ 人(ひと)の弱(よわ)さを糾弾(きゅうだん)して、それで自分(じぶん)の弱(よわ)さから目(め)を背(そむ)けていた卑怯(ひきょう)者(もの)だ。
타인의 약점은 규탄하여 그래서 자신의 약점으로부터 눈을 돌리고 있던 비겁자이다.

❺ アルコールの臭(にお)いを嗅(か)ぐのはしばらくまっぴらなので、ほとんど顔(かお)を背(そむ)けるようにしていた。
알코올 냄새를 맡는 것은 당분간 너무 싫어서 거의 고개를 돌리듯 하고 있었다.

208 >>> 戦（そよ）ぐ □□□□

意　⑤ 風（かぜ）に吹（ふ）かれて草木（くさき）などが微（かす）かに音（おと）を立（た）てながら揺（ゆ）れ動（うご）く

　　　㉿ 살랑거리다, 흔들이다

用　戦（そよ）ぐは '髪（かみ）が戦（そよ）ぐ(머리카락이 살랑이다)', '風（かぜ）が戦（そよ）ぐ(바람이 살랑거리다)', '葉（は）を戦（そよ）がせる(잎을 살랑거리다)', '風（かぜ）に戦（そよ）ぐ(바람에 살랑이다)'처럼, 바람이 불어 흔들리는 경우에 사용한다.

例

❶ 川原（かわら）には風（かぜ）に戦（そよ）ぐ草（くさ）が淋（さび）しそうに揺（ゆ）れていた。
강바닥에는 바람에 흔들리는 풀이 슬픈 듯이 흔들리고 있었다.

❷ そよそよと戦（そよ）ぐ南（みなみ）の風（かぜ）に乗（の）って北（きた）の村（むら）にも夏（なつ）がやってきた。
산들산들 살랑이는 남풍을 타고 북쪽 마을에도 여름이 찾아왔다.

❸ 先生（せんせい）は寝（ね）ていながら、風（かぜ）に戦（そよ）ぐ桜（さくら）の花（はな）を心地（ここち）よげに眺（なが）めていた。
선생님은 누워 있으면서 바람에 살랑이는 벚꽃을 기분 좋은 듯이 바라보고 있었다.

❹ 季節外（きせつはず）れの嵐（あらし）も去（さ）って、鳥（とり）は歌（うた）い、草花（くさばな）は葉（は）を戦（そよ）がせ始（はじ）めた。
계절에 맞지 않는 폭풍도 지나고 새는 노래하고 화초는 잎을 살랑거리게 하기 시작했다.

❺ 通（とお）りに出（で）ると、暖（あたた）かい南（みなみ）の風（かぜ）がさっと吹（ふ）いてきて少女（しょうじょ）の髪（かみ）を戦（そよ）がせた。
거리에 나가자 따스한 남풍이 휙 불어와서 소녀의 머리칼을 살랑거리게 했다.

209 >>> 諳じる

□□□□

意 🇯🇵 書いたものを見ないで済むようにすっかり覚える

🇰🇷 외다, 암기하다

用 諳じるは'歌詞を諳じる(가사를 외다)', '駅名を諳じる(역 이름을 외다)', '法律を諳じる
(법률을 외다)'처럼, 무언가를 외우거나 암기하는 경우에 사용한다.

例

❶ 好きな歌の歌詞なら、だれでもすらすらと諳じることができる。
좋아하는 노래의 가사라면 누구라도 술술 외울 수 있다.

❷ 六法全書を諳じるくらい勉強しなければ、司法試験には通らない。
육법전서를 외우는 정도로 공부하지 않으면 사법시험에는 통과하지 못한다.

❸ たった四歳で山手線一周の駅名を諳じている坊やがいて驚いた。
겨우 네 살로 야마노테선이 일주하는 역명을 외우고 있는 아이가 있어 놀랐다.

❹ 幼くして父を失ったが、母に教えられた和歌を諳じるなど利発に
育った。
일찍이 아버지를 여의었지만, 어머니에게 배운 와까(시)를 외우는 등 영리하게 자랐다.

❺ それだけで言葉が続かなくなり、頭の中でメロディを諳じるような表
情をした。
그것뿐으로 말이 이어지지 않아 머릿속에서 멜로디를 외는 듯한 표정을 지었다.

210 >>> 反_そる

意 ⑤ ①まっすぐな物_{もの}、平_{たい}らな物_{もの}が弓_{ゆみ}なりに曲_まがる ②体_{からだ}が後_{うし}ろの方_{ほう}に弓_{ゆみ}なりに曲_まがる

韓 ① 물체나 사람 몸이 (활 모양으로) 휘다, 젖혀지다

用 反るは '板_{いた}が反_そる(판이 휘다)', '体_{からだ}が反_そる(몸이 젖혀지다)' 처럼, 사람이나 사물이 활처럼 뒤로 젖혀지거나 휘는 경우에 사용한다. '伸るか反るか(되느냐 안 되느냐, 성공이냐 실패냐)'와 같은 관용어로도 사용한다.

例

❶ 伸_のるか反_そるか、ここはひとつ賭_かけてみよう。
이기느냐 지느냐, 여기에서는 한번 걸어 보겠다.

❷ ぼくの体_{からだ}は硬_{かた}いのか、もうこれ以上_{いじょう}反_そらない。
나의 몸은 경직된 것인지 이제 더 이상 젖혀지지 않는다.

❸ 立_たてかけておいた板_{いた}が日_ひに当_あたって、反_そってしまった。
기대 세워둔 판자가 햇빛을 받아 휘어져 버렸다.

❹ これは前部_{ぜんぶ}と後部_{こうぶ}の反_そった板_{いた}で作_{つく}り、雪_{ゆき}の上_{うえ}でも氷_{こおり}の上_{うえ}でもよく滑_{すべ}れた。
이것은 전부와 후부가 휜 판자로 만들어 눈 위에서도 얼음 위에서도 잘 나아갔다.

❺ 伸_のるか反_そるかの大事_{おおごと}へかかるというほどの緊張_{きんちょう}し切_きった気持_{きも}ちなどではなかった。
이판사판의 큰일에 임한다는 정도의 완전히 긴장한 기분 따위는 아니었다.

211 >>> 逸れる/逸らす □□□□

[逸れる]

意
- ① 予定・予想していた進路や本来的な道筋からずれる，目標していた所とは異なった所に行く　② 本筋・本流から外れて他の道へ進む，話が脱線する
- ① 빗나가다, 빗맞다　② 딴 방향으로 가다, 새다, (이야기가) 벗어나다

用　逸れるは '的を逸れる(과녁을 빗나가다)', '横町へ逸れる(골목으로 빠지다)', '話が逸れる(이야기가 벗어나다)', '脇道に逸れる(옆길로 새다)'처럼, 진로나 목표, 방향 등이 빗나가거나 벗어나는 경우에 사용한다.

例

❶ 彼はぼくを避けるように横町へ逸れてしまった。
그는 나를 피하듯이 골목길로 빠져 버렸다.

❷ あの年頃の子はやる事が脇道に逸れやすくて困る。
그 나이쯤의 아이는 하는 일이 옆길로 새기 쉬워 힘들다.

❸ 長い文章を書く時は話が主題から逸れないように注意しよう。
긴 문장을 쓸 때는 이야기가 주제에서 벗어나지 않도록 주의하자.

❹ 的を目がけて弓を引いたが、矢は逸れて岩に当たってしまった。
과녁을 노리고 활을 당겼지만, 화살은 빗나가서 바위에 맞고 말았다.

❺ 釘を打つ時、思わず手が逸れて、自分の指を叩いてしまうことがある。
못을 박을 때 무심결에 손이 빗나가 자신의 손가락을 때려 버리는 일이 있다.

❻ ここでまた話は横道に逸れるが、おれにはこの国の官僚たちのやり方がどうも分からない。

여기서 또 이야기가 옆길로 새지만, 나에게는 이 나라 관료들의 방식을 전혀 이해할 수 없다.

[逸らす]

意 ㊐ ①向かうべき方向から脇に逸れるようにする ②捕えることに失敗する，弾丸などを目標物に当てることに失敗する ③故意に目標物から狙いを外して撃ったり投げたりする，わざと外す ④ 目を脇の方に向ける ⑤異なる方向にもってゆく ⑥人の機嫌を損なう

㊕ ① 방향을 딴 데로 돌리다 ② 놓치다, 못 맞히다 ③ 빗나가게 하다 ④ 눈을 딴 데로 향하다 ⑤ 남의 기분을 상하게 하다

用 逸らす는 '的を逸らす(과녁을 빗나가다)', '話を逸らす(이야기를 돌리다)', '注意を逸らす(주의를 딴 데로 돌리다)', '目を逸らす(눈을 피하다)', '気を逸らす(분위기를 망치다)', '客を逸らす(손님을 기분 상하게 하다)' 처럼, 방향을 딴 데로 돌리거나 과녁을 못 맞히거나 못 잡고 놓치거나 일부러 잘못 쏘거나 눈을 피하거나 남의 기분을 상하게 하거나 하는 경우 등에 사용한다.

例

❶ 少女の視線を感じると、少年は慌てて目を逸らした。

소녀의 시선을 느끼자 소년은 당황하여 눈을 피했다.

❷ 的を逸らさずに、うまく矢を射ることができるだろうか。

과녁을 빗나가지 않고 활을 잘 쏘는 일이 가능할까?

❸ 彼はその時、急に大声を出して我々の注意を逸らそうとした。

그는 그때 갑자기 큰 소리를 내 우리들의 주의를 딴 데로 돌리려고 했다.

❹ こっちが真剣になって聞いてあげているのに、急に話を逸らさない
   でよ。

이쪽이 진지하게 들어 주고 있는데 갑자기 이야기를 딴 데로 돌리지 마.

❺ 彼女は応対のしかたが上手で、客を逸らさない呼吸は見事なもの
   である。

그녀는 접대 솜씨가 능숙해서 손님의 기분을 맞추는 호흡은 아주 뛰어나다.

❻ 一所懸命話しているのだから、気を逸らすようなチャチャを入れるの
   は止しなさい。

열심히 이야기하고 있으니 분위기를 망치는 그런 방해 부리는 일은 멈추세요.

212 >>> 平らげる _{たい}

意 🇯🇵 ①敵や反抗する者を討って乱れた世を平定する　②すっかり食べてしまう

🇰🇷 ① 평정하다　② 모조리 먹어 치우다

用 平らげるは'国・盗賊を平らげる(나라・도적을 평정하다)', 'ご飯・料理・餌を平らげる(밥・요리・먹이를 모조리 먹어치우다)'처럼, 나라나 상대 등을 평정하거나 먹을 것을 완전히 먹어치우는 경우에 사용한다.

例

❶ 彼は剣を振い、盗賊どもを一人残らず平らげた。
그는 검을 휘둘러 도적들을 한 명 남김없이 평정했다.

❷ 豊臣秀吉は諸国を平らげて天下統一を達成した。
토요토미히데요시는 제국을 평정하고 천하통일을 달성했다.

❸ 蚕は大変な食欲で片っ端から桑の葉を平らげていく。
누에는 굉장한 식욕으로 닥치는 대로 뽕잎을 먹어 치워 간다.

❹ お相撲さんは山盛り三杯のどんぶり飯を軽く平らげてしまった。
역사는 수북이 담긴 세 그릇의 덮밥을 가볍게 먹어 치워 버렸다.

❺ お腹がぺこぺこだったので、二人分の料理を一人でぺろりと平らげてしまった。
배가 아주 고팠기 때문에 2인분의 요리를 혼자서 날름 먹어 치워 버렸다.

213 　絶える／絶やす

[絶える]

意　⑩ 続いていたものが切れて続かなくなる

　　　⑭ 끊기다, 단절되다

用　絶える는 '連絡・人通り・連絡・血筋が絶える(연락・인적・연락・핏줄이 끊기다)', '息が
絶える(숨이 끊어지다)', '心配が絶えない(걱정이 끊이지 않는다)' 처럼, 무언가가 끊
어지거나 단절되는 경우에 사용한다.

例

❶ 私たちのクラスは、みんな仲が良く、いつも明るい笑い声が絶え
ない。
우리 반은 다들 사이가 좋아 늘 밝은 웃음소리가 끊이지 않는다.

❷ 難病と闘い続けた少女も、力尽きて今朝がた、ついに息が絶えて
しまった。
난치병과 싸워오던 소녀도 힘이 다해 오늘 아침 결국 숨이 끊어지고 말았다.

❸ 昼間は賑やかな学生街も夜になり、人通りが絶えると、ひっそりと
静まり返る。
낮에는 활기찬 학생 거리도 밤이 되어 인적이 끊기면 쥐죽은 듯 조용해진다.

❹ 冬になると、雪深い山の村は道も閉ざされて、隣の町との連絡も絶え
てしまう。
겨울이 되면 눈이 많은 산촌은 길이 막혀 옆 동네와의 연락도 끊겨버린다.

❺ 子宝に恵まれないので、先祖代々栄えたこの家の血筋もこれで絶えてしまう。

아이 복이 없어 선조 대대로 흥했던 이 집안의 핏줄도 이것으로 끊겨버린다.

❻ 子供が成長するまで体のこと、勉強のこと、将来のことと、親の心配は絶えない。

아이가 성장할 때까지 건강, 공부, 장래 등 부모의 걱정은 끊이지 않는다.

[絶やす]

意　⑪ 続いていたものをとぎれさせる

　　　⑭ 없애다, 끊다, 근절시키다, 없어진 채로 두다

用　絶やすは '火種を絶やす(불씨를 꺼트리다)', '微笑みを絶やす(미소를 잃다)', '悪事を絶やす(악행을 없애다)', '血筋を絶やす(대를 끊다)'처럼, 무언가를 끊거나 없애는 경우에 사용한다.

例

❶ おばは優しい女性で無口だが、いつも微笑みを絶やしたことがない。

고모는 상냥한 여성으로 말이 없지만, 언제나 미소를 잃은 적이 없다.

❷ 同窓会が組織されており、卒業生は国外に出ていても連絡を絶やさない。

동창회가 조직되어 있어 졸업생은 해외에 나가 있어도 연락을 끊지 않는다.

❸ 寡黙な選手が多い中、笑顔を絶やさず、リップサービスも忘れなかった。

과묵한 선수가 많은 가운데 미소를 잃지 않고 립서비스도 잊지 않았다.

❹ おばあさんは、火ばちの火種を絶やさないように、絶えず炭を継ぎ
足している。

할머니는 화로의 불씨를 꺼트리지 않도록 끊임없이 숯을 계속 보충하고 있다.

❺ あの家は子供が生まれないが、血筋を絶やしたくないと、親戚から
養子をもらったそうだ。

그 집은 아이가 태어나지 않지만, 대를 끊고 싶지 않다며 친척에게서 양자를 받았다고 한다.

214 ≫≫≫ 高ぶる/昂る

□□□□

意 ⒥ ① 興奮した状態になる　② 偉そうな態度をとる

　　⒦ ① 고조되다, 흥분하다　② 우쭐거리다, 우쭐대다

用 高ぶるは '感情・心・神経が高ぶる(감정·마음·신경이 고조되다)', '高ぶった態度 (우쭐한 태도)'처럼, 감정이 고조되어 흥분하거나 우쭐대는 경우에 사용한다.

例

❶ 彼は確かに頭はいいが、高ぶった態度が鼻に付く。
그는 분명 머리는 좋지만 우쭐하는 태도가 역겹다.

❷ 大きなショックで少女はかなり心が高ぶっている様子だ。
큰 충격으로 소녀는 꽤 마음이 흥분해 있는 상태이다.

❸ 寝る前に怖いドラマを見たので、神経が高ぶってなかなか眠れない。
자기 전에 무서운 드라마를 봐서 신경이 고조되어 좀처럼 잠이 오지 않는다.

❹ 彼はこういう時に高ぶった気持ちを落ち着かせるよい方法を知らな
かった。
그는 이런 때에 흥분된 마음을 진정시키는 좋은 방법을 몰랐다.

❺ 警察の事情聴取中、感情が高ぶり、呼吸困難を起こした、とのこと
だった。
경찰의 정황 조사 중 감정이 고조되어 호흡곤란을 일으켰다는 것이었다.

215 》》 集る ^{たか}

□□□□

意 ㊐ ①一か所に集まる，群がる　②脅して金品を取り上げる　③強請って食事など
を奢らせる

㊐ ①모이다　②등치다, 갈취하다　③돈을 쓰게 하다

用 集るは '人・ハエが集る(사람·파리가 모이다)', '埃が集る(먼지가 쌓이다)', '不良に
集られる(불량배에게 갈취당하다)'처럼, 무언가가 모여들거나 싸이는 경우나 협박하
여 금품을 빼앗거나, 돈을 쓰게 하는 경우에 사용한다. '寄って集って(여럿이서, 합세
해서)'의 형태로도 사용한다.

例

❶ 料理にハエが集らないように布巾をかけておいた。

요리에 파리가 모여들지 않도록 행주를 덮어 두었다

❷ 役人は銭に集り、蝿は血に集るというけど、その通りだ。

관료는 돈에 모여들고 파리는 피에 모인다고 하는데 그 말대로이다.

❸ 畑の道を歩いて来たから、ズボンに白く埃が集っている。

밭길을 걸어와서 바지에 하얗게 먼지가 쌓여 있다.

❹ 評判のパン屋の店先には、いつもたくさんのお客が集っている。

평판이 좋은 빵 가게 앞에는 항상 많은 손님이 모여 있다

❺ あいつはいつもぼくに集ってばかりいて、お金を出したことはない。

저 녀석은 항상 나에게 한턱 쓰게만 하고 돈을 낸 적 없다.

❻ こういう俳優なら黙っていても、その周囲に有能な作家が集って来る。

이런 배우라면 가만히 있어도 그 주위에 유능한 작가가 모여든다.

216 >>> 滾る(激る) □□□□

意　⏣ ①水が湧き上がる，沸き立って激しい勢いで流れる　②水が沸騰して沸き返る，煮え立つ　③感情が激しく湧き上がる

　　🇰🇷 ①솟아오르다, 세차게 흐르다　②끓어오르다, 펄펄 끓다　③감정이 북받쳐 오르다

用　滾るは'湯が滾る(물이 끓다)', '血・情熱を滾る(피・정열을 끓어오르다)'처럼, 물이 솟아오르거나 세차게 흐르는 경우나 물이나 감정 등이 끓어오르는 경우에 사용한다. 복합어로 '滾り落ちる(세차게 소용돌이치며 떨어지다)', '燃え滾る(펄펄 끓어오르다)'의 형태로도 사용한다.

例

❶ 私の心の奥では不正を働く者に対する怒りが燃え滾っていた。
내 마음속에서는 부정을 저지르는 자에 대한 분노가 끓어오르고 있었다.

❷ 祖母の家では火鉢にいつも鉄瓶の湯がしゅんしゅん滾っている。
할머니 집에서는 화로에 언제나 쇠 주전자의 물이 부글부글 끓고 있다.

❸ 彼は冒険好きの血が滾るのか、アフリカの奥地へ出かけるという。
그는 모험을 좋아하는 피가 끓는 것인지 아프리카 오지에 간다고 한다.

❹ 父は若い頃、演劇に情熱を滾らせ、演出家になるつもりだった。
아빠는 젊었을 때 연극에 정열을 끓어오르게 하며 연출가가 될 생각이었다.

❺ 火口の底に音もなく溶岩を滾らせる火山がその辺りにあるのだった。
화구 밑에 소리도 없이 용암을 끓어오르게 하는 화산이 그 부근에 있었다.

❻ 会社で秘書に命じて薬缶に湯を滾るまで沸かさせ部屋に運ばせた。
회사에서 비서에게 명해 주전자에 물을 펄펄 끓을 때까지 끓게 하여 방으로 가져오게 했다.

217 >>> 焚く(炊く)

意 ⑪ ①薪や炭などに火をつけて燃やす ②釜に米と水を入れ、加熱して飯を作る

   ⑪ ①불을 때다, 향을 피우다 ②밥을 짓다

用 焚く(炊く)는 '火・かがり火・ストーブ・香を焚く(불・화톳불・향을 피우다)', '風呂を焚く (목욕물을 데우다)', 'ご飯を炊く(밥을 짓다)', '粥を炊く(죽을 끓이다)'처럼, 불이나 향 에 붙여 피우거나 밥 등을 짓는 경우에 사용한다.

例

❶ 寒い、寒い、ストーブをじゃんじゃん焚いてくれ。
   춥다, 추워, 스토브를 계속해서 때 줘.

❷ お香を焚くと、部屋中にとてもよい香りが立ち込めた。
   향을 피우자 방안 전체에 아주 좋은 향기가 자욱했다.

❸ まだ電灯などなかった昔は篝火を焚いて明かりにした。
   아직 전기가 없던 옛날에는 화톳불을 피워 불로 했다.

❹ ぼくが風邪をひいたとき、母はよく卵の入ったお粥を炊いてくれた。
   내가 감기에 걸렸을 때 엄마는 자주 계란이 들어간 죽을 끓여 주었다.

❺ 昔は料理を煮炊きするにも風呂を焚くにも何でも薪を使ったものだ。
   옛날에는 요리를 하는 데도 목욕물을 데우는 데도 무엇이든 장작을 사용했었다.

❻ キャンプ場に着くと、枯れ枝を拾ってきて火を焚き、食事の支度を した。
   캠프장에 도착하자 마른 나뭇가지를 주어와 불을 피우고 식사 준비를 했다.

218 >>>> 企む (たくら)

意	🇯🇵 よくないことを計画（けいかく）する
	🇰🇷 꾀하다, 계획하다, 꾸미다

用	企（たくら）むは '犯罪（はんざい）・侵略（しんりゃく）・殺害（さつがい）を企（たくら）む(범죄・침략・살해를 꾀하다)' 처럼, 계략이나 음모 등 좋지 않은 일을 꾸미거나 꾀하는 경우에 사용한다. 비슷한 단어로 '企（くわだ）てる', '目論（もくろ）む' 가 있다.

例

❶ 彼女（かのじょ）は会社（かいしゃ）のお金（かね）を抜（ぬ）き取（と）ろうと企（たくら）んだ計画（けいかく）を台無（だいな）しにした。

그녀는 회사의 돈을 빼내려고 꾸민 계획을 망쳤다.

❷ 社長（しゃちょう）は同業者（どうぎょうしゃ）のコーヒーに毒薬（どくやく）を入（い）れ、彼（かれ）を殺害（さつがい）しようと企（たくら）んだ。

사장은 동업자의 커피에 독약을 넣어 그를 살해하려고 계획했다

❸ 社長（しゃちょう）が私（わたし）を会長（かいちょう）の座（ざ）から下（お）ろそうと企（たくら）んでいるんじゃないかと疑（うたが）った。

사장이 나를 회장 자리에서 끌어내리려고 꾸미고 있는 것이 아닌가 의심했다.

❹ 彼（かれ）は一定（いってい）の計画（けいかく）も持（も）っていなかったし、犯罪（はんざい）など企（たくら）んでもいなかったのだ。

그는 일정한 계획도 가지고 있지 않았고 범죄 따위 꾀하지도 않았다.

❺ 私（わたし）たちは彼（かれ）を犯人（はんにん）にでっち上（あ）げようと企（たくら）んだが、証拠（しょうこ）が十分（じゅうぶん）ではなかった。

우리는 그를 범인으로 조작하려고 계획했지만 증거가 충분하지 않았다.

219 >>> 手繰る

□□□□

意

㊐ ①両手で交互に引いて手もとへ引き寄せる　②記憶などを順を追って辿る, 一連の話などを順々に引き出す

㊷ ①잡아당기다, 끌어당기다　②더듬어 찾아내다, 순서대로 꺼내다

用

手繰る는 '記憶を手繰る(기억을 더듬다)', '糸を手繰る(실을 잡아당기다)'처럼, 양손으로 잡아당기거나, 무언가를 차분히 더듬어보거나 끌어내는 경우에 사용한다.

例

❶ 落石に脅え、雷鳴に戦きながらザイルを手繰り、頂上へ攀じ登った。
낙석에 겁먹고 뇌성에 떨며 등산 로프를 잡아당기며 정상으로 기어올랐다.

❷ これもいずれ手繰ってみれば、有利な手掛かりが得られるにちがいない。
이것도 언젠가 조리 있게 더듬어가 보면 틀림없이 유리한 단서를 얻을 수 있다.

❸ どこかで見た子だと、記憶を手繰ると、以前、近所に住んでいた子だった。
어딘가에서 본 아이라고 기억을 더듬어보니 이전에 근처에 살고 있던 아이였다.

❹ 歴史家の仕事は糸を手繰るように資料を読み解いて生活と文化を探ることだ。
역사가의 일은 실을 풀어내듯이 자료를 해독해 생활과 문화를 탐구하는 것이다.

❺ 難しい問題が、ちょっとしたきっかけから手繰り寄せるように次々と解決することもある。
어려운 문제가 사소한 계기로 기억을 더듬어내듯이 차례차례 해결되는 일도 있다.

220 >>>> 嗜(たしな)む　□□□□

[意]

⑧ ①芸事(げいごと)などの心得(こころえ)がある　②好(この)んで、ほどよく親(した)しむ　③言動(げんどう)を慎(つつし)む

⑧ ①소양을 쌓다　②즐기다, 취미를 붙이다　③조심하다, 삼가다

[用]

嗜(たしな)むは '芸能(げいのう)を嗜(たしな)む(예능에 소양을 쌓다)', '酒(さけ)・風流(ふうりゅう)を嗜(たしな)む(술・풍류를 즐기다)', '行(おこ)ない・我(わ)が身(み)を嗜(たしな)む(행동・몸가짐을 조심하다)', '少(すこ)しは嗜(たしな)んだらどうだ(조금은 주의를 하거라)'처럼, 좋아서 열심히 배우거나, 소양이 있는 경우, 좋아하여 즐기거나 애호하는 경우, '慎(つつし)む/気(き)を付(つ)ける'와 같이 삼가거나 주의하는 경우에 사용한다.

[例]

❶ 武術(ぶじゅつ)は嗜(たしな)んでいるが、武術(ぶじゅつ)より男(おとこ)の子(こ)と仲良(なかよ)くなりたいと考(かんが)えている。
무술을 즐기고 있지만, 무술보다 남자와 사이좋게 지내려고 생각하고 있다.

❷ この年(とし)、住民(じゅうみん)は投票(とうひょう)で個人(こじん)が嗜(たしな)むアルコール飲料(いんりょう)の販売(はんばい)を承認(しょうにん)した。
이 해 주민들은 투표로 개인이 즐기는 알코올음료 판매를 승인했다.

❸ その後(あと)は青年期(せいねんき)とは対照的(たいしょうてき)に、和歌(わか)を嗜(たしな)むなど、静(しず)かな余生(よせい)を送(おく)った。
그 후는 청년기와는 대조적으로 와까를 즐기는 등 조용한 여생을 보냈다.

❹ それまでは酒席(しゅせき)の付(つ)き合(あ)いで嗜(たしな)む程度(ていど)だったし、晩酌(ばんしゃく)の習慣(しゅうかん)もなかった。
그때까지는 술자리의 인사로 즐기는 정도였고 반주의 습관도 없었다.

❺ 自分(じぶん)は幼少(ようしょう)の頃(ころ)から兵法(へいほう)を嗜(たしな)んで、今日(こんにち)まで絶(た)えず鍛錬(たんれん)を続(つづ)けて来(き)た。
나는 어릴 때부터 병법을 즐겨 오늘날까지 끊임없이 단련을 계속해 왔다.

221 >>> 窘める(たしなめる)

□□□□

【意】 ⑧ よくない言動(げんどう)に対して穏(おだ)やかに注意(ちゅうい)を与(あた)える, 軽(かる)く叱(しか)る

⑭ 타이르다, 꾸짖다

【用】 窘(たしな)めるは'人(ひと)・子供(こども)を窘(たしな)める(사람·아이를 타이르다)'처럼, 좋지 않은 언동에 대해 부드럽게 주의 주거나 가볍게 혼내는 경우에 사용한다.

【例】

❶ 電車(でんしゃ)の中(なか)でタバコを吸(す)っている人(ひと)を車掌(しゃしょう)は丁寧(ていねい)な口調(くちょう)で窘(たしな)めた。
전철 안에서 담배를 피우고 있는 사람을 차장은 정중한 말씨로 타일렀다.

❷ 母(はは)につい乱暴(らんぼう)な言葉(ことば)を口走(くちばし)ってしまったとき、父(ちち)に厳(きび)しく窘(たしな)められた。
어머니에게 그만 막말을 해버렸을 때 아버지에게 엄히 꾸지람을 들었다.

❸ 道(みち)にごみを捨(す)てようとした子供(こども)を母親(ははおや)はそっと窘(たしな)めて、屑籠(くずかご)に捨(す)てさせた。
길에 쓰레기를 버리려 한 아이를 엄마는 살짝 꾸짖으며 쓰레기통에 버리게 했다.

❹ 係長(かかりちょう)辺(あた)りに窘(たしな)められて辞(や)めたらしいが、単細胞(たんさいぼう)な男(おとこ)であることは間違(まちが)いない。
계장 정도에 혼나서 그만둔 것 같은데, 단세포인 사내인 것은 틀림없다.

❺ 長(なが)くなったぼくの髪(かみ)を見(み)て、先生(せんせい)は短(みじか)い方(ほう)が似合(にあ)うと、軽(かる)く窘(たしな)めるように言(い)った。
길게 자란 내 머리를 보고 선생님은 짧은 편이 어울린다며 가볍게 타이르듯이 말했다.

222 >>> **たじろぐ** □□□□

意 ⓙ 相手の勢いなどに圧倒されて怯む，尻込みする

ⓚ 멈칫하다, 쩔쩔매다, 주춤하다

用 たじろぐは‘質問・反撃・勢いにたじろぐ(질문·반격·기세에 멈칫하다)’, ‘一瞬たじろぐ
(순간 멈칫하다)’처럼, 무언가에 압도되어 멈칫하거나 주춤하는 경우에 사용한다.

例

❶ 橋を渡ろうとしたが、真下の激流を見てぼくは一瞬たじろいだ。
다리를 건너려 했지만, 바로 밑의 급류를 보고 나는 일순 멈칫했다.

❷ 鋭い質問に一瞬たじろいだが、気を取り直して理由を説明した。
날카로운 질문에 순간 멈칫했지만, 정신을 다시 차리고 이유를 설명했다.

❸ 生徒の難しい質問にたじろいだが、何とか答えて面目を保った。
학생의 어려운 질문에 멈칫했지만, 그럭저럭 답하며 면목을 지켰다.

❹ 後半に入って味方は相手チームの反撃にたじろぎ、浮足だった。
후반에 들어 아군은 상대 팀의 반격에 쩔쩔매며 갈팡질팡했다.

❺ ひどい言い掛かりだと思ったが、相手の勢いにたじろいで言い返せ
なかった。
심한 트집이라고 생각했는데, 상대의 기세에 멈칫하여 반격하지 못했다.

223 携える

意 🇯🇵 ① 手にさげて、また、身につけて持つ　② 連れ立っていく　③ 手を取り合う

🇰🇷 ① 휴대하다, 손에 들다　② 함께 가다, 데리고 가다　③ 제휴하다, 서로 손을 잡다

用 携えるは '刀・鞭を携える(칼·채찍을 손에 들다)', '書類を携える(서류를 휴대하다)', '手を携える(손을 잡다)'처럼, 무언가를 휴대하거나 누군가를 데리고 가거나 상대와 제휴하는 경우에 사용한다.

例

❶ 一方では、ビッグ・ビジネスのために国境を越えて手を携える。
한편으로는 큰 사업을 위해 국경을 넘어 손을 잡는다.

❷ 入場時には日本刀を携えることが全選手の義務となっている。
입장 시에는 일본도를 휴대하는 것이 전 선수의 의무로 되어 있다.

❸ その絵はいつでもその気になりさえすれば、懐中に携えることができる。
그 그림은 언제든 그런 마음이 들기만 하면 품속에 넣을 수 있다.

❹ 書記は机の上にある一件書類を携えると、急いでドアの外に出て行った。
서기는 책상 위에 있는 서류뭉치를 들고서는 서둘러 문밖으로 나갔다.

❺ 主に馬上にて片手で使用する武器で、両手に二本の鞭を携える者もいた。
주로 마상에서 한 손으로 사용하는 무기로 양손에 2자루의 채찍을 드는 자도 있었다.

意 ⑪ ①ある物事に関係する，従事する　②手を取り合う，連れ立つ

　　⑰ ①관계하다, 종사하다　②서로 손 잡다

用 携わるは '教育・学問・農業・仕事・家事・育児に携わる(교육·학문·농업·일·가사·육아에 종사하다)'처럼, 어떤 일에 관계 또는 종사하거나 서로 손을 잡는 경우에 사용한다.

例

❶ 長年中学教育に携わっていたおじがいよいよ今年限りで勇退する。
오랜 기간 중학 교육에 종사하던 숙부가 드디어 올해를 끝으로 용퇴한다.

❷ この地方では都会からUターンして農業に携わる若者が増えてきた。
이 지방에는 도시에서 유턴하여 농업에 종사하는 젊은이가 늘기 시작했다.

❸ ぼくは車が好きなので、大人になったら、自動車関係の仕事に携わりたい。
나는 차를 좋아해서 어른이 되면 자동차 관련 직업에 종사하고 싶다.

❹ 十年間、家事・育児に携わっていた姉が看護師として再就職することになった。
10년간 가사·육아에 종사하고 있던 누나가 간호사로서 재취직하게 되었다.

❺ 学問に携わる人は、いつも科学的なものの見方・考え方で仕事をすることが大切である。
학문에 관계하는 사람은 늘 과학적인 견해·사고로 일을 하는 것이 중요하다.

讃える(称える)

意	⑪ 褒める, 褒めそやす, 称賛する
	㉿ 칭찬하다, 칭송하다, 기리다

用　讃える는 '神を讃える(신을 칭송하다)', '業績·功労·勇気を讃える(업적·공로·용기를 기리다)', '健闘を称える(건투를 칭찬하다)'처럼, 대상에 대해 칭찬하거나 칭송하는 경우에 사용한다.

例

❶ 人々は喜びの時は神を讃え、苦しみの時は神に祈った。
사람들은 기쁠 때는 신을 칭송하고 괴로울 때는 신에게 기도했다.

❷ 氏の生前の業績を讃えて、記念館が建設されることになった。
그의 생전의 업적을 기려 기념관이 건설되게 되었다.

❸ 市では毎年、社会のために尽した人の功労を讃えて表彰する。
시에서는 매년 사회를 위해 힘쓴 사람의 공로를 기려 표창한다.

❹ 生徒を救うために命を落とした先生の勇気を称えて、石碑が建てられた。
학생을 구하기 위해 목숨을 잃은 선생의 용기를 기려 비석이 세워졌다.

❺ 試合が終わると、会場に選手たちの健闘を称える大きな拍手が湧き起こった。
시합이 끝나자 경기장에 선수들의 건투를 칭찬하는 큰 박수가 터져 나왔다.

226 >>> 佇む _{たたず}

□□□□

意 ⑪ ある場所にしばらく立ち止まる

⑭ 멈춰 서다

用 佇むは'海辺·門の前·闇の中に佇む(해변·문 앞·어둠 속에 멈춰 서다)'처럼, 잠시 멈춰서는 경우에 사용한다.

例

❶ 海辺に佇んで、しばらく夕日の美しさに見とれていた。
해변에 멈춰 서서 잠시 노을의 아름다움에 넋을 놓고 있었다.

❷ 門の前に佇んでいるのは、私の帰りを心配して待つ母らしい。
문 앞에 서 있는 것은 내 귀가를 걱정하며 기다리는 어머니 같다.

❸ しばらく佇んでいるうちに、ふと暗い穴の底から妙な音が聞こえてきた。
잠시 멈춰 서 있는 사이에 문득 어두운 구멍 밑에서 묘한 소리가 들려왔다.

❹ 夕やみの中に佇む人かげにぎょっとしたが、よく見たら枯れ木だった。
저녁노을 속에 서 있는 사람 그림자에 오싹했지만, 자세히 보니 고목이었다.

❺ 背後には剥き出しの鉄骨の群れが、まるで暗い林のように佇んでいた。
등 뒤에는 노출된 철골 더미가 마치 어두운 숲처럼 서 있었다.

227 >>> 漂う

<table>
<tr><td>意</td><td>⑪ ①水面や空中に浮かんで揺れ動く　②香りや雰囲気などが辺りに満ちる，立ち込める　③当てもなくあちこちを歩き回る，さ迷う</td></tr>
<tr><td></td><td>㉿ ①떠돌다, 표류하다　②향기가 자욱하다, 분위기가 감돌다　③방황하다, 헤매다</td></tr>
</table>

用 漂うは '波間に漂う(파도 사이에 떠돌다)', '香り·雲が漂う(향기·구름이 자욱하다)', '雰囲気·沈黙·なつかしさが漂う(분위기·침묵·그리움이 감돌다)'처럼, 수면이나 공중에 떠돌거나 향기나 분위기 등이 자욱하거나 감도는 경우와 방황하는 경우 등에 사용한다.

例

❶ 彼は彼女の顔に漂う愁いの影を見のがさなかった。

그는 그녀의 얼굴에 감도는 근심의 그늘을 놓치지 않았다.

❷ 見事に射抜いた真っ赤な扇は夕日に輝く波間に漂っていた。

멋지게 꿰뚫은 빨간 부채는 석양에 반짝이는 물결에 흔들리고 있었다.

❸ 二人の間に漂う気まずい沈黙を破って電話のベルが鳴り出した。

두 사람 사이에 감도는 어색한 침묵을 뚫고 전화벨이 울렸다.

❹ 卒業後久しぶりに集まったクラス会の会場には懐かしさが漂っている。

졸업 후 오랜만에 모인 반창회장에는 옛 생각이 되살아나는 기분이 가득하다.

❺ ちぎれ雲が風に誘われて広い空に漂うように私も当て所なくさ迷いたい。

조각구름이 바람에 이끌려 넓은 하늘에 떠돌듯이 나도 정처 없이 떠돌고 싶다.

228 ⟫⟫ 祟る（たた）　□□□□

[意] ⓙ ① 神仏・怨霊などが災厄を齎す　② ある行為が原因になって悪い結果が生じる

ⓚ ① 벌을 내리다, 재앙을 가져오다, 탈이 되다　② 나쁜 결과를 초래하다

[用] 祟る는 '霊が祟る(혼이 벌을 내리다)', '過労・飲み過ぎが祟る(과로・과음이 탈이 되다)'처럼, 천벌을 내리거나 나쁜 결과를 초래하는 경우에 사용한다.

[例]

❶ 兄は夕べの飲み過ぎが祟って盛んに頭が痛いと言っている。
오빠는 어젯밤 과음이 탈이 나 자꾸 머리가 아프다고 말하고 있다.

❷ 日ごろの不勉強が祟ってテストの結果はさんざんなものだった。
평소 공부하지 않음이 벌을 받아 테스트의 결과는 형편없는 것이었다.

❸ 船に乗り込んだ時から前夜の疲労が祟ったと見えて瞼が異常に重い。
배에 올라탄 때부터 전날 밤의 피로가 영향을 미친 듯 보여 눈꺼풀이 비정상으로 무겁다.

❹ 毎晩遅くまで仕事をしていた父は過労が祟って病気になってしまった。
매일 밤 늦게까지 일을 하고 있던 아빠는 과로가 탈이 나 병이 나 버렸다.

❺ 悪いことが重なるのは霊がその人に祟るからだなんて、迷信じみた話である。
나쁜 일이 겹치는 것은 혼이 그 사람에게 벌을 내리기 때문이라니 미신 같은 이야기이다.

229 >>> 爛れる

[意]　㊐ ① 炎症などで皮膚や皮下組織などが破れて崩れる　② 心身が荒むほど物事に溺れ込む

　　　㊩ ① 짓무르다　② 탐닉하다, 빠지다

[用]　爛れる는 '皮膚・傷口・目・心が爛れる(피부・상처・눈・마음이 짓무르다)'처럼, 상처가 짓무르거나 탐닉하거나 깊이 빠지는 경우에 사용한다.

[例]

❶ 当時、私の心は、酒とギャンブルに爛れていた。
당시 나의 마음은 술과 도박에 푹 빠져 있었다.

❷ 虫に刺された跡を掻いたら、皮膚が赤く爛れてしまった。
벌레에게 물린 자리를 긁었더니 피부가 빨갛게 짓물러 버렸다.

❸ 二人の関係は見方によっては一種の爛れた恋であった。
둘의 관계는 보기에 따라서는 일종의 탐닉에 빠진 사랑이었다.

❹ 汚れた手で目に触ると、爛れることがあるから注意しなさい。
더러운 손으로 눈을 만지면 짓무를 수가 있으니 주의하세요.

❺ 強い日射しを浴びると、肌が爛れ、ひどい場合は死に至るという症状だ。
강한 햇볕을 쬐면 피부가 짓무르고 심한 경우는 죽음에 이른다는 증상이다.

230 >>> 奉る

□□□□

意

㊐ ①上位の人に差し上げる，献上する ②上辺だけ敬意を示して高い地位に就かせる，祭り上げる

㊅ ①바치다, 헌상하다, 드리다 ②받들다, 모시다

用 奉る는 '花・馬・貢ぎ物を奉る(꽃・말・공물을 바치다)', '家長として奉る(가장으로 받들다)'처럼, 무언가를 받치거나 헌상하거나, 편의상 받들거나 모시는 경우에 사용한다. 동사 연용형에 붙어 '読み奉る(읽어드리다)', '願い奉る(부탁드리다)'처럼, 옛 형태의 경어표현에도 사용한다.

例

❶ 本尊に桜の花が奉られ、御堂が春らしく華やいでいる。
본존에 벚꽃이 헌상되어 불당이 봄처럼 화사하게 아름다워져 있다.

❷ 「読んでさしあげる」を昔の言い方で表現すると「読み奉る」となる。
'읽어 드리다'를 옛날 말투로 표현하면 '読み奉る'가 된다.

❸ この家の長として奉っておけば、頑固なじいちゃんも機嫌がいいのだ。
이 집의 장으로서 받들어 모시면 완고한 할아버지도 기분이 좋다.

❹ 殿様が譲ってほしいというので、持ち主は断りきれず、その馬を奉ることにした。
영주가 넘겨주길 바란다고 하여 소유주는 잘 거절하지 못하고 그 말을 바치기로 했다.

❺ 諸国の領主たちは布や宝石など、それぞれ自慢の品を王様に貢ぎ物として奉った。
제국의 영주들은 포목이나 보석 등 각자 자랑할 물건을 왕에게 공물로서 헌상했다.

231 束ねる

意 ㊐ ① 細長いものなどを一つに纏めて括る，束にする ② 組織などの中心になって全体を取り纏める

㊙ ① 묶다 ② 통괄하다, 통솔하다

用 束ねる는 '髪·藁·薪を束ねる(머리·짚·장작을 묶다)', '一族を束ねる(일족을 통솔하다)' 처럼, 물체를 하나로 묶거나 조직 등을 통솔하는 경우에 사용한다.

例

❶ 薪を適当な大きさに束ね、きちんと積み上げた。
장작을 적당한 크기로 묶어 잘 쌓아올렸다.

❷ 八十歳の祖父は一族を束ねる長老としての威厳に満ちていた。
여든 살의 할아버지는 일족을 통솔하는 어른으로서의 위엄으로 가득 차 있었다.

❸ 昔の人は髪を束ねて結ぶための細い紙縒りや紐を元結いと呼んだ。
옛날 사람은 머리를 묶어 매기 위한 가는 종이 끈이나 끈을 '모또유이'라고 불렀다.

❹ 祖父が子供の頃は新しい藁を束ねて野球のバットの代わりに使ったそうだ。
할아버지가 어렸을 때는 새 짚을 묶어 야구 방망이 대신 사용했다고 한다.

❺ それにふさわしい器量がなければ、一国を束ねることなどできるものではない。
그에 합당한 기량이 없으면 한 나라를 다스리는 것 등 가능한 일이 아니다.

232 >>> だぶつく ☐☐☐☐

意

㊐ ① 容器などにたっぷり入った液体がゆれ動く　② 衣類などが大きすぎて弛む
③ 太りすぎて肉がたるむ　④ 金銭・品物などがあり余る

㊑ ① 출렁이다　②(옷이)헐렁이다　③살이 출렁이다, 늘어지다　④(돈・물건이)남아돌다

用

だぶつくは '腹・お腹・贅肉がだぶつく(배・군살이 출렁거리다)', 'シャツがだぶつく
(셔츠가 헐렁거리다)', '品物・お金がだぶつく(물건・돈이 남아돌다)'처럼, 액체가 출
렁이거나 옷이 헐렁이거나 뱃살 등이 늘어지거나 돈 등이 넘치거나 하는 경우에 사용
한다.

例

❶ 雨続きで客足が鈍く、倉庫には夏物衣類がだぶついている。
비가 계속 내려 손님 발길이 뜸해 창고에는 여름의류가 남아돌고 있다.

❷ 男は筋肉が落ちてしまい、着ているシャツもだぶついていた。
남자는 근육이 빠져 버려 입고 있는 셔츠도 헐렁거리고 있다.

❸ 彼の脆弱な筋骨では、だぶついた贅肉の重さを支えられない。
그의 쇠약한 근골격으로는 출렁이는 군살의 무게를 지탱할 수 없다.

❹ 中産階級が投資先を探している状態で市場に資金がだぶついていた。
중산계급이 투자처를 찾고 있는 상태여서 시장에 자금이 남아돌고 있었다.

❺ あのだぶついたズボンの中には、一体どのくらいの金が入っている
のか見当もつかない。
저 헐렁한 바지 안에는 도대체 얼마만큼의 돈이 들어있을지 짐작도 가지 않는다.

233 >>> 誑かす

意 　ⓙ うまいことを言って人を騙す，人を惑わして欺く

　　ⓚ 속이다, 홀리다, 현혹시키다

用 　誑かすは '人間·田舎者·娘·敵を誑かす(인간·촌놈·딸·적을 속이다)' 처럼, 대상을
　　속이거나 현혹시키는 경우에 사용한다. 비슷한 단어로 '騙す'가 있다.

例

❶ 人間を誑かすこともあれば、人間を助けることもある。
　사람을 속이는 일도 있으며 사람을 돕는 일도 있다.

❷ この女はお前を誑かすように彼に命じられていたんだ。
　이 여자는 너를 속이도록 그에게 명을 받고 있었다.

❸ 村の人たちは町の人間は田舎者を誑かすと警戒していた。
　마을 사람들은 읍내 사람은 시골 사람을 속인다고 경계하고 있었다.

❹ 世間知らずの家出娘を言葉巧みに誑かす悪い男たちがいる。
　세상 물정을 모르고 가출한 딸을 교묘한 말로 속이는 나쁜 남자들이 있다.

❺ 兵士たちの動きを緩慢にさせたのは敵を誑かすための作戦だった。
　병사들의 움직임을 느슨하게 만든 것은 적을 속이기 위한 작전이었다.

234 >>>> <ruby>魂消<rt>たまげ</rt></ruby>る □□□□

意 Ⓙ <ruby>非常<rt>ひじょう</rt></ruby>に<ruby>驚<rt>おどろ</rt></ruby>く, びっくりする

Ⓚ 깜짝놀라다, 혼비백산하다

用 <ruby>魂消<rt>たまげ</rt></ruby>るは'<ruby>腰<rt>こし</rt></ruby>を<ruby>抜<rt>ぬ</rt></ruby>かすほど<ruby>魂消<rt>たまげ</rt></ruby>る(기절할 정도로 놀라다)', '<ruby>魂消<rt>たまげ</rt></ruby>た<ruby>話<rt>はなし</rt></ruby>・<ruby>声<rt>こえ</rt></ruby>(놀라운 이야기)' 처럼, 무언가에 매우 놀라는 경우에 사용한다. '<ruby>魂消<rt>たまげ</rt></ruby>たの<ruby>魂消<rt>たまげ</rt></ruby>ないのったら(정말 너무 너무 놀라다)'와 같은 표현도 사용한다.

例

❶ <ruby>先頭<rt>せんとう</rt></ruby>の<ruby>男<rt>おとこ</rt></ruby>は<ruby>魂消<rt>たまげ</rt></ruby>た<ruby>声<rt>こえ</rt></ruby>を<ruby>発<rt>はっ</rt></ruby>すると、その<ruby>場<rt>ば</rt></ruby>に<ruby>尻餅<rt>しりもち</rt></ruby>を<ruby>付<rt>つ</rt></ruby>いた。
선두의 남자는 깜짝 놀란 목소리를 내고는 그 자리에 엉덩방아를 찧었다.

❷ <ruby>渡<rt>わた</rt></ruby>された<ruby>封筒<rt>ふうとう</rt></ruby>の<ruby>裏<rt>うら</rt></ruby>を<ruby>返<rt>かえ</rt></ruby>して<ruby>見<rt>み</rt></ruby>ると、<ruby>急<rt>きゅう</rt></ruby>に<ruby>顔色<rt>かおいろ</rt></ruby>を<ruby>変<rt>か</rt></ruby>えて<ruby>魂消<rt>たまげ</rt></ruby>た。
건네어진 봉투의 뒤를 돌려보더니 갑자기 안색을 바꾸고 깜짝 놀랐다.

❸ <ruby>後<rt>あと</rt></ruby>でよく<ruby>考<rt>かんが</rt></ruby>えて<ruby>見<rt>み</rt></ruby>れば、<ruby>別<rt>べつ</rt></ruby>に<ruby>魂消<rt>たまげ</rt></ruby>るほどのことでも<ruby>何<rt>なん</rt></ruby>でもなかった。
나중에 잘 생각해 보니 그렇게 놀랄 정도의 일도 아무것도 아니었다.

❹ <ruby>大人<rt>おとな</rt></ruby>が<ruby>手<rt>て</rt></ruby>ぶらで、<ruby>小<rt>ちい</rt></ruby>さい<ruby>子供<rt>こども</rt></ruby>に<ruby>重<rt>おも</rt></ruby>い<ruby>荷物<rt>にもつ</rt></ruby>を<ruby>持<rt>も</rt></ruby>たせるなんて、<ruby>魂消<rt>たまげ</rt></ruby>た<ruby>話<rt>はなし</rt></ruby>だ。
어른이 빈손이며 작은 아이에게 무거운 짐을 들게 하다니 놀랄 이야기이다.

❺ <ruby>戦死<rt>せんし</rt></ruby>したはずの<ruby>息子<rt>むすこ</rt></ruby>が<ruby>元気<rt>げんき</rt></ruby>に<ruby>帰<rt>かえ</rt></ruby>ってきた<ruby>時<rt>とき</rt></ruby>、おじいさんは<ruby>腰<rt>こし</rt></ruby>を<ruby>抜<rt>ぬ</rt></ruby>かすほど<ruby>魂消<rt>たまげ</rt></ruby>た。
전사했을 아들이 건강하게 돌아왔을 때 할아버지는 기절할 정도로 놀랐다.

235 》》》 手向ける □□□□

意

㊐ ① 神仏や死者の霊に物を供える　② 別れてゆく人や旅立つ人に贐をする

㊧ ① 신불 앞에 공물을 바치다　② 전별하다

用

手向けるは‘墓・霊・霊前に手向ける(묘·영령·영전에 바치다)’, ‘花・香華・供物を手向ける(꽃·향과 꽃·공물을 바치다)’, ‘メッセージ・送別の辞を手向ける(메시지·송별사를 받치다)’처럼, 묘나 불단 또는 영령에 무언가를 바치거나 떠나는 사람에게 전별을 하는 경우에 사용한다.

例

❶ 娘が好きだった歌手のレコードをその霊に手向けた。
딸이 좋아했던 가수의 레코드를 그 영전에 바쳤다.

❷ 供養碑には今でも香華を手向ける人が絶えないと言う。
공양비에는 지금도 향과 꽃을 바치는 사람이 끊이지 않는다고 한다.

❸ 彼らには花以外の供物を墓に手向ける習慣がないのだ。
그들에게는 꽃 이외의 공물을 묘에 바치는 습관이 없다.

❹ 対立しながらも彼の死後は墓前に一輪の花を手向けるなどの行動もしている。
대립하면서도 그의 사후는 묘 앞에 꽃 한 송이를 바치는 등의 행동도 하고 있다.

❺ 平和公園では全校児童から託された千羽鶴や平和へのメッセージを手向けることが多い。
평화공원에서는 전교 아동으로부터 맡은 천마리 학이나 평화로의 메시지를 받치는 일이 많다.

236 ＞＞＞ 屯<ruby>屯<rt>たむろ</rt></ruby>する 　　　　　　□□□□

意　ⓐ 何人<ruby>何人<rt>なんにん</rt></ruby>かの人<ruby>人<rt>ひと</rt></ruby>が集<ruby>集<rt>あつ</rt></ruby>まっている

　　ⓚ 사람들이 많이 모이다

用　屯<ruby>屯<rt>たむろ</rt></ruby>すると‘人<ruby>人<rt>ひと</rt></ruby>・鳥<ruby>鳥<rt>とり</rt></ruby>が屯<ruby>屯<rt>たむろ</rt></ruby>する(사람·새가 많이 모이다)’처럼, 사람 등이 많이 모여 있는 경우에 사용한다.

例

❶ 梯<ruby>梯<rt>はしご</rt></ruby>の下<ruby>下<rt>した</rt></ruby>に、この日<ruby>日<rt>ひ</rt></ruby>は男<ruby>男<rt>おとこ</rt></ruby>たちが屯<ruby>屯<rt>たむろ</rt></ruby>しており、上<ruby>上<rt>あ</rt></ruby>がろうとするのを阻<ruby>阻<rt>はば</rt></ruby>まれた。
사다리 밑에 이날은 남자들이 모여 있고 오르려 하는 것을 저지당했다.

❷ 陣営<ruby>陣営<rt>じんえい</rt></ruby>に屯<ruby>屯<rt>たむろ</rt></ruby>している兵士<ruby>兵士<rt>へいし</rt></ruby>たちは、どんなに不幸<ruby>不幸<rt>ふこう</rt></ruby>なクリスマスを持<ruby>持<rt>も</rt></ruby>つことだろう。
진영에 모여 있는 병사들은 얼마나 불행한 크리스마스를 갖는 것일까.

❸ そこへ来<ruby>来<rt>き</rt></ruby>て驚<ruby>驚<rt>おどろ</rt></ruby>いたのは辺<ruby>辺<rt>あた</rt></ruby>りの樹<ruby>樹<rt>き</rt></ruby>という樹<ruby>樹<rt>き</rt></ruby>の梢<ruby>梢<rt>こずえ</rt></ruby>に屯<ruby>屯<rt>たむろ</rt></ruby>している鴉<ruby>鴉<rt>からす</rt></ruby>の群<ruby>群<rt>むれ</rt></ruby>だった。
거기에 와 놀란 것은 주변의 나무라는 나무 끝에 떼지어 있는 까마귀 무리였다.

❹ その光<ruby>光<rt>ひかり</rt></ruby>で行手<ruby>行手<rt>ゆくて</rt></ruby>を見<ruby>見<rt>み</rt></ruby>れば、博徒<ruby>博徒<rt>ばくと</rt></ruby>の一団<ruby>一団<rt>いちだん</rt></ruby>が屯<ruby>屯<rt>たむろ</rt></ruby>していて宿<ruby>宿<rt>やど</rt></ruby>の様子<ruby>様子<rt>ようす</rt></ruby>を眺<ruby>眺<rt>なが</rt></ruby>めていた。
그 빛으로 전방을 보니 도박꾼 무리가 모여 있고 숙소 상황을 살펴보고 있었다.

❺ 道路<ruby>道路<rt>どうろ</rt></ruby>の中央<ruby>中央<rt>ちゅうおう</rt></ruby>に電柱<ruby>電柱<rt>でんちゅう</rt></ruby>が立<ruby>立<rt>た</rt></ruby>っていて、その周<ruby>周<rt>まわ</rt></ruby>りには暇<ruby>暇<rt>ひま</rt></ruby>そうな若者達<ruby>若者達<rt>わかものたち</rt></ruby>が屯<ruby>屯<rt>たむろ</rt></ruby>していた。
도로 중앙에 전봇대가 서 있고 그 주변에는 한가해 보이는 젊은이들이 많이 모여 있었다.

237 >>>> 弛む

□□□□

意　⑪ ①ぴんと張っていたものが張りをなくす　②心が緊張を欠いてだらしなくなる，
　　だれる

　　㉻ ①느슨해지다, 처지다　②긴장이 풀리다, 해이해지다

用　弛むは‘紐が弛む(줄이 느슨하다)’, ‘腹・腹の皮・目の皮が弛む(배・뱃가죽・눈꺼풀
　　이 처지다)’, ‘気持ちが弛む(마음이 해이해지다)’, ‘暑さで弛む(더위로 늘어지다)’,
　　‘弛みがちだ(늘어지기 쉽다)’처럼, 탱탱하던 것이 느슨해지거나 처지거나 긴장이 풀
　　리는 경우 등에 사용한다.

例

❶ 物干しの紐が弛んでいるので、そっちの端を引っ張ってちょうだい。
빨랫줄이 느슨해져 있으니 그쪽 끝을 당겨주세요.

❷ 最近父は中年太りで腹が弛んできたのを気にして食事を減らしている。
최근에 아버지는 중년 비만으로 배가 나오는 것을 걱정해 식사를 줄이고 있다.

❸ 「新学期早々遅刻するなんて、弛んでるぞ。」と、先生に怒鳴られた。
'신학기가 되자마자 지각하다니 느슨해졌어'하고 선생님께 꾸중을 들었다.

❹ お腹が一杯になったら、眠くなってきた。腹の皮がつっぱれば目の
　皮が弛む。
배가 부르자 졸려 왔다. 뱃가죽이 팽팽해지면 눈가죽이 늘어진다.

❺ 暑さで弛みがちの気持ちを引きしめながら、なんとか夏休みの宿題
　を片づけた。
더위로 늘어지기 쉬운 기분을 긴장시키면서 그럭저럭 여름방학 숙제를 정리했다.

238 >>>> 垂れる/垂らす 　□□□□

[垂れる]

意 ⑧ (自)①自らの重みで、また張りを失って、だらりと下がる　②液体が物を伝って流れ落ちる，雫となって滴り落ちる　(他)③下の方へだらりと下げる，体の部分を下がった状態にする　④体から分泌物を出したり排泄したりする　⑤上の者が下の者に示したり与えたりする　⑥後世に残す

⑪ ①축 늘어지다, 처진 상태가 되다　②흘러내리다　③몸을 늘어뜨리다　④배설하다, 누다　⑤내보이다, 내리다　⑥남기다

用 垂れる는 '髪が垂れる(머리가 늘어지다)', '雲が垂れる(구름이 드리우다)', '旗が垂れる(깃발이 늘어지다)', 'しずくが垂れる(물방울이 떨어지다)', '頭を垂れる(고개를 떨구다)', '便を垂れる(변을 누다)', '模範を垂れる(모범을 보이다)', '恵みを垂れる(은혜를 베풀다)'처럼, 축 늘어지거나 드리우거나 액체가 흘러내리거나 몸을 늘어트리거나 배설하거나 무언가를 보이거나 내리는 경우 등에 사용한다.

例

❶ 困った時だけ神だのみをしても神様は恵みを垂れてくれない。
곤란할 때만 하느님께 빌어도 하느님은 은혜를 베풀어 주시지 않는다.

❷ 二歳の弟は所構わず大小便を垂れるので、まだおむつを外せない。
두 살인 동생은 장소를 가리지 않고 대소변을 누어 아직 기저귀를 뗄 수 없다.

❸ 夕立に逢い、全身から雫が垂れるほどずぶぬれになって家に駆け込んだ。
소나기를 만나 온몸에서 물방울이 떨어질 정도로 흠뻑 젖어 집으로 뛰어들었다.

④ 外へ出ると、雲が暗く低く垂れていていつ降りだすか分からない空模様だ。

밖으로 나가자 구름이 어둡고 낮게 드리워 있어 언제 내리게 될지 모를 하늘 모습이다.

⑤ 先生は顔に垂れた長髪を時々掻き上げながら、熱心に授業を進められた。

선생님은 얼굴에 늘어뜨린 긴 머리를 가끔 쓸어올리면서 열심히 수업을 진행하셨다.

[垂らす]

意　[日] ①下の方へだらりと垂れるようにする，垂れる　②液体を下に落とす，滴らせる，体から血・鼻水などを出す

　　[韓] ①늘어뜨리다, 드리우다　②액체를 흘리다, 떨어트리다

用　垂らす는 '釣り糸を垂らす(낚시 줄을 드리우다)', '舌を垂らす(혀를 늘어뜨리다)', '髪を垂らす(머리를 늘어뜨리다)', '涎・汗・鼻水を垂らす(침・땀・콧물을 흘리다)'처럼, 무언가를 늘어뜨리거나 액체 등을 흘리는 경우에 사용한다.

例

① 授業中、隣の子が涎を垂らして居眠りをしていた。

수업 중 옆자리 아이가 침을 흘리며 졸고 있었다.

② 長い髪を垂らしてうっとうしいから、ばっさり切ったらどうなの。

긴 머리를 늘어뜨려 성가셔 보이니 싹둑 자르면 어때.

③ あまりの暑さに犬がだらり舌を垂らし、ハアハア喘いでいる。

너무나 심한 더위에 개가 혀를 늘어뜨리고 헉헉 헐떡이고 있다.

❹ お父さんはぼくたちのために、汗水垂らして一生懸命働いてくれた。

아버지는 우리를 위해서 땀 흘리며 열심히 일해 주었다.

❺ 手応えがあったので、垂らしていた釣り糸を急いで巻き上げたら、
大きな鯛がかかっていた。

반응이 있었기 때문에, 드리웠던 낚싯줄을 서둘러 감아올렸더니 커다란 도미가 걸려 있었다.

239 >>> 弛れる(墮れる)

□□□□□

[意]

🔵 ①緊張を欠いて締まりがなくなる　②飽きて退屈する　③活気がなく相場が安くなる

🔴 ① 긴장이 풀리다, 해이해지다　② 지루해하다, 싫증나다　③ 시세가 떨어지다, 하락세이다

[用]

弛れる는 '気分が弛れる(기분이 해이해지다)', '生活が弛れる(생활이 느슨해지다)', '聴衆が弛れる(청중이 지루해하다)', '相場が弛れる(시세가 내리다)'처럼, 긴장이 풀려 해이해지거나 싫증 나 지루해하거나 시세 등이 약해지는 경우에 사용한다. 비슷한 단어로 'だらける' '弛む'가 있다.

[例]

❶ とにかく我々は弛れるということがなくて愉快に過ごしている。
어쨌든 우리는 지루하다는 일이 없어 유쾌하게 보내고 있다.

❷ テンポのいい演出で最後まで弛れることなく一気に見せた。
템포가 좋은 연출로 마지막까지 지루하지 않게 한꺼번에 보여 줬다.

❸ 話が始まってしまうと、興味が途中で弛れることは決してなかった。
이야기가 시작되어 버리면 흥미가 도중에 시드는 일은 결코 없었다.

❹ 彼がいないと弛れると言わせまいと、同じスケジュールで勉強をした。
그가 없으면 해이해진다고 말 나오게 하지 않으려고 같은 스케줄로 공부를 했다.

❺ 何度もリハーサルをして弛れるより、プロの緊張感を一気に出す方を好んだのかも知れない。
여러번 리허설을 해 느슨해지기보다 프로의 긴장감을 단번에 내는 쪽을 바랬는지도 모른다.

240 >>> 戯ける（たわける）

☐☐☐☐

意　⊞ ①ふざけたことをする，馬鹿なことをする，戯れる　②常識から外れたことをする，淫らな行いをする

　　🇰🇷 ①까불다, 희롱거리다　②상식 밖의 일을 하다, 정숙지 못한 행동을 하다

用　戯けるは'戯けたもの(허황된 것)', '戯けたこと(상식 밖의 일)', '戯けた言い訳・行動(말도 안 되는 변명・행동)'처럼, 까불거나 상식 밖의 일을 하는 경우에 사용한다.

例

❶ 魔法という戯けたものがこの世に存在するはずはない。
마법이라는 허황된 것이 이 세상에 존재할 리 없다.

❷ 後で分かったところによると、その原因というのが戯けている。
나중에 알게 된 바에 의하면 그 원인이라는 것이 어이가 없다.

❸ みんな食えないで困っている最中に、なんという戯けたことだ。
모두 못 먹어서 한참 힘들어하는 상황에 이 얼마나 상식 밖의 일인가.

❹ あの女に経験不足などと戯けた言い訳をしてしまった己を悔む。
그 여자에게 경험 부족이라는 등 말도 안 되는 변명을 해 버린 나를 후회한다.

❺ 君がそんな戯けた行動に出たいのなら、ぼくをここから力づくで出すことだ。
네가 그런 터무니없는 행동으로 나오고 싶다면 나를 여기서 힘으로 내보내는 것이 좋다.

241 >>> 撓む(たわむ)

□□□□

意
- ⓐ 力(ちから)が加(くわ)わって全体(ぜんたい)が弓(ゆみ)なりに曲(ま)がる，撓(しな)う
- ⓚ 휘다

用
撓(たわ)むは'枝(えだ)・竹(たけ)・板(いた)・電線(でんせん)が撓(たわ)む(가지・대나무・판・전선이 휘다)'처럼, 무겁거나 하여 활처럼 휘어지는 경우에 사용한다.

例

❶ 風呂場(ふろば)の羽目板(はめいた)が湯気(ゆげ)で撓(たわ)んでしまった。
욕실의 벽에 붙인 널빤지가 수증기로 휘어버렸다.

❷ どの木(き)にも枝(えだ)が撓(たわ)むほどにミカンが生(な)っている。
어느 나무에도 가지가 휠 정도로 귤이 열려 있다.

❸ ハトの群(む)れが止(と)まって電線(でんせん)は重(おも)みで撓(たわ)んでいる。
비둘기 떼가 앉아서 전선은 무게로 휘어 있다.

❹ 樹木(じゅもく)の枝(えだ)は撓(たわ)み、幹(みき)も動揺(どうよう)し、柳(やなぎ)、竹(たけ)の類(たぐい)は草(くさ)のように靡(なび)いた。
수목의 가지는 휘고 줄기도 흔들리고 버드나무, 대나무 류는 풀처럼 나부꼈다.

❺ 次(つぎ)の瞬間(しゅんかん)、台風(たいふう)の直撃(ちょくげき)を受(う)けたように、大木(たいぼく)は大(おお)きく撓(たわ)み、梢(こずえ)を揺(ゆ)らした。
다음 순간 태풍의 직격을 당한 듯이 큰 나무가 크게 휘고 가지 끝을 흔들었다.

242 》》》 戯れる (たわむ)

□□□□

意　⑪ じゃれるようにして遊ぶ(あそ)

⑭ 장난치며 놀다

用　戯れる(たわむ)는 '子犬が戯れる(강아지가 놀다)(こ いぬ たわむ)', '波・毬と戯れる(파도・공과 놀다)(なみ まり たわむ)', '花に(はな)
戯れる(꽃에서 놀다)(たわむ)' 처럼, 장난치며 노는 경우에 사용한다.

例

❶ 南国の子たちは初めて見る雪に我を忘れて戯れている。(なんごく こ はじ み ゆき われ わす たわむ)
남국의 아이들은 처음 보는 눈에 넋을 잃고 장난치고 있다.

❷ 赤い芥子の花にミツバチが戯れる閑な午後のことだった。(あか けし はな たわむ のどか ご ご)
붉은 양귀비꽃에 꿀벌이 노는 한가로운 오후의 일이었다.

❸ 庭で子犬がさっきから妹のゴム毬と戯れて飽きることがない。(にわ こ いぬ いもうと まり たわむ あ)
정원에서 강아지가 아까부터 여동생의 고무공과 놀며 질릴 줄 모른다.

❹ 私は祖母と母の過去と戯れながら少しずつ大きくなっていった。(わたし そ ぼ はは か こ たわむ すこ おお)
나는 할머니와 어머니의 과거와 함께 즐기며 조금씩 성장해 갔다.

❺ 夏の終わり、静かになった海岸で波と戯れ、貝を拾っている母と(なつ お しず かいがん なみ たわむ かい ひろ はは)
子を見かけた。(こ み)
여름의 끝, 조용해진 해안에서 파도와 놀며 조개를 줍고 있는 모자를 발견했다.

243 ≫≫≫ 契る

意 ⊕ ① 固く約束する，誓う ② 夫婦の約束を結ぶ，〜の契りを結ぶ ③ 肉体の関係を結ぶ

⊛ ① 약속하다, 맹세하다 ② 부부로서의 인연을 맺다, 연을 맺다 ③ 관계를 맺다

用 契るは '平和を契る(평화를 약속하다)', '将来を契る(장래를 약속하다)'처럼, 굳게 약속하거나 부부의 약속을 맺거나 관계를 맺는 경우에 사용한다. '兄第分の契りを結ぶ(형제의 연을 맺다)', '偕老同穴の契りを結ぶ(백년해로를 맺다)', '鴛鴦の契りを結ぶ(원앙의 연을 맺다)', '夫婦(妹背)の契りを結ぶ(부부의 인연을 맺다)'처럼, 명사의 형태로도 많이 사용한다.

例

❶ 自分たちがこれから契ろうとしているのは別れの契りである。
우리가 지금부터 맺으려고 하고 있는 것은 작별의 맹세이다.

❷ 松は千歳を契るもの、竹は万台を契るものと言われている。
소나무는 천세를 약속하는 것, 대나무는 만대를 약속하는 것으로 말해지고 있다.

❸ 固く契られた君臣の間は、骨肉に等しい愛情で結ばれていた。
굳게 맺어진 군신 간은 육친과 같은 애정으로 맺어져 있었다.

❹ 娘が思い焦がれ、将来を契ったのが隣町の旅館の息子だった。
딸이 몹시 연모하여 장래를 약속한 것이 이웃 마을 여관집 아들이었다.

❺ ちょうど一切を神に委ねる時、心の平和が契られるのと同じである。
바로 일체를 신에게 맡길 때 마음의 평화가 약속되는 것과 같다.

244 ››› 千切る

□□□□

意 🇯🇵 ①指先で細かくいくつかに切り離す　②捩じるようにしてもぎ取る

🇰🇷 ①손끝으로 잘게 찢다　②비틀어 따다

用 千切るは '紙ノートを千切る(종이노트를 찢다)', '肉を千切る(고기를 뜯다)', '花弁を千切る(꽃잎을 비틀어 따다)', '細かく千切る(잘게 뜯다)', '千切って捨てる(찢어서 버리다)'처럼, 손으로 뜯거나 종이를 찢거나 꽃을 비틀어 따는 경우에 사용한다.

例

❶ 花弁を一枚千切って本に挟んでおくことにした。

꽃잎을 한 장 따서 책에 끼워두기로 했다.

❷ 集めたパンを細かく千切って小鳥たちに与えた。

모은 빵을 잘게 뜯어 작은 새들에게 주었다.

❸ 男はナイフも使わずに手で肉を千切り、夢中で頬張った。

남자는 칼도 사용하지 않고 손으로 고기를 뜯어 정신없이 입에 가득 넣어 먹었다.

❹ 試合の応援に使うために、紙を千切って紙吹雪を作っている。

시합 응원에 사용하기 위해 종이를 찢어 종이눈을 만들고 있다.

❺ 何も持ってこなかったぼくに、彼女はノートを一枚千切って渡してくれた。

아무것도 갖고 오지 않았던 나에게 그녀는 노트를 한 장 찢어서 건네주었다

245 ≫≫ 縮こまる

□□□□

意
- 寒さ・恐れ・緊張などのために、体や気持ちが小さくなる

- 오그라들다, 쪼그라들다, 움츠러들다

用　縮こまる는 '身・手足・胃・舌が縮こまる(몸・손발・위・혀가 오그라들다)'처럼, 몸이나 기분 등이 오그라들거나 움츠러드는 경우에 사용한다.

例

❶ 寒いからって部屋で縮こまってないで、外で遊んで来なさい。

춥다고 해서 방에서 움츠리고 있지 말고 밖에서 놀다 와라.

❷ 固く縮こまっていた胃袋も水を入れたことで急に働き始めたようだ。

딱딱하게 쪼그라들어 있던 위도 물을 넣은 것으로 갑자기 작동하기 시작한 것 같다.

❸ 小さい頃から犬が大嫌いで、ワンと吠えられただけでも縮こまっていた。

어릴 때부터 개를 아주 싫어해서 멍멍하고 짖는 것만으로도 움찔했었다.

❹ 拾ってきた子ねこは、ずいぶん虐められたらしく、脅えて縮こまっている。

주워온 새끼고양이는 상당히 괴롭힘을 받은 모양으로 떨며 움츠러들어 있다.

❺ 手の震えはどんどんひどくなり、唇が乾き、舌が口の奥で縮こまっていた。

손의 떨림은 점점 심해져 입이 마르고 혀가 입속에서 오그라들고 있었다.

246 >>> 因む ^{ちな}

□□□□

意 ⑧ ある物事が他の物事とある繋がりを持って成立する，関連する

⑭ 연관되다, 연관 짓다, 관련하다, 기념하다

用 因むは‘誕生・干支・伝説に因む(탄생・간지・전설을 기념하다)’, ‘主人公に因む(주인공에 연관하다)’, ‘郷土に因む(고향에 연관되다)’처럼, 어떤 대상에 연관짓거나 그를 기념하는 경우에 사용한다.

例

❶ 学校創立六十周年に因んで式典が催された。
학교 창립 60주년을 기념하여 식전이 개최되었다.

❷ 相撲取りの醜名にはその力士の郷土に因んだものが多い。
씨름꾼의 호칭에는 그 씨름꾼의 고향에 연관된 것이 많다.

❸ 店先には干支に因んで可愛い虎のポスターが張られいた。
가게 앞에는 간지를 기념하여 귀여운 호랑이의 포스터가 붙어 있었다.

❹ このお店の名はアメリカの小説の主人公に因んで付けられたそうだ。
이 가게의 이름은 미국 소설이 주인공에 연관 지어 붙여졌다고 한다.

❺ この地方は古くから伝わる伝説に因んで毎年六月にお祭りが行われる。
이 지방은 옛날부터 전해지는 전설을 기념하여 매년 6월에 축제가 행해진다.

247 >>> 茶化す □□□□

意 🇯🇵 人の話をまじめに受けとらず、冗談のようにしてしまう, からかう

🇰🇷 농으로 돌리다, 얼버무리다, 놀리다

用 茶化す는 '問題·状況·苦労·人間の死を茶化す(문제·상황·고생·인간의 죽음을 농담하듯 하다)'처럼, 대상을 진지하게 받아들이지 않고 농담하듯 하거나 얼버무리거나 놀리는 경우에 사용한다.

例

❶ 彼女はどんな状況も茶化して笑いの種にするのが大好きなのだ。
그녀는 어떤 상황도 얼버무려 웃음거리로 삼는 것을 아주 좋아한다.

❷ 恋愛問題をこんなふうに茶化されると、彼女の目には涙が浮んだ。
연애 문제를 이런 식으로 농담하듯 하자 그녀의 눈에는 눈물이 맺혔다.

❸ この女が相手では何を言ったところで茶化されるだけに決まっている。
이 여자 상대로는 무슨 말을 하든 얼버무릴 뿐임이 틀림없다.

❹ 一年間の苦労が水の泡になりかけているのに、茶化されてはたまらない。
1년간의 고생이 물거품이 되려 하고 있는데 농담하듯 하는 것은 참을 수가 없다.

❺ いついかなる場合でも人間の死を茶化すということは慎まなければならぬ。
언제 어느 상황에서도 사람의 죽음을 농으로 돌리는 것은 자제해야 한다.

248 ››› ちらつく □□□□

意 ㊐ ①雪などが疎らに降る，ちらちら降る　②光が明滅する，ちらちら光る　③見え
たり消えたりする，ちらちら見える

㊦ ①흩날리다　②반짝이다, 깜박이다　③아른거리다

用 ちらつくは '雪がちらつく(눈이 흩날리다)'，'光・明かりがちらつく(빛・불빛이 깜박이
다)'，'頭の中・目の前にちらつく(머릿속・눈앞에 아른거리다)' 처럼, 눈 등이 흩날리거
나 빛이 깜박이거나 물체가 아른거리는 경우 등에 사용한다.

例

❶ いつのまにか外では小雪がちらついていた。
어느샌가 밖에서는 가랑눈이 흩날리고 있었다.

❷ ネオンの光がちらついて、隣の看板の文字がよく見えない。
네온 불빛이 깜박여 옆 간판의 문자가 잘 보이지 않는다.

❸ 十二時を回った頃、私たちは山の麓にちらつく明かりを見つけた。
12시를 지났을 무렵 우리는 산기슭에 깜박이는 빛을 발견했다.

❹ お金に困っていた男は目の前にちらついた現金に自分を見失って
しまった。
돈에 궁해 있던 남자는 눈앞에 아른거리는 현금에 자신을 잃어버렸다.

❺ ベッドに入っても彼女の姿が頭の中にちらついて、なかなか眠れな
かった。
잠자리에 들어도 그녀의 모습이 머릿속에 아른거려 좀처럼 잠이 오지 않았다.

249 >>> 鏤める
ちりば

意

㊐ ①あちこちを彫って、金銀・宝石などを散らすように嵌め込む　②美しい言葉
などを所々に嵌め込む

㉗ ① 여기저기 박다, 보석 등을 박아 넣다　② 글을 새겨 넣다, 아로새기다

用 鏤めるは '宝石・ダイヤモンドを鏤める(보석·다이아몬드를 박아 넣다)', '貝殻を鏤め
る(조개껍질을 여기저기 박다)', '言葉を鏤める(말을 새겨 넣다)'처럼, 보석 등을 박아
넣거나 아름다운 글 등을 새겨 넣는 경우에 사용한다.

例

❶ 美辞麗句が鏤められているすばらしい文章だ。
미사여구가 아로새겨져 있는 훌륭한 문장이다.

❷ 真っ暗なステージがまるで宝石を鏤めたように輝き出した。
깜깜한 무대가 마치 보석을 새겨넣은 것처럼 빛나기 시작했다.

❸ 蓋の内側に貝殻を鏤めた小箱は妹のお気に入りの品だ。
뚜껑 안쪽에 조개 껍질을 박아넣은 작은 상자는 동생이 맘에 들어 하는 물건이다.

❹ 女王の王冠には二十個以上ものダイヤモンドが鏤めてある。
여왕의 왕관에는 20개 이상이나 되는 다이아몬드가 여기저기 박혀있다.

❺ その詩集の全編に詩人の美しい自然を讃える言葉が鏤められている。
이 시집의 전편에 시인의 아름다운 자연을 칭송하는 말이 아로새겨져 있다.

250 >>> 潰える(弊える)

□□□□

意 🇯🇵 ① 崩れ壊れてだめになる，崩壊する ② 戦いに敗れて総崩れになる，壊滅する ③ 希望や計画ががたがたに崩れる

🇰🇷 ① 붕괴하다 ② 괴멸하다 ③ 무너지다

用 潰えるは‘軍勢が潰える(군세가 괴멸하다)’, ‘夢・希望・計画が潰える(꿈・희망・계획이 무너지다)’처럼 무언가가 붕괴하거나 괴멸하거나 무너지는 경우에 사용한다. 비슷한 단어로 ‘壊れる’, ‘崩壊する’가 있다.

例

❶ 敵の猛攻に味方の軍勢は一溜りもなく潰えた。
적의 맹공에 아군의 군세는 조금도 버티지 못하고 괴멸했다.

❷ 必死になって何日も探し回ったものの、すべての希望が潰えた。
필사적으로 며칠이나 찾아다녔지만 모든 희망이 무너졌다.

❸ この計画は事前に政権側に洩れ、計画段階で潰えることとなった。
이 계획은 사전에 정권 측에 새어나가 계획 단계에서 무너지게 되었다.

❹ 彼は膝から下を骨折してしまい、チャンピオン獲得の夢は潰えた。
그는 무릎 아래를 골절하고 말아 챔피언 획득의 꿈은 무너졌다.

❺ 最終予選で中国チームに敗れ、オリンピック出場の夢は潰えた。
최종예선에서 중국 팀에게 패해 올림픽 출장의 꿈은 무너졌다.

❻ 最後の望みだったモスクワ攻略によるソビエト体制の打倒は完全に潰えた。
마지막 희망이었던 모스크바 공략에 의한 소비에트 체제 타도는 완전히 실패했다.

251 >>> 啄む (ついば)

意 ⓐ 鳥が嘴で物をつついて食う

㊤ 새가 쪼다, 쪼아 먹다

用 啄むは'木の実・虫を啄む(나무 열매・벌레를 쪼아 먹다)', '地面を啄む(지면을 쪼다)' 처럼, 새가 먹이를 쪼아 먹는 경우에 사용한다.

例

❶ 小屋から出てきた鶏が庭の虫を啄んでいる。

닭장에서 나온 닭이 정원의 벌레를 쪼아먹고 있다.

❷ 庭には珍しくホオジロがやってきて木の実を啄んでいる。

정원에는 흔치 않게 맷새가 찾아와 나무 열매를 쪼아먹고 있다.

❸ 境内にはハトどもが集まって、やたら地面などを啄んでいる。

경내에는 비둘기들이 모여 마구 지면 등을 쪼고 있다.

❹ 麦粒を啄んでいるすべての小鳥の中に雌雄二羽の鳩がいた。

보리 낱알을 쪼고 있는 모든 작은 새 안에 암수 두 마리의 비둘기가 있었다.

❺ 餌を啄んでいる蟹たちは、人が近づくと素早く穴の中に隠れた。

먹이를 쪼고 있는 게들은 사람이 다가가자 잽싸게 구멍 속으로 숨었다.

252 >>> 費やす

意
⑧ あることを成し遂げるために、金銭·時間·労力·言葉などを使う, 使ってなくす

㉻ 쓰다, 써 없애다, 허비하다

用
費やすは '金を費やす(돈을 쓰다)', '労力を費やす(노력을 들이다)', '年月を費やす(세월을 들이다)', '無駄に費やす(헛되이 쓰다)', '一生を費やす(일생을 허비하다)', '言葉を費やす(말을 다 하다)', '読書に費やす(독서로 보내다)'처럼, 돈이나 시간 등을 쓰거나 써서 없애는 경우에 사용한다.

例

❶ 君のおかげでせっかくの休みを無駄に費やしてしまった。
네 덕분에 모처럼의 휴가를 헛되이 써버렸다.

❷ あの人にはいくら言葉を費やして説明しても分かってもらえない。
저 사람에게는 아무리 말을 다 해 설명해도 알아듣지 못한다.

❸ この建物の建建には当時のお金でも二百万円を費やしたそうだ。
이 건물의 건설에는 당시 돈으로도 200만 엔을 썼다고 한다.

❹ 川の上流にあるダムは三年の年月を費やして去年の夏に完成した。
강 상류에 있는 댐은 3년의 세월을 들여 작년 여름에 완성했다.

❺ 博士は研究にかなりの労力を費やしたが、結局なぞは解明できなかった。
박사는 연구에 상당한 노력을 들였지만, 결국 수수께끼는 풀지 못했다.

253 　仕える　つか

意　⊜ ①目上の人の傍にいて、その人のために働く　②役所などの公的機関に勤めて、その職に奉仕する　③神仏などに奉仕する

　　⊛ ① 시중들다, 모시다　② 봉사하다　③ 섬기다

用　仕えるは '殿様に仕える(영주를 섬기다)', '屋敷に仕える(저택에 시중들다)', '宮中に仕える(궁중에 출사하다)', '姑に仕える(시부모를 모시다)', '神·仏に仕える(신·부처을 섬기다)'처럼, 위 사람을 모시거나 시중들거나 직무에 봉사하거나 신을 섬기거나 하는 경우에 사용한다.

例

❶ 仙台潘の殿様に仕える武士がうちの先祖だそうだ。
센다이번의 영주를 섬기는 무사가 우리 선조라고 한다.

❷ 私がこのお屋敷に仕えてからもう十年以上にもなる。
제가 이 저택에 봉사한 지 벌써 10년 이상이나 된다.

❸ お坊さんは仏に仕える身、無意味な殺生などしない。
스님은 부처를 섬기는 몸, 무의미한 살생 따위는 하지 않는다.

❹ 長女は嫁ぎ先の姑に仕えて家事一切を切り盛りしてきた。
장녀는 시집의 시부모를 모시며 집안 살림 일체를 꾸려 왔다.

❺ 枕草子には清少納言が宮中に仕えていた頃の話が出てくる。
枕草子에는 清少納言이 궁중에 출사하고 있었던 때의 이야기가 나온다.

❻ 人間はみな神に仕えるべきなのだと、牧師さんは心を込めて説いた。
인간은 모두 신을 섬겨야 한다고 목사는 정성을 다해 설파했다.

254 >>> 支える ^{つか}　□□□□

意 ⊕ ① 邪魔なものがあってそれにぶつかったりして、物事が思うように進まない

⊕ ① 막히다　② 받히다　③ 밀리다, 가로막다　④ 더듬거리다

用 支えるは '物が支える(물체가 막히다)', '喉に支える(목에 걸리다)', '頭が支える(머리가 받히다)', '仕事・車が支える(일·차가 밀리다)', '上が支える(위가 가로막다)', '胸に支える(마음에 걸리다)', '葉物が支える(말이 막히다)'처럼, 방해물에 막히거나 생각대로 진행되지 않는 경우에 사용한다.

例

❶ 信号が変わったのに、車が支えていて全然進まない。
신호가 바뀌었는데 차가 밀려 있어 전혀 나아가지 않는다.

❷ 先生の言葉で、ぼくは胸に支えていたものがすっきりするのを感じた。
선생님의 말씀으로 나는 마음에 얹혀있던 것이 싹 가시는 것을 느꼈다.

❸ 林君が風邪で休んでいるので、彼の担当の仕事が支えて困っている。
하야시군이 감기로 쉬고 있어 그가 담당하는 일이 밀려서 곤란한 상태이다.

❹ あまりの興奮に言葉が支えて、気持ちを十分に伝えることができなかった。
지나친 흥분에 말이 막혀 마음을 충분히 전할 수 없었다.

❺ 下の娘は二十三になるが、上に長女が支えているので、まだ嫁に行けない。
밑의 딸은 23살이 되는데 위에 장녀가 가로막고 있어서 아직 시집을 갈 수 없다.

255 >>> 司る　つかさど　□□□□

意 🈁 ① 職務·任務としてそのことを行う，担当する　② 管理·監督する，支配する

🈂 ① 담당·관장하다　② 관리·지배하다

用 司る는 '政治を司る(정치를 담당하다)', '循環·視覚を司る(순환·시각을 관장하다)', '論理·言語(논리·언어를 담당하다)', '愛·美を司る(사랑·미를 지배하다)'처럼, 일을 담당하거나 관리·지배하는 경우에 사용한다.

例

❶ 内閣総理大臣は国の政治を司る最高責任者である。

내각 총리대신은 나라의 정치를 관장하는 최고 책임자이다.

❷ ヴィーナスはローマ神話で愛と美と豊かさを司る女神とされる。

비너스는 로마 신화에서 사랑과 미와 풍요를 지배하는 여신으로 여겨진다.

❸ 彼らはみな左脳すなわち言語や論理を司る部分に障害を持っている。

그들은 모두 좌뇌 즉 언어와 논리를 담당하는 부분에 장애를 가지고 있다.

❹ 脳の視覚を司る部分が幸福を感じるための化学物質で破壊された。

뇌의 시각을 관장하는 부분이 행복을 느끼기 위한 화학물질로 파괴되었다.

❺ 心臓は体内の血液の循環を司る人体で最も大切な器官の一つである。

심장은 체내의 혈액 순환을 관장하는 인체에서 가장 중요한 기관의 하나이다.

256 >>> 浸かる(漬かる)　□□□□

意 🇯🇵 ①液体の中に入る，浸る　②ある状態などに入り切る　③漬物が食べ頃になる

🇰🇷 ①잠기다, 침수되다　②어떤 환경·상태 등에 빠지다　③절임이 맛이 들다, 익다

用 漬かる(浸かる)는 '水・川に浸かる(물・강에 잠기다)', '風呂・ぬるま湯に浸かる(목욕물・미지근한 물에 잠기다)', 'どっぷり浸かる(푹 잠기다)', '漬物が漬かる(절임이 익다)'처럼, 물에 잠기거나 어떤 상태에 빠지거나 절임이 익는 경우에 사용한다.

例

❶ 母はもう三十分もお風呂に浸かったまま鼻歌を歌っている。
어머니는 벌써 목욕물에 30분이나 잠긴 채 콧노래를 부르고 있다.

❷ この機械は一度水に浸かったら、修理するのに何日もかかる。
이 기계는 한 번 물에 잠기면 수리하는 데 며칠이나 걸린다.

❸ 先日の台風でこの辺りの住宅は床上まで水に浸かってしまった。
며칠 전 태풍으로 이 근처 주택은 마루 위까지 물에 잠겨 버렸다.

❹ 彼は居心地のいい環境にどっぷり浸かって、それで良しとしている。
그는 살기에 좋은 환경에 푹 잠겨 그것으로 좋다고 하고 있다.

❺ 良いポイントに棹を出すために、腰まで川に浸かっている人もいる。
좋은 지점에 낚싯대를 보내기 위해 허리까지 강에 담그고 있는 사람도 있다.

❻ のんびりした生活を送っていると、ぬるま湯に浸かったみたいで、なかなか抜け出すことができない。
여유로운 생활을 보내고 있자니 미지근한 물에 잠겨있는 듯해서, 좀처럼 빠져나올 수 없다.

257 》》》 尽きる/尽かす □□□□

[尽きる]

意 ㉥ ①次第に減ってとうとうなくなる ②続いていたものが終わる, 途絶える ③それで全てが言い尽くされる, その極に達する

㉠ ①(다 사용하여)없어지다, 사라지다 ②끝나다, 두절되다 ③극에 달하다, 최고이다

用 尽きる는 '命が尽きる(목숨이 다하다)', '言葉が尽きる(말이 다하다)', '道が尽きる(길이 끝나다)'처럼, 무언가가 다하여 없어지거나 끝나거나 극에 달하거나 하는 경우 등에 사용한다.

例

❶ 日本の今の悩みは働きたくても働く仕事がないという一点に尽きる。
일본의 현 고민은 일하고 싶어도 할 일이 없다는 한 점에 도달한다.

❷ 母親は息子の命が尽きた時は自分の命も尽きるものと覚悟をしている。
모친은 아들 목숨이 다했을 때는 자신의 목숨도 다하는 것으로 각오를 하고 있다.

❸ 人々はみな私の周りに集まり、私を賞める言葉は尽きることがなかった。
사람들은 모두 내 주위에 모이고 나를 칭찬하는 말은 끝나는 일이 없었다.

❹ 私たちは彼女の尽きることのない自慢話を耳に入れながら、夕食を取った。
우리는 그녀의 끊일 줄 모르는 자랑을 들으면서 저녁을 먹었다.

❺ 濃い闇の落ちる廊下は、どこまで行っても尽きることがないように感じられた。
깊은 어둠이 내리는 복도는 어디까지 가도 끝이 없는 듯이 느껴졌다.

[尽かす]

意 ㊐ すっかり出してなくす，出し尽す
㊊ 완전히 없애다, 소진하다

用 尽かすは '愛想を尽かす(정나미가 떨어지다)' 처럼, 상대에 대해 완전히 소진하거나 다 쓰는 경우에 사용한다.

例

❶ 余計な事をして愛想を尽かされるよりは黙っている方が安全だ。
괜한 짓을 해서 완전히 미움을 사는 것보다는 조용히 있는 편이 안전하다.

❷ 彼は協会が自分を支援しなかったことに愛想を尽かし、辞職した。
그는 협회가 자신을 지원하지 않았던 것에 정이 다 떨어져 사직했다.

❸ 愛想を尽かした妻が子を連れて実家に帰ってしまえば閉めたものだ。
정나미가 떨어진 아내가 아이를 데리고 본가에 돌아가 버리면 끝장이다.

❹ こんな人間はやはり誰からも愛想を尽かされて当り前なのかもしれない。
이런 인간은 역시 모두에게 외면당해도 마땅한 것인지 모르겠다.

❺ 私が家に愛想を尽かし、地元の医大を受験せずに東京へ出た理由もそこにある。
내가 집에 정나미가 떨어져 고향의 의대 시험을 보지 않고 도쿄로 나온 이유도 거기에 있다.

258 >>>> 突く(衝く・撞く) □□□□

意 🇯🇵 ① 棒状のものの先で手前から向こうに強い力を加える　② 棒状の道具を突くことによって、道具として機能させる　③ 強く打ち当てて前方へ押しやる　④ 将棋で盤上の歩を前方に一つ進める　⑤ 支えるようにして、膝や手を地面や床に押し当てる　⑥ 弱点を選んで鋭く攻撃する，攻める　⑦ 障害となるものを物ともしないで進む，冒す　⑧ 物事が嗅覚や心を強く刺激する　⑨ 激しい勢いでその方に向かう　⑩ 蓄えたものがなくなる，相場や景気がこれ以上悪くなりようがない状態にまで下がる，底を打つ

🇰🇷 ① 가늘고 긴 물건의 끝으로 치다　② 찌르다　③ (뿔로) 받다　④ 지탱으로 하다, 짚다　⑤ 찌르다, 습격하다　⑥ 개의치 않고 나아가다　⑦ 강하게 자극하다

用 突く(衝く・撞く・搗く)는 '棒で突く(봉으로 찌르다)', '判をつく(도장 찍다)', '杖を突く(지팡이를 짚다)', '肘を突く(팔꿈치를 대다)', '両手を突く(양손을 짚다)', '鐘を突く(종을 치다)', '鞠を突く(공을 튀기다)', '風雨を突く(비바람을 무릅쓰다)', '弱点・虚・急所を突く(약점・허・급소를 찌르다)', '鼻を突く(코를 찌르다)', '底を突く(바닥을 찍다)'처럼 무언가를 찌르는 경우의 다양한 의미로 사용한다.
'息・ため息を吐く(숨・한숨을 내쉬다)', '嘘・悪態を吐く(거짓말・욕설을 퍼붓다)', 'へどを吐く(토하다)'처럼, 입에서 무언가를 내뱉는 경우는 '吐く'로 표기하며, '米・餅を搗く(쌀・떡을 찧다)'처럼 곡물 등을 찧는 경우는 '搗く'로 표기한다.

例

❶ 受け取りの印として、ここに判こを突いてください。
수취 표시로 여기에 도장을 찍어주십시오.

❷ 行方不明者の捜索は、風雨を突いて行われた。
행방불명자의 수색은 비바람을 무릅쓰고 행해졌다.

❸ 三人の真ん中で鞠を突いている女の子がぼくの妹だ。

3명 한가운데서 공을 튀기고 있는 여자아이가 내 여동생이다.

❹ 一日に二回この鐘を突くのも、お坊さんの仕事の一つである。

하루에 두 번 이 종을 치는 것도 스님 일의 하나이다.

❺ ぼくたちは真っ赤に実った柿の実を棒で突いて落とした。

우리는 빨갛게 익은 감을 막대기로 찔러 떨어뜨렸다.

驚いて振り返ると、そこには雲を突くような大男が立っていた。

놀라 뒤돌아보니 거기에는 구름을 찌를 듯한 큰 남자가 서 있었다.

❻ 部屋に入ってきたいとこは両親に両手を突いて挨拶をした。

방에 들어온 사촌은 부모님께 양손을 짚고 인사를 했다.

ぼくは、スキーで足の骨を折って、杖を突いて通学している。

나는 스키를 타다 다리뼈가 부러져 지팡이를 짚고 통학하고 있다.

兄は机の上に肘を突き、頭を抱えて、じっと考えこんでいた。

형은 책상 위에 팔꿈치를 대고 머리를 움켜쥐며 가만히 생각에 잠겨 있었다.

❼ 柄の悪い男は事務所でさんざん悪態を吐いて帰っていった。

질이 안 좋은 남자는 사무소에서 몹시 심한 욕을 퍼붓고 돌아갔다.

❽ 庭からは子供たちが集まって餅を搗く音が聞こえてくる。

마당으로부터는 아이들이 모여 떡 치는 소리가 들려온다.

❾ ツンと鼻を突くような変な匂いがするけれど、匂いの元は何かしら。

코를 콕 찌르는 듯한 이상한 냄새가 나는데, 냄새의 원인은 뭘까.

⑩ 急所を突いた質問に返す言葉がなくただ俯くばかりだった。
급소를 찌른 질문에 대답할 말이 없어 그저 고개를 숙일 뿐이다.

劣性が予想されたチャンピオンだったが、相手の弱点を突いて見
事に優勝した。
열세가 예상된 챔피언이었지만, 상대의 약점을 찔러 보기 좋게 우승했다.

揉み合いの中、彼が放った左足のシュートは、キーパーの虚を突
いた形になった。
서로 뒤엉킨 가운데 그가 찬 왼발 슛은 키퍼의 허를 찌른 형태가 되었다.

259 >>> 噤む（つぐ）

□□□□

意 🇯🇵 口を閉ざして何も言わない，黙る

🇰🇷 다물다, 말하지 않다

用 噤むは '口を噤む(입을 다물다)' 처럼, 입을 다물고 말을 하지 않는 경우에 사용한다.

例

❶ 犯人は捜査官の質問にも口を噤み、そっぽを向いている。
범인은 수사관의 질문에도 입을 다물고 외면하고 있다.

❷ 父に何を聞かれても、妹は口を噤んだまま一言も喋らなかった。
아버지가 무엇을 물어도 여동생은 입을 다문 채 한마디도 하지 않았다.

❸ 先生はただ唇の辺りに意味あり気な微笑を浮べたきり、口を噤んでいる。
선생님은 그저 입가에 의미심장한 미소를 띤 채 입을 다물고 있다.

❹ どんな結果が現れようと、自分さえ口を噤んでいれば誰にも知られない。
어떤 결과가 나타나든 자신만 입을 다물고 있으면 누구한테도 알려지지 않는다.

❺ 子供たちは、ガラスを割ったのが誰かという話になると、みんな口を噤んで下を向いてしまった。
아이들은 유리를 깬 것이 누군가라는 이야기가 되자 모두 입을 다물고 밑을 향해 버렸다.

260 >>>> 繕う _{つくろ}   ☐☐☐☐

[意]

㊐ ① 衣服や物の破れたところや壊れたところを直す，修理する，補修する ② 乱れた身なりなどを整える ③ 外観を整えて体裁をよくする ④ 偽りを言ったり過失を隠したりして、その場を取り成す

㊩ ① 고치다, 수선하다 ② 흐트러진 복장 등을 단정히 하다 ③ 겉을 꾸미다, 체면을 세우다 ④ 잘 넘기다, 얼버무리다

[用]

繕うは'靴下・綻びを繕う(양말・해진 곳을 수선하다)', '身なりを繕う(몸단장을 가지런히 하다)', '場を繕う(자리를 잘 넘기다)', '世間体を繕う(세인에 대한 체면을 세우다)'처럼, 수리・수선하거나 차림을 가지런히 하거나 외형을 잘 꾸미거나 상황을 잘 넘기거나 하는 경우 등에 사용한다.

[例]

❶ 店にお客さんが来ると、母は声を繕って出ていく。

가게에 손님이 오면 어머니는 목소리를 가다듬고 나간다.

❷ ユニフォームの綻びを繕うのは、マネージャーの仕事だ。

유니폼의 해진 곳을 수선하는 것은 매니저의 일이다.

❸ 与太者の息子を抱えて、両親は世間体を繕うのに苦労した。

못난 자식을 두어 부모는 체면을 세우는데 고생했다.

❹ 最近は穴の開いた靴下を繕って履くようなことは、あまりしなくなった。

최근에는 구멍 난 양말을 기워 신는 그런 일은 별로 하지 않게 되었다.

❺ いきなり噂の本人が入ってきたものだから、その場を繕うのに大変

だった。

갑자기 소문의 당사자가 들어왔기 때문에 그 자리를 얼버무리는데 힘들었다.

❻ 待ち合わせの時間が迫っていたので、母は大急ぎで身なりを繕

い、出かけて行った。

만날 시간이 다가오고 있었기에 어머니는 조급히 옷차림을 매만지고 나갔다.

261 ≫≫ 伝う

⬜⬜⬜⬜

意 ⒥ ものに沿って行く，何かを手がかりにして進む

⒣ 어떤 것을 따라 가거나, 매개 삼아 이동하다, 타다

用 伝うは '紐·ロープを伝う(끈·로프를 타다)', '涙が頬を伝う(눈물이 볼을 타다)', '石垣·手すりを伝う(돌담·난간을 타고 가다)', '屋根·尾根を伝う(지붕·산등성이를 타다)'처럼, 무언가를 따라서 가거나, 매개로 하여 나아가는 경우에 사용한다.

例

❶ どうやら犯人は屋根を伝って逃走したらしい。
결국 범인은 지붕을 타고 도주한 모양이다.

❷ 洗濯物を干した紐を伝って、雫がポタポタ落ちている。
세탁물을 말린 끈을 타고 물방울이 똑똑 떨어지고 있다.

❸ 浜に行くのなら、この石垣を伝っていくのが一番近道だ。
해변에 간다면 이 돌담을 타고 가는 것이 가장 지름길이다.

❹ 明かりがないので、手すりを伝わなければ、階段を上れない。
빛이 없어서 난간을 타지 않으면 계단을 오를 수 없다.

❺ 登山隊十一人は吹雪の中、尾根を伝って進んでいったのだ。
등산대원 11명은 눈보라 속에서, 산등성이를 타고 앞으로 나아갔다.

❻ 非常の時には備え付けのロープを伝って避難するように指示されている。
비상시에는 비치된 로프를 타고 피난하도록 지시가 되어 있다.

262 ≫≫≫ 培う (つちか)

□□□□

【意】

⊕ ①草木を養い育てる　②体力や精神力など、その人の糧となるものを養い育てる, 育成する

㉿ ①가꾸다　②기르다, 배양하다

【用】培うは '愛国心・愛社精神・体力・姿勢を培う(애국심·애사정신·체력·자세를 기르다)'처럼, 무언가를 가꾸거나 정신이나 자세, 힘 등을 기르는 경우에 사용한다.

【例】

❶ 新入社員の愛社精神を培う目的で研修旅行が行われた。
신입사원의 애사 정신을 기를 목적으로 연수 여행이 행해졌다.

❷ 父の仕事を手伝うことによって、彼の体力は自然に培われていった。
아버지 일을 도와드리는 것에 의해 그의 체력은 자연히 커져 갔다.

❸ 何事にも謙虚な彼女の姿勢は幼い頃の生活で培われたものである。
무슨 일에도 겸허한 그녀의 자세는, 어릴 적 생활에서 길러진 것이다.

❹ 国王は隣の国の脅威を説くことで、若者の愛国心を培おうと考えた。
국왕은 이웃 국가의 위협을 설명하는 것으로 젊은이들의 애국심을 배양하려고 생각했다.

❺ 発表された小説の構想は、十年以上も作者の心の中に培われていたそうだ。
발표된 소설의 구상은 10년 이상이나 작자의 마음속에 배양되고 있었다고 한다.

263))) 突つく

□□□□

意 🈁 ① 指先や嘴などで軽く何度も突く　② 箸・嘴などで突くようにして食べ物を食べ
る　③ ある事柄を取り上げて問題にする　④ 相手に何らかの刺激を与えてその
行動を促す

🇰🇷 ① 쿡쿡 찌르다　② 쪼아먹다, 들쑤시며 먹다　③ (결점 등을) 들추다　④ 꼬드기다,
선동하다

用 突つくは '背中を突つく(등을 찌르다)', '棒で突つく(막대기로 찌르다)', 'なべを突つく
(젓가락으로 냄비의 음식을 먹다)', 'ミスを突つく(실수를 들추다)', '尻を突つく(꼬드
기다)'처럼, 대상을 가볍게 찌르거나 젓가락 등으로 찌르듯이 하여 먹거나 결점 등을
들춰내거나 상대를 자극하여 꼬드기는 경우 등에 사용한다.

例

❶ 棒で蜂の巣を突ついたりしたら、死ぬ目に逢う。
막대기로 벌집을 찌르거나 하면 죽는 수가 있다.

❷ 背中を突つかれた気がして振り返ったが、だれもいない。
등이 찔린 기분이 들어 뒤돌아보았지만 아무도 없다.

❸ 課長から小さなミスをしつこく突つかれて私はむっとした。
과장이 작은 실수를 집요하게 들추어내어 나는 울컥했다.

❹ 家族みんなでなべを突つくのは、冬の夜の楽しみの一つだ。
가족 모두가 젓가락으로 냄비 속의 것을 먹는 것은, 겨울밤의 즐거움 중 하나입니다.

❺ 体育委員会の尻を突ついてグローブとバットを借りに行かせた。
체육위원회를 부추겨 글러브와 배트를 빌리러 가게 했다.

264 ⟫⟫⟫ 綴る（つづる）　□□□□

[意]

㊐ ①繋（つな）ぎ合（あ）わせて一続（ひとつづ）きのものにする　②言葉（ことば）を並（なら）べて纏（まと）まりのある文章（ぶんしょう）を作（つく）る，自分（じぶん）の気持（きも）ちや体験（たいけん）などを文章（ぶんしょう）にする，書（か）き綴（つづ）る　③アルファベットなどの文字（じ）を並（なら）べて、言葉（ことば）を書（か）き表（あらわ）す，表記（ひょうき）する

㊵ ① 철하다　②(문장을) 짓다, 쓰다　③ 철자하다, 표기하다

[用]

綴（つづ）るは '糸（いと）で綴（つづ）る(실로 철하다)', '作文（さくぶん）・文集（ぶんしゅう）に綴（つづ）る(작문·문집으로 쓰다)', '英語（えいご）・ローマ字（じ）で綴（つづ）る(영어·로마자로 쓰다)', '思（おも）い出（で）・物語（ものがたり）を綴（つづ）る(추억·이야기를 글로 쓰다)'처럼, 철하거나 글로 쓰거나 표기하는 경우에 사용한다. 복합동사 '書（か）き綴（つづ）る(글로 쓰다)'도 사용한다.

[例]

❶ 父（ちち）は日（ひ）ごろ思（おも）っていたことを文章（ぶんしょう）に綴（つづ）り、新聞（しんぶん）に投稿（とうこう）した。
아버지는 평상시 생각하고 있던 것을 문장으로 써 신문에 투고했다.

❷ 修学旅行（しゅうがくりょこう）の思（おも）い出（で）を綴（つづ）った彼（かれ）の作文（さくぶん）が文集（ぶんしゅう）に載（の）っている。
수학여행의 추억을 글로 쓴 그의 작문이 문집에 실려있다.

❸ 彼女（かのじょ）の人生（じんせい）は血（ち）と汗（あせ）で綴（つづ）った一（ひと）つの物語（ものがたり）だと言（い）ってもいいだろう。
그녀의 인생은 피와 땀으로 지은 하나의 이야기라고 해도 좋을 것이다.

❹ その書類（しょるい）は、ホッチキスでなく糸（いと）で綴（つづ）って纏（まと）めるよう指示（しじ）されている。
그 서류는 호치킷이 아니고 끈으로 철해 정리하도록 지시받고 있다.

❺ 山小屋（やまごや）に置（お）かれたノートには登山者（とざんしゃ）たちの思（おも）いがあれこれと書（か）き綴（つづ）ってあった。
산 움막에 놓인 노트에는 등산인들의 생각이 이것저것 적혀 있었다.

265 >>> 集う

意 ㊐ 同じ目的を持ってある所に集まる

㊑ 모이다, 회합하다, 집회하다

用 集うは '選手・支持者・若者・視線が集う(선수·지지자·젊은이·시선이 모이다)', '場に集う(장에 모이다)'처럼, 목적을 가지고 어떤 장소로 모이거나 시선 등이 모이는 경우에 사용한다. 비슷한 어로 '集まる'가 있다.

例

❶ 彼の支持者が全国から一堂に集って来た。
그의 지지자가 전국에서 한곳으로 모여들었다.

❷ 境内には桜を植えるなどして、多くの人々が集う場として提供してきた。
경내에는 벚나무를 심기도 하는 등 많은 사람이 모이는 장으로서 제공해 왔다.

❸ オリンピックは四年に一度、世界の名選手が集うスポーツの祭典である。
올림픽은 4년에 한 번 세계의 각 선수가 모이는 스포츠 제전이다.

❹ 授業中であるにも拘わらず、前触れなく起立した彼に周囲の視線が集う。
수업 중임에도 불구하고 아무 말 없이 일어난 그에게 주위의 시선이 모인다.

❺ 同じ目的を持って、この場に集う若者たちの表情には、はっきりと決意を読み取ることができる。
같은 목적을 가지고 이곳에 모이는 젊은이들의 표정에는 확실히 결의를 읽을 수 있다.

266 >>> つの
募る

□□□□

[意] ⓙ (自) ① 勢いなどがいっそう激しくなる　(他) ② 広く呼びかけて集める，募集
する

ⓚ ① 점점 더 심해지다, 격화하다　② 모집하다, 모으다

[用] 募るは '思い・寒さ・焦り・不安が募る(생각・추위・초조함・불안이 점점 심해지다)',
'寄付・希望者・アイディアを募る(기부・희망자・아이디어를 모집하다)' 처럼, 자동사
로 무언가가 더욱 심해지거나, 타동사로 무언가를 모으거나 모집하는 경우에 사용한
다. 자동사의 '募る'의 비슷한 단어로 '増す'가 있다.

[例]

❶ 文化祭の出し物についてクラスにアイディアを募った。
문화제의 상연물에 대해 클래스에 아이디어를 모집했다.

❷ 被災地に送る寄付を募る声が、あちこちの町角で上がった。
재해지에 보낼 기부를 모으는 소리가 길목 여기저기에서 나왔다.

❸ 勉強も手に付かず、日を追うごとに彼女への思いは募るばかり
だった。
공부도 손에 잡히지 않고 날이 갈수록 그녀에 대한 생각은 점점 더해갈 뿐이었다.

❹ 冷静を装っていたものの、心では募る不安を押さえるのが精一杯
だった。
냉정을 가장하고 있었지만, 마음에서는 더해가는 불안을 누르는 것이 고작이었다.

❺ 学校では夏休みにキャンプをすることになり、まず希望者を募ること

にした。

학교에서는 여름방학에 캠프를 하게 되어 우선 희망자를 모으기로 했다.

❻ 日がめっきりと短くなり、日ごとに寒さが募るようになると、冬も本番

だと思う。

날이 현저히 짧아지고 날이 갈수록 추위가 심해지게 되면 본격적인 겨울이라고 생각한다.

267 　瞑る/瞑る

つぶ　　つむ

□□□□

意　㊐ ①瞼を閉じる，目を瞑る　②見て見ぬふりをする　③死ぬ

　　　㊅ ①눈을 감다　②못 본 체하다　③죽다

用　瞑る(瞑る)는'失敗・悪事・わがまま・無理に目を瞑る(실패・나쁜 일・제멋대로 함・무리에 눈을 감다)'처럼, 눈을 감거나 모르는 체하거나 죽는 경우에 사용한다.

例

❶ ぼくは目を瞑ってあの時の兄の姿を思い出そうとした。
나는 눈을 감고 그때의 형의 모습을 떠올리려고 했다.

❷ 度重なるぼくの失敗にも父は黙って目を瞑っていてくれた。
거듭되는 내 실패에도 아버지는 아무 말 없이 눈감아 있어 주었다.

❸ ベッドに入って無理に目を瞑っても興奮してなかなか寝つけなかった。
침대에 들어가 억지로 눈을 감아도 흥분되어 좀처럼 잠이 안 왔다.

❹ 今になってあの人が私の我が儘にも目を瞑っていたことが分かったのだ。
지금이 되어 그 사람이 내가 멋대로 하는 데에도 눈을 감고 있었던 것을 알았다.

❺ 日ごろ大人しい村長さんも彼らの悪事には目を瞑っているわけにはいかなかった。
평소 점잖은 촌장도 그들의 나쁜 일에는 눈을 감고 있을 수는 없었다.

268 〉〉〉 積まされる □□□□

[意]

㊐ ① 愛情・人情などに触れて心を動かされる　② 人の不幸や悲しみが人事でなく思われて同情の念が湧き起こる

㊗ ① 정에 끌려 마음이 동하다　② 남의 불행을 자기 처지에 비겨 동정하다, 남 일 같지 않게 딱하게 느껴지다

[用]

積まされる는 '話に積まされる(이야기에 마음이 동하다)', '健気さに積まされる(기특함에 감동하다)', '情・涙・声に積まされる(정·눈물·목소리에 끌리다)', '身に積まされる(몸에 깊이 느껴지다, 남 일같이 않다)'처럼, 대상에 마음이 움직이거나 이끌리는 경우에 사용한다.

[例]

❶ 親子の情に積まされ、もらい泣きをする観客も多かった。
부모 자식의 정에 이끌려 덩달아 우는 관객도 많았다.

❷ 幼子の健気さに積まされて思わず腕に抱き締めていた。
어린아이의 기특함에 감동되어 무심결에 팔에 끌어안고 있었다.

❸ 彼の身の上話は身に積まされて、とても人事とは思えない。
그의 신상 이야기는 몸에 파고들어 도저히 남일로는 생각되지 않는다.

❹ 貧乏だから、お互いに身に積まされ、助け合って生きていた。
가난하기 때문에 서로 남 일 같지 않아 서로 도우며 살고 있었다.

❺ 彼女は自分の声に積まされてなおさら悲哀のどん底に沈んで行った。
그녀는 자신의 목소리에 끌려 더욱 비애의 구렁텅이에 빠져갔다.

269 >>>> 躓く　つまず

□□□□

意　🔵 ①歩行中に誤って足先を物に当てて前のめりになる，蹴躓く　②物事の途中で思わぬ障害に突き当たって行きづまる，しくじる，失敗する

🔵 ①발이 걸려 넘어지다　②좌절하다, 실패하다

用　躓くは'物に躓く(물체에 발이 걸려 고꾸라지다)', '躓いて転ぶ(발이 걸려 넘어지다)', '問題に躓く(문제에 걸리다)', '人生·事業に躓く(인생·사업에 실패하다, 좌절하다)' 처럼, 발이 걸려 넘어지거나 장애에 부딪혀 좌절 또는 실패하는 경우에 사용한다.

例

❶ 足元の小さな箱に躓いて、男はテーブルの角に腰をぶつけた。
발밑의 작은 상자에 걸려 넘어져서 남자는 테이블 모서리에 허리를 부딪쳤다.

❷ 父が事業に躓き、あの家を売りに出したのはもう五年も前のことだ。
아버지가 사업에 실패하고 그 집을 팔려고 내놓은 것은 벌써 5년이나 전의 일이다.

❸ まだ三歳だというのに、その子は躓いて転んでも決して泣き声を上げない。
아직 세 살이라고 하는데 그 아이는 발이 걸려 넘어져도 결코 울음소리를 내지 않는다.

❹ 三問目までは簡単に解けたのですが、四問目の図形の問題で躓いてしまった。
세 번째 문제까지는 간단하게 풀렸는데 네 번째 도형 문제에서 막혀 버렸다.

❺ 彼女は結婚の失敗がもとで人生に躓き、今では昔の面影は少しも残っていない。
그녀는 결혼 실패가 원인으로 인생에 좌절하여 지금은 옛날 모습은 조금도 남아 있지 않다.

270 >>> 摘む(つま) □□□□

意 ㊐ ① 指先や箸の先などで挟み持つ ② 軽い食事を手や箸などで取って食べる
③ 抜いて取り上げる, 搔い摘む ④ 狐に化かされる

㊨ ① 집다 ② 집어먹다 ③ 요약하다, 발췌하다 ④ 홀리다

用 摘む는 '物を摘む(물건을 집다)', '指でつまむ(손가락으로 집다)', '鼻を摘む(코를
쥐다)', '煎餅を摘む(전병을 집어먹다)', '狐に摘むまれる(여우에게 홀리다)'처럼, 손
이나 젓가락으로 집거나 음식을 집어 먹거나 무언가를 요약하거나 수동형으로 사용
되어 무언가에 홀리는 경우에 사용한다.

例

❶ 机の上のお煎餅を遠慮なく摘んで見た。
책상 위의 전병을 사양 않고 집어 먹어 보았다.

❷ 室内は薬品の匂いがすごく、ぼくたちは思わず鼻を摘んだ。
실내는 약품 냄새가 심해서, 우리는 무심결에 코를 쥐었다.

❸ 不思議なこともあるものだ、まるで狐に摘まれたような話だ。
이상한 일도 있는 법이다, 마치 여우에게 홀린 것 같은 이야기다.

❹ 部屋に迷い込んできた小さな虫を指で摘んで窓から逃がしてやった。
방에 잘못 들어온 작은 벌레를 손가락으로 집어 창에서 놓아주었다.

❺ 捜査員は散らばっているガラスの破片を摘んで掌に乗せ、調べ始
めた。
수사원은 흩어져 있는 유리 파편을 집어 손바닥에 올려놓고 조사하기 시작했다.

271 》》》 摘む(つむ) □□□□

意

㊐ ① 草木(くさき)の一部(いちぶ)を指先(ゆびさき)や爪(つめ)の先(さき)で挟(はさ)んで千切(ちぎ)り取(と)る, 摘(つ)み取(と)る ② 伸(の)びてくるものの先(さき)を挟(はさ)みなどで切(き)り揃(そろ)える ③ それが大(おお)きくならないうちに取(と)り除(のぞ)く

㊧ ① 따다, 뜯다 ② 자르다 ③ 싹을 자르다, 제거하다

用

摘(つ)むは‘果物(くだもの)・葉(は)・茶(ちゃ)を摘(つ)む(과일・잎・차를 따다)’, ‘草(くさ)を摘(つ)む(풀을 뜯다)’, ‘芽(め)を摘(つ)む(싹을 자르다)’처럼, 열매나 잎을 따거나 풀을 뜯거나 싹을 자르거나 하는 경우에 사용한다.

例

❶ 昨日(きのう)はおばあさんと一緒(いっしょ)に、蕗(ふき)や芹(せり)を摘(つ)みに行(い)った。
어제는 할머니와 함께 머위나 미나리를 뜯으러 갔다.

❷ 蚕(かいこ)の餌(えさ)にするのか、男(おと)の子(こ)が籠一杯(かごいっぱい)に桑(くわ)の葉(は)を摘(つ)んできた。
누에 먹이로 하는 것인지 남자아이가 소쿠리 한가득 뽕잎을 따왔다.

❸ 親(おや)が過保護(かほご)だと、子供(こども)の創造力(そうぞうりょく)の芽(め)を摘(つ)んでしまうことにもなりかねない。
부모가 과보호하면 아이 창의력의 싹을 잘라 버리는 일이 될지도 모른다.

❹ 生徒(せいと)が非行(ひこう)に走(はし)る前(まえ)に悪(あく)の芽(め)を摘(つ)んでしまおうと、先生方(せんせいがた)はやっきになっている。
학생이 비행으로 치닫기 전에 싹을 잘라버리려고 선생님들은 기를 쓰고 있다.

❺ 毎年八十八夜(まいとしはちじゅうはちや)の頃(ころ)に茶(ちゃ)を摘(つ)むが、今年(ことし)は寒(さむ)さが厳(きび)しく、二週間(にしゅうかん)くらい遅(おく)れそうだ。
매년 팔십팔야 즈음에 찻잎을 따지만, 올해는 추위가 심해 2주 정도 늦어질 것 같다.

272 》》》 紡ぐ

意 ⓝ 綿や繭から繊維を引き出して縒って糸にする

ⓚ 실을 뽑다, 잣다

用 紡ぐ는 '綿を紡ぐ(목화에서 실을 뽑다)', '糸を紡ぐ(실을 뽑다)', '記憶を紡(기억을 찾
아내다)'처럼, 실을 뽑거나 잣거나, 무언가를 실을 뽑듯이 엮어내는 경우에 사용한다.

例

❶ 船長は無事だと分かった途端、様々な言葉で記憶を紡いだ。
선장은 무사함을 알자마자 여러 말로 기억을 찾았다.

❷ 信じられぬほど軽い織物であって、銀を紡いだような印象を与える。
믿을 수 없을 정도로 가벼운 직물로 은으로 실을 뽑은 듯한 인상을 준다.

❸ 彼らがどのような愛を紡いだか、実際に知る人は今の世にはいない。
그들이 어떤 사랑을 엮어냈는지 실제로 아는 사람은 지금 이 세상에는 없다.

❹ 小鳥は恋の詩を紡ぐこともなく、恋の嵐に見舞われることも無くなった。
작은 새는 사랑의 시를 자아내는 일도 없고 사랑의 폭풍우에 당할 일도 없어졌다.

❺ 自分で糸を紡ぎその糸を紺屋へ持って行って染めてもらい、自分
で織った。
스스로 실을 뽑아 그 실을 염색 집에 가지고 가서 염색해 와 스스로 짰다.

❻ それぞれ、やや異なった技で紡いだもので、糸の巻かれている位
置が異なる。
각각 조금 다른 기술로 뽑아낸 것으로, 실 감겨있는 위치가 다르다.

273 >>> 吊す（つるす）　□□□□

意
- 🇯🇵 上部を紐などで固定して垂れ下がるようにする，吊り下げる，ぶら下げる，吊る
- 🇰🇷 달아매다, 매달다

用 吊すは‘時計を吊す(시계를 달다)’, ‘柿を吊す(감을 매달다)’, ‘車内・天井に吊す(차내·천장에 매달다)’, ‘ハンガーに吊す(옷걸이에 걸다)’처럼, 물체를 매달거나 늘어뜨리는 경우에 사용한다.

例

❶ 柱に釘を打って時計を吊した。
기둥에 못을 박고 시계를 달았다.

❷ 脱いだ洋服はハンガーに吊しておいた。
벗은 양복은 옷걸이에 걸어 두었다.

❸ 農家の軒下にはいくつかの渋柿が吊してあった。
농가의 처마 밑에서 몇 개의 날감이 매달려 있었다.

❹ 弟の作った飛行機のプラモデルが天井から吊してある。
남동생이 만든 모형 비행기가 천장에 매달려 있다.

❺ ホームにある広告より車内に吊してある広告のほうが効果が大きいという。
플랫폼에 있는 광고보다 차내에 매달려 있는 광고 쪽이 효과가 크다고 한다.

274 >>> 劈く（つんざ）

□□□□

意

ⓙ 激しく突き破る，強い力で引き裂く

ⓚ 세게 뚫다, 귀청을 찢다

用

劈くは‘耳・大気を劈ざく(귀청・대기를 찢다)’, ‘眠りを劈ざく(잠을 깨우다)’처럼, 격하
게 돌파하거나 강하게 찢는 경우에 사용한다.

例

❶ 一発の銃声が村人の平和な眠りを劈いた。
일발의 총성이 마을의 평화로운 잠을 깨웠다.

❷ 耳を劈くような雷鳴に思わずしゃがみ込む人もいた。
귀청을 찢는 듯한 천둥소리에 그만 웅크리는 사람도 있었다.

❸ 凍える大気を劈く爆発音がした後のことは何も覚えていない。
차가운 대기를 찢는 폭발음이 난 뒤의 일은 아무것도 기억나지 않는다.

❹ 眼の前に黄色と黒の遮断機が下り、断続的な鐘の音が耳を劈いた。
눈앞에 황흑색의 차단기가 내려오고 단속적인 종소리가 귀를 찢었다.

❺ 突然この不思議な灰色の闇を劈いて時を知らせる鐘が続けざまに
鳴り出した。
돌연 의아한 잿빛 어둠을 뚫고 시간을 알리는 종이 연달아 울리기 시작했다.

275 >>> 手古摺る(梃子摺る) 　□□□□

意 ㊐ 扱いに困る，持て余す，手間取る

㊩ 어찌할 바를 모르다, 애를 먹다, 주체 못 하다

用 手古摺る는 '相手·指導·仕事に手古摺る(상대·지도·일에 애를 먹다)', '大人·教師를 手古摺らす(어른·교사를 애를 먹이다)'처럼, 사람이나 일로 애를 먹거나 어찌할 바를 모르는 경우에 사용한다.

例

❶ 相手が子供だとあまく見ていたが、意外に手古摺った。

상대가 어린애라고 우습게 보고 있었는데, 의외로 애를 먹었다.

❷ 彼は芝居が下手で、監督は演技指導に手古摺ったと話している。

그는 연기가 서툴러 감독은 연기지도에 애를 먹었다고 이야기하고 있다.

❸ 事件は当初から女の身元割り出しにさえ手古摺る様相を見せていた。

사건은 당초부터 여성의 신원확인조차 애를 먹는 양상을 보이고 있었다.

❹ たやすい仕事だと思って気楽に出かけたが、実際はずいぶん手古摺った。

손쉬운 일이라고 생각해서 편히 나갔는데 실제로는 꽤 애를 먹었다.

❺ 生徒たちは、たとえ教師を手古摺らせはしても、たいてい旺盛な生活力を持っていた。

학생들은 설령 교사를 애먹게는 해도 대개 왕성한 생활력을 갖고 있었다.

276 ››› 衒う

意
ⓐ 学識や才能を誇って、殊更にひけらかす，いかにも学識や才能があるかのように見せかける

ⓗ 자랑하다, 뽐내다, 젠체하다

用
衒うは '奇を衒う(기이함을 자랑하다)', '博識を衒う(박식함을 뽐내다)'처럼, 능력을 자랑해 보이거나 능력이 있는 것처럼 내보이는 경우에 사용한다.

例

❶ 彼は言葉を飾って忠孝を衒うような男ではないのだ。
그는 말을 꾸며 충효를 자랑해 보일 그런 남자는 아니다.

❷ この紋を最初に描いた人は別に奇を衒ったわけではない。
이 문양을 처음 그린 사람은 별로 기이함을 뽐낸 것은 아니다.

❸ 控え目で衒ったところのない人だから、みんなに好かれる。
막 나서지 않고 뽐내는 곳이 없는 사람이라서 모두에게 사랑받는다.

❹ 今回の絵画展は目立つようにと奇を衒った作品の応募が多かった。
이번 회화전은 눈에 띄도록 기이함을 자랑한 작품의 응모가 많았다.

❺ 博識を衒えば人から尊敬されると思っているようだが、軽蔑されるのが落ちだ。
박식함을 뽐내면 남에게 존경받으리라 생각하고 있는 것 같은데, 경멸당할 것이 뻔하다.

277 >>>> 照る/照らす ▢▢▢▢

[照る]

意 🔵 ① 太陽・月が光を放って輝く，光や熱が地上に注ぐ　② 晴れる，晴天になる
③ 光を受けて美しく輝く，映える

🔴 ① 비치다, 내리쬐다　② 날씨가 개다　③ 빛나다

用 照るは‘陽・月・太陽が照る(해·달·태양이 비치다)’처럼, 빛이 비치거나 내리쬐는 경우와 날씨가 개거나 빛을 받아 빛나는 경우 등에 사용한다.

例

❶ 黒い雲が切れてまぶしい日が一筋、かっと照った。
새카만 구름이 갈리고 눈 부신 해가 한줄기 쫙 비쳤다.

❷ 真夜中に外に出てみると、月がこうこうと照っていた。
한밤중에 밖으로 나가보니 달이 휘황찬란하게 비치고 있었다.

❸ 降っても照っても少年は一日も休まず、新聞配達を続けた。
날씨가 궂어도 개어도 소년은 하루도 쉬지 않고 신문 배달을 계속했다.

❹ 太陽がギラギラ照っているのに、不思議に汗一つかいていない。
태양이 이글이글 내리쬐고 있는데 이상하게 땀 하나 흘리지 않는다.

❺ 青い時も緑の時もあるが、明るい陽が照るとガラスのように見える。
파란 때도 녹색일 때도 있지만, 밝은 해가 비치면 유리처럼 보인다.

[照らす]

意
(日) ①光を当てて明るくする　②鏡に映す　③基準になるものと比べ合わせる

(韓) ①비추다　②대조하다

用
照らすは '太陽が照らす(태양이 비추다)', '良心·法律に照らす(양심·법률에 비추다, 비추어보다)', '炎に照らされる(불꽃에 비춰지다)', '照らし合わせる(대조하다)' 처럼, 무언가에 비추거나 비추어 보거나 대조해 보는 경우에 사용한다.

例

① 神の前で良心に照らして包み隠さず申しあげる。
신 앞에서 양심에 의거하여 숨김없이 말씀드린다.

② 夕暮れになると、灯台の光が静かな海を照らし始める。
해질녘이 되자 등대의 빛이 조용한 바다를 비추기 시작한다.

③ 火によって、夜は暗かった人の住み処も炎に照らされ明るくなった。
불에 의해 밤에는 어두웠던 인간의 거처도 불꽃이 비쳐 밝아졌다.

④ この問題だったら法律に照らすまでもなく我々が正しいに決まっている。
이 문제라면 법률에 대조해볼 것까지도 없이 당연히 우리가 옳다.

⑤ 辞典で調べた言葉が文章に照らしてみて、どの意味に当たるかを考えてみた。
사전에서 찾은 말이 문장에 비추어 보아 어떤 의미에 맞는지를 생각해 보았다.

⑥ 図書係は本を受け取る時、本とカードをよく照らし合わせてから受け取る。
도서 담당은 책을 반납받을 때 책과 카드를 잘 대조하고서 반납받는다.

278 >>> 尊ぶ(貴ぶ) □□□□

意 ⓙ ①大切にすべきものとして尊敬する，敬い崇める　②価値あるもの、有用なものとして大切にする，重んじる，重視する

ⓚ ①공경하다, 존경하다　②존중하다, 중시하다

用 尊ぶは '人を尊ぶ(사람을 존경하다)', '神·仏を尊ぶ(신·부처를 공경하다)', '名·意見·平和を尊ぶ(명예·의견·평화를 존중하다)'처럼, 대상을 존경·공경하거나 존중·중시하는 경우에 사용한다. '尊ぶ'라고도 한다.

例

❶ 村人たちは信仰が厚く、神や仏を尊んでいた。
마을 사람들은 신앙이 두터워 신이나 부처를 공경하고 있었다.

❷ 祖先や目上の人を尊ぶ気持ちを忘れないようにしよう。
조상이나 손윗사람을 존경하는 마음을 잊지 않도록 하자.

❸ 平和を尊び、戦争に反対する人々の輪が世界中に広がっている。
평화를 존중하고 전쟁에 반대하는 사람들의 고리가 온 세계에 확대되고 있다.

❹ かつて日本の軍人は、名を尊び、捕虜になるのを恥と教え込まれた。
일찍이 일본 군인은 명예를 중시하여 포로가 되는 것은 수치라고 교육받았다.

❺ 何でも多数決で押し切るのではなく、少数意見も尊び耳を傾けたい。
무엇이든 다수결로 밀어붙이는 것이 아니라 소수 의견도 존중하고 귀 기울이고 싶다.

279 >>> 咎める

意 ⑪ (他/自) ① 過ちや罪などを取り立てて責める, 非難する ② 怪しいと思って問い正す ③ 傷・腫れ物などを刺激して悪化させる, 悪化する ④ 悪いことをしたと思って心が痛む

㉠ ① 질책하다, 나무라다 ② 추궁하다 ③ 악화시키다, 덧나다 ④ 가책을 받다.

用 咎める는 '気が咎める(마음이 꺼림직하다)', '良心が咎める(양심의 가책을 받다)', '不注意を咎める(부주의를 나무라다)', '先生に咎められる(선생님에게 질책을 받다)'처럼, 상대를 비난하거나 책망하거나 질책하는 경우와 양심의 가책을 받거나 상처 등을 악화시키는 경우 등에 사용한다.

例

❶ 道を行く人がみな咎めるような眼つきでこちらを見ている。
길을 걷는 사람이 모두 비난하는 듯한 눈초리로 이쪽을 보고 있다.

❷ 助けを求められているのに、無視しているようで良心が咎めるのだ。
도움을 요구받고 있는데 무시하고 있는 것 같아 양심이 찔린다.

❸ 校門のところでぶらぶらしていたら、そこの学校の先生に咎められた。
교문 근처에서 빈둥거리고 있자 그 학교의 선생님에게 추궁을 받았다.

❹ 生徒をあまりきつく叱ってしまったので、気が咎めて一日中落ち着かなかった。
학생을 너무 심하게 야단쳐 버렸기에 마음에 걸려 하루종일 안정되지 않았다.

❺ 誤ってコップを倒し、お客の衣服を汚したウエートレスが不注意を咎められていた。
실수로 컵을 넘어뜨려 손님의 옷을 더럽힌 웨이트리스가 부주의를 질책당하고 있었다.

280 ⟫⟫⟫ 尖る/尖らす

[尖る]

意 🇯🇵 ① 先端が細く鋭くなる　② 殊更に神経が鋭敏になる　③ 怒りなどのために声や表情が険しくなる，刺々しくなる

🇰🇷 ① 뾰족해지다　② 예민해지다, 날카로워지다, 험악해지다

用 尖るは '先が尖る(끝이 뾰족하다)', 尖った鼻(예민한 코), '尖った石(뾰족한 돌)', '神経が尖る(신경이 날카로워지다)', '目が尖る(눈이 날카롭다)' 처럼, 끝이 뾰족하여 날카롭거나 감정이 예민해지는 경우에 사용한다.

例

❶ キツツキは先の尖った嘴で木に穴を開ける。
딱따구리는 끝이 뾰족한 부리로 나무에 구멍을 뚫는다.

❷ 老人は尖った石を拾って地面に何か書き始めた。
노인은 뾰족한 돌을 주워서 지면에 무언가를 쓰기 시작했다.

❸ 鼻の尖った白い犬がさっきからキャンキャン吠えている。
코가 예민한 흰 개가 아까부터 깽깽 짖고 있다.

❹ 本番前で神経が尖っていたらしく、ちょっとした物音も気になった。
본 촬영 전에 신경이 날카로워져 있던 것 같아 사소한 소리도 신경이 쓰였다.

❺ 勉強しないでずっとテレビを見ていたら、だんだん母の目が尖ってきた。
공부하지 않고 계속 텔레비전을 보고 있자 점점 어머니의 눈이 날카로워져 왔다.

[尖らす]

意 　🗾 尖らせる

　　🇰🇷 날카롭게 하다, 뾰족하게 하다

用 　尖らす는 '物を尖らす(물체를 날카롭게 하다)', '鉛筆を尖らす(연필을 뾰족하게 하다)', '口を尖らす(입을 삐죽 내밀다)', '神経を尖らす(신경을 곤두세우다)', '目を尖らす(눈을 날카롭게 뜨다)', '声をとがらす(언성을 거칠게 하다)'처럼, 사물을 뾰족하게 하거나 날카롭게 하는 경우에 사용한다.

例

❶ 微かな音も聞き逃すまいと、神経を尖らしていた。

작은 소리도 놓치지 않겠다며 신경을 곤두세우고 있었다.

❷ 私が悪いんじゃないのにと、妹は口を尖らして言った。

내가 잘못한 것이 아닌데 하고 여동생은 입을 삐죽 내밀고 말했다.

❸ 机に座ってマンガを読んでいたら、後ろに目を尖らした母が立って

いた。

책상에 앉아 만화를 보고 있자 뒤에 눈을 날카롭게 뜬 어머니가 서 있었다.

❹ 「何度言ったら分かるんだ！」と、父はいつになく声を尖らして怒

鳴った。

'몇 번 말해야 알아'하고, 아버지는 평상시와 달리 목소리를 높이며 호통쳤다.

❺ 自転車のスポークを鑢で尖らして棒の先に括り付け、川の魚を突い

たりして遊んだ。

자전거 바퀴살을 줄로 뾰족하게 해서 막대 끝에 동여매어 강의 물고기를 잡으며 놀았다.

281 >>> 時めく

意 🄹 よい時機に巡り会って栄える，時流に乗って持て囃される

🄺 때를 만나 드날리다, 잘 나가다

用 時めくは'今を時めく(지금 잘나가다, 시대를 주름잡다)'처럼, 좋은 시기를 만나 번성하거나 시대를 주름잡는 경우에 사용한다.

例

❶ あの人は特に名を秘すが、いまを時めく女性の放送作家である。
그 사람은 특히 이름을 숨기지만 지금 잘나가는 여성 방송작가이다.

❷ 彼の生涯を一貫して、世に時めくという類の朋友は一人もなかった。
그의 생애를 통틀어서 세상을 주름잡는 그런 류의 친구는 한 사람도 없었다.

❸ 彼女はいま財界になくてはならぬ大名士の、時めく男爵夫人である。
그녀는 지금 재계에 없어서는 안 될 대 명사인 시대를 주름잡는 남작 부인이다.

❹ 夕刻から今を時めくお洒落なイタリアン・レストランでお祝いのパーティがある。
저녁때부터 지금 가장 잘나가는 멋진 이탈리안 레스토랑에서 축하 파티가 있다.

❺ 今を時めく大臣が駆者と同席で仲よく飯を食っているのは、異様なものらしい。
시대를 주름잡는 장관이 마부와 동석으로 사이좋게 밥을 먹고 있는 것은 특이한 듯하다.

282 >>> ときめく □□□□

意

⑪ 喜びや期待が沸き上がって胸がどきどきする

㉿ 가슴이 두근거리다, 설레다

用　ときめくは '心·胸がときめく(마음·가슴이 설레다, 두근거리다)'처럼, 기쁨이나 기대감 등으로 가슴이나 마음이 설레는 경우에 사용한다.

例

❶ 過ぎたあの頃のことを思い出すと、僕は今でも胸が激しくときめく。
지난 그 시절을 떠올리면 나는 지금도 가슴이 격하게 설렌다.

❷ 憧れの高校に入れて、今日はいよいよ喜びに心ときめく入学式である。
동경하는 고교에 들어갈 수 있어 오늘은 드디어 기쁨에 마음 설레는 입학식이다.

❸ 男と擦れ違うだけで心ときめく日々に、ある日突然大きな変化が訪れた。
남자와 스치는 것만으로 마음이 뛰는 일상에 어느 날 갑자기 큰 변화가 찾아왔다.

❹ まだ夫婦となっていない頃は、その下から覗く腰巻きの色にときめいたものだ。
아직 부부가 되지 않았을 무렵은 그 아래서 들여다보는 허리에 두른 옷 색에 설렜었다.

❺ 明日の誕生日には、どんなプレゼントがもらえるか、今から期待に胸がときめく。
내일 생일에는 어떤 선물을 받을 수 있는지 지금부터 기대에 가슴이 설렌다.

283 >>>> 跡切れる(途切れる) □□□□

意　⒟ 途中で切れる，途中で絶える

　　　⒦ 중단되다, 도중에 끊어지다

用　跡切れる는 '列・流れが跡切れる(행렬・흐름이 끊어지다)', '人家・便りが跡切れる
(인가・소식이 끊어지다)', '話・言葉が跡切れる(이야기・말이 중단되다)', '眠りが跡切
れる(잠이 끊어지다)'처럼, 무언가가 도중에 끊어지거나 중단되는 경우에 사용한다.

例

❶ 始業のベルが鳴ったので、私たちの話はそこで跡切れた。
작업 시작 벨이 울렸기 때문에, 우리 이야기는 거기에서 중단되었다.

❷ やっと車の流れが跡切れたので、急いで向こう側に渡った。
겨우 차량 흐름이 끊어졌기에 서둘러 건너편 쪽으로 건넜다.

❸ 彼女は何か言おうとしたが、悲しみのあまり言葉が跡切れた。
그녀는 무언가 말하려 했지만, 슬픈 나머지 말이 끊어졌다.

❹ 東京で働いている兄の便りが跡切れているので両親も心配している。
동경에서 일하고 있는 형 소식이 끊겨 있어 부모님도 걱정하고 있다.

❺ 明け方近くに眠りが跡切れて、そのまま朝まで床の中であれこれと
考えていた。
새벽녘 근처에 잠이 깨어 그대로 아침까지 잠자리 속에서 이것저것 생각하고 있었다.

284 〉〉〉 溶く / 溶ける ▢▢▢▢

[溶く]

[意]

🇯🇵 ①固形状・粉末状の物に液体を加えてどろどろの液体にする　②分離している物を掻き混ぜて均一の液体にする，解きほぐす　③固形状・粉末状の物を液体に混ぜ入れて溶液にする，溶かす

🇰🇷 ①(액체나 가루를 섞어서) 풀다, 개다　②섞어 균일한 액체를 만들다, 녹이다

[用]

溶くは‘小麦粉を溶く(밀가루를 개다)’, ‘洗剤を溶く(세제를 풀다)’, ‘色彩を溶く(색채를 풀어내다)’, ‘水に溶く(물에 개다)’, ‘湯・酒で溶く(따뜻한 물・술로 개다)’처럼, 가루 상태의 물질을 액체에 개거나 풀거나 녹이는 경우에 사용한다.

[例]

❶ 母はへらを使って小麦粉を水に溶いた。

어머니는 주걱을 이용해 밀가루를 물에 개었다.

❷ この薬は粉になっているが、ぬるま湯で溶いて飲むのだ。

이 약은 가루로 되어 있는데 미지근한 물로 녹여 복용한다.

❸ 彼女は白い服に染みがつくと、洗剤を溶いた水に浸けておいた。

그녀는 흰색 옷에 얼룩이 지자 세제를 푼 물에 담가 놓았다.

❹ 文字は一つずつ、炭を砕いて葡萄酒で溶いた墨ではっきりと書いた。

글자는 하나씩 숯을 부숴 포도주에 갠 먹물로 확실하게 썼다.

❺ 庭の中心に池が設けられ、鯉の群れが華やかな色彩を溶いている。

정원 중심에 연못이 설치되어 잉어 무리가 화려한 색채를 풀어내고 있다.

[溶ける]

意　🇯🇵 液体になる，溶液の状態になる，液状になる

　🇰🇷 녹다, 액상이 되다, 용해되다

用　溶けるは '砂糖·金属が溶ける(설탕·금속이 녹다)', '水に溶ける(물에 녹다)'처럼, 물
체가 녹거나 액체 상태가 되는 경우에 사용한다.

例

❶ この物質は水に溶ける性質を持っている。
이 물질은 물에 녹는 성질을 가지고 있다.

❷ コーヒーカップの底に砂糖が溶けないで残っている。
커피잔 바닥에 설탕이 녹지 않고 남아 있다.

❸ それはいつか何かで見たガラスや金属が溶ける光景によく似ている。
그것은 언젠가 무언가에서 본 유리나 금속이 녹는 광경과 많이 비슷하다.

❹ この室内の寒さでは、溶けるのにかなりの時間がかかったに違いない。
이 실내의 추위로는 녹는 데에 상당한 시간이 걸렸음에 틀림 없다.

❺ 来ている客も老人が多く、コーヒーに入れた砂糖の溶ける音まで
よく聞こえた。
와 있는 손님도 노인이 많고 커피에 넣은 설탕이 녹는 소리까지 잘 들렸다.

285 　研ぐ(磨ぐ)

意　🇯🇵 ① 刃などを砥石いなどで擦ってよく切れるようにする　② 表面を磨いて艶を出す, 磨く　③ 水の中に入れた米などを擦るようにして洗う

　🇰🇷 ① 갈다　② 닦다, 닦아서 윤을 내다　③ (수중에서 비벼서) 씻다

用　研ぐ는 '刀を研ぐ(칼을 갈다)', '爪を研ぐ(발톱을 갈다)', '米を研ぐ(쌀을 씻다)'처럼 칼을 갈거나 광택을 내거나 쌀을 씻는 경우에 사용한다.

例

❶ 台所から、シャッ、シャッとお米を研ぐ音が聞こえてくる。
부엌에서 싹싹하고 쌀을 씻는 소리가 들려온다.

❷ ネコが爪を研ぐので、柱の下の方は引っ掻き傷だらけである。
고양이가 발톱을 갈아서 기둥 밑쪽은 긁힌 자국투성이이다.

❸ 祖父はよく研いで刃が立っている刀で屠った豚の皮を剥いた。
할아버지는 잘 갈아 날이 서 있는 칼로 잡아 온 돼지의 가죽을 벗겼다.

❹ 彼は命令に従うような態度の裏で、我々に対して牙を研いでいたのだった。
그는 명령에 따르는 듯한 태도 뒤에서 우리에 대해 기회를 노리고 있었다.

❺ 切れなくなった鋏は砥石で研がなくても、銀紙を切ればまた使えるようになる。
들지 않게 된 가위는 숫돌로 갈지 않아도 은종이를 자르면 다시 쓸 수 있게 된다.

─ 286 ⟫⟫⟫ 退く／退ける ☐☐☐☐

[退<ど>く]

意 🇯🇵 体<からだ>を動<うご>かしてその場所<ばしょ>を空<あ>ける

🇰🇷 물러나다, 비키다

用 退<ど>くは '人<ひと>が退<ど>く(사람이 비키다, 물러나다)', '退<ど>け(비켜)', '退<ど>いてください(비키십시오)'처럼, 지나가는 데에 사람이나 물건이 비키거나 물러나는 경우에 사용한다.

例

❶ 重<おも>い荷物<にもつ>を持<も>った人<ひと>が通<とお>ります、ちょっと退<ど>いてください。
무거운 짐을 든 사람이 지나갑니다, 좀 비켜 주십시오.

❷ 彼<かれ>は私<わたし>の思<おも>いが彼女<かのじょ>にあるのを理解<りかい>して自<みずか>ら脇<わき>へ退<ど>いてくれた。
그는 내 마음이 그녀에게 있는 것을 이해하고 스스로 옆으로 물러나 주었다.

❸ 演奏<えんそう>することになると、どんな店<みせ>も私<わたし>たちに退<ど>けとは言<い>わなかった。
연주하게 되자 어느 가게도 우리에게 비키라고는 하지 않았다.

❹ 道<みち>の真<ま>ん中<なか>で出<で>くわした二人<ふたり>は、どちらも一向<いっこう>に退<ど>く気配<けはい>を見<み>せない。
길 한가운데서 맞닥뜨린 두 사람은 어느 쪽도 조금도 비킬 기미를 보이지 않는다.

❺ 彼<かれ>はテレビの脇<わき>に退<ど>いて、ベッドの彼女<かのじょ>からも画面<がめん>が見<み>えるようにしてやった。
그는 텔레비전 옆으로 비켜 침대에 있는 그녀로부터도 화면이 보이도록 해 주었다.

[退^どける]

| 意 | ⓐ 場所^{ばしょ}をあけるために、そこにあった物^{もの}を別^{べつ}の場所^{ばしょ}に移^{うつ}す、退^どかす、退^どける |

㉿ 치우다, 비키다, 물리치다

| 用 | 退^どけるは'物^{もの}を退^どける(물건을 치우다)', '土砂^{どしゃ}を退^どける(토사를 치우다)', '車^{くるま}を退^どける (차를 비키다)'처럼, 물체를 다른 곳으로 치우거나 비키는 경우에 사용한다.

| 例 |

❶ 荷物^{にもつ}の出^だし入^いれをするので、そこの車^{くるま}を退^どけてくれ。
짐의 날라야 하니 거기 차를 빼 줘.

❷ テレビがよく見^みえないから、テーブルの上^{うえ}の物^{もの}を退^どけてくれ。
텔레비전이 잘 안 보이니 테이블 위의 물건을 치워 줘.

❸ 道路^{どうろ}を塞^{ふさ}いでいる土砂^{どしゃ}を退^どけるだけでも、三日^{みっか}かかるそうだ。
도로를 막고 있는 토사를 치우는 것만으로도 3일 걸린다고 한다.

❹ 彼女^{かのじょ}は肩^{かた}に回^{まわ}されていた夫^{おっと}の腕^{うで}をきっぱりと退^どけると、立^たち上^あがった。
그녀는 어깨에 둘려 있던 남편의 팔을 확 치우고는 일어났다.

❺ 額縁^{がくぶち}のすぐ側^{そば}まで近^{ちか}づき、観葉植物^{かんようしょくぶつ}の葉^はを手^てで退^どけて見上^{みあ}げて みた。
액자 바로 옆까지 다가가 관엽식물의 잎을 손으로 치우고 올려 보았다.

287 >>> 遂(と)げる □□□□

意
 ㊐ ①しようと思(おも)っていたことを果(は)たす，目的(もくてき)を達(たっ)する　②意図(いと)しないである結果(けっか)を得(え)る，尋常(じんじょう)でない死(し)に方(かた)をする

 ㊞ ① 이루다, 완수하다, 성취하다　② 특별한 죽음을 맞이하다, 마치다

用
 遂(と)げるは'進化(しんか)・発展(はってん)・成長(せいちょう)・目的(もくてき)・優勝(ゆうしょう)・思(おも)いを遂(と)げる(진화・발전・성장・목적・우승・뜻을 이루다)', '任務(にんむ)を遂(と)げる(임무를 달성하다)', '最期(さいご)を遂(と)げる(최후를 마치다)'처럼, 생각한 바를 이루거나 달성하거나, 최후를 맞이하는 경우에 사용한다.

例

❶ 彼(かれ)は二週間(にしゅうかん)にわたる現地(げんち)での任務(にんむ)を遂(と)げ、昨日(きのう)帰(かえ)ってきた。
그는 2주에 걸친 현지에서의 임무를 완수하고 어제 돌아왔다.

❷ 地球上(ちきゅうじょう)のあらゆる生物(せいぶつ)の中(なか)で最(もっと)も進化(しんか)を遂(と)げたのは人類(じんるい)である。
지구상의 모든 생물 중에서 가장 진화를 이룬 것은 인류이다.

❸ 外国(がいこく)に行(い)って勉強(べんきょう)したいという長年(ながねん)の思(おも)いを遂(と)げる時(とき)がついに来(き)た。
외국에 가서 공부하고 싶다는 오랜 생각을 이뤄 낼 때가 마침내 왔다.

❹ 働(はたら)くことを通(とお)して人間(にんげん)としての考(かんが)えを深(ふか)め、成長(せいちょう)を遂(と)げることができる。
일하는 것을 통해 인간으로서의 사고를 깊이하고 성장을 이룰 수 있다.

❺ その作曲家(さっきょくか)は数多(かずおお)くの優(すぐ)れた作品(さくひん)を残(のこ)しながら、孤独(こどく)で哀(あわ)れな最期(さいご)を遂(と)げた。
그 작곡가는 수많은 뛰어난 작품을 남기면서 고독하고 가련한 최후를 마쳤다.

288 ⟩⟩⟩ と 綴じる ☐☐☐☐

意 ㊐ ①重ね合わせた紙などに糸を通したりして一つに纏める，縫い合わせる ②汁の多い煮物で掻き混ぜた卵などをかけ具が纏まるようにする

� ① 하나로 철하다, 꿰매어 붙이다 ②(요리) 푼 달걀을 끼얹어 재료를 마무리하다

用 綴じるは '書類・新聞・資料・ページを綴じる(서류・신문・자료・페이지를 철하다, 묶다)' 처럼, 무언가가 철하거나 묶는 경우에 사용한다.

例

❶ 全部で五十ページほどあるが、筆者は綴じる作業をしていない。
전부 50페이지 정도 있는데 필자는 묶는 작업을 하지 않았다.

❷ それぞれの朝刊と夕刊をパンチで穴を開けてホルダーに綴じる。
각각의 조간과 석간을 펀치로 구멍을 뚫어 홀더에 철한다.

❸ 複数のページを綴じる場合には糸かホチキス針で留めていた。
복수의 페이지를 철하는 경우는 실이나 스테이플러 침으로 고정하고 있었다.

❹ 書類を綴じる目的で決められたパンチャーと機構は同じである。
서류를 묶을 목적으로 정해진 펀처 등과 기구는 같다.

❺ 寺の説明書きを紐で綴じる方式で参加寺院の入れ替えに対応できる。
절의 설명서를 끈으로 철하는 방식으로 참가사원 교체에 대응할 수 있다.

289 >>> 跡絶える(途絶える)　□□□□

意　⑧ 続いていたものが途中で絶える，途切れる，途絶する

　　⑭ 끊어지다, 두절되다

用　跡絶えるは '行き来が跡絶える(왕래가 끊어지다)', '貿易が跡絶える(무역이 단절되다)', '交通·便りが跡絶える(교통·소식이 두절되다)', '声·話が跡絶える(소리·이야기가 끊어지다)', '人家が跡絶える(인가가 끊어지다)', '跡が跡絶える(대가 끊기다)' 처럼, 무언가가 끊어지거나 두절되는 경우에 사용한다.

例

❶ 長い間跡絶えていたその国との貿易がようやく再開された。
オ랫동안 단절되어 있던 그 나라와의 무역이 드디어 재개되었다.

❷ 鳴き声のする方に近づくと、とたんに声は跡絶えてしまった。
울음소리가 나는 쪽으로 다가가자 순간 소리가 끊어지고 말았다.

❸ 毎月届いていた姉からの便りが跡絶えているので、心配だ。
매달 도착하고 있던 누나로부터의 소식이 끊겨 있어서 걱정이다.

❹ 人家の跡絶えたこの渓谷には、たくさんの野鳥が姿を見せる。
인가가 끊어진 이 계곡에는 많은 들새가 모습을 보인다.

❺ 代々続いて来たこの家も子供に恵まれず、跡が跡絶えようとしている。
대대로 이어져 온 이 집도 자식 복이 없어 대가 끊어지려 하고 있다.

290 >>> とちる

☐☐☐☐

[意] ⓐ ① 俳優などが、台詞や演技を間違える　② 物事をやり損なう，しくじる

　　ⓚ ① 배우 등이 대사나 연기를 틀리다　② 잘못하다, 실수하다

[用] とちるは '台詞をとちる(대사를 틀리다)', '問題をとちる(문제를 실수하다)' 처럼, 배우
등이 대사나 연기 등을 틀리거나 무언가를 잘못하여 실수하는 경우에 사용한다.

[例]

❶ 簡単な問題だったのに、焦ってとちってしまった。
간단한 문제였는데 당황해서 틀리고 말았다.

❷ 舞台で台詞をとちった私は観客の爆笑を浴びた。
무대에서 대사를 실수한 나는 관객의 폭소를 들었다.

❸ 結局、様々な感情が交差して最後の方は何度もとちってしまった。
결국 여러 감정이 교차해서 마지막 쪽은 몇 번이나 실수하고 말았다.

❹ 三分ほどの演奏の中で、これほどまでに、とちったことはかつて
なかった。
3분 정도의 연주 중에서 이렇게까지 실수한 적은 예전에 없었다.

❺ たまに演奏そのものをとちったりする部分もあるが、それが不思議と
気にならない。
가끔 연주 자체를 틀리거나 하는 부분도 있지만, 그것이 이상하게 신경 쓰이지 않는다.

291 〉〉〉 滞る（とどこお） ☐☐☐☐

意 🇯🇵 ① 物事が順調に進まない，停滞する　② 支払うべき金が未納のまま溜る

🇰🇷 ① 막히다, 정체하다　② (낼 돈을 못 내) 밀리다

用 滞る는 '交通・流れが滞る(교통・흐름이 막히다)', '仕事・事務・税金・家賃が滞る(일・사무・세금・집세가 밀리다)'처럼, 사물이 정체되거나 일이나 사건 등이 지체되거나 집세나 세금 등이 밀리는 경우에 사용한다. '滞りなく(막힘없이)'의 형태로도 사용한다.

例

❶ 事故で交通が滞り、道路は長い車の列で大混雑だ。
사고로 교통이 막혀서 도로는 긴 자동차 행렬로 크게 혼잡하다.

❷ 投げ捨てられるごみで川の流れが滞り、悪臭を放っている。
던져버려지는 쓰레기로 강의 흐름이 막혀서 악취를 풍기고 있다.

❸ 人員不足で事務が滞りがちになるのを、アルバイトを雇って解消した。
인원 부족으로 사무가 쉽게 밀리게 되는 것을 아르바이트를 고용해서 해소했다.

❹ 役所から税金が滞っているので速やかに納めるようにとの通知が来た。
관청에서 세금이 밀려 있으니 신속히 납부하라는 통지가 왔다.

❺ 彼の書いた小説は一向に認められず、家賃は半年間も滞ったままだった。
그가 쓴 소설은 전혀 인정받지 못하고 집세는 반년간이나 밀린 채였다.

292 ≫≫ 轟く (とどろく)　□□□□

意

㊐ ① 大きな音が響き渡る　② 広く世間に知れ渡る　③ 胸の鼓動が激しくなる

㊔ ① 울려 퍼지다　② 널리 알려지다, 유명해지다　③ (가슴이)뛰다

用

轟くは '歓声·爆音·雷鳴が轟く(환성·폭음·뇌성이 울려퍼지다)', '勇名·名声が轟く(용맹·명성이 널리 알려지다)', '胸が轟く(가슴이 뛰다)'처럼, 소리나 명성 등이 널리 울려 퍼지거나 알려지거나 가슴이 뛰는 경우에 사용한다.

例

❶ この戦いでの勝利をきっかけに彼の勇名は天下に轟いた。

이 싸움에서의 승리를 계기로 그의 용명은 천하에 널리 알려졌다.

❷ スタートを告げる号砲が轟き、選手たちは一斉に走り出した。

스타트를 알리는 총성이 울리고 선수들은 일제히 달리기 시작했다.

❸ ピカッと稲光がしたと思うと、天を引き裂くような雷鳴が轟いた。

번쩍하고 번개가 쳤다고 생각하자 하늘을 찢을 듯한 뇌성이 울려 퍼졌다.

❹ 長年の夢が叶えられようとしている今、私は轟く胸を押えることができない。

오랜 꿈이 이루어지려고 하고 있는 지금 나는 뛰는 가슴을 억누를 수가 없다.

❺ 彼女は女性初のノーベル賞受賞者として、今もその名声は世界に轟いている。

그녀는 여성 최초의 노벨상 수상자로서 지금도 그 명성은 세계에 널리 알려져 있다.

293 >>> 唱える(称える) □□□□

意 ⑪ ①決まった文句や経文などを声に出して言う, 名づけて呼ぶ, 称する ②短い言葉を大声で言う, 叫ぶ ③人に先んじてある事柄を主張する, 主唱する

    ㊀ ① 외다, 외우다, 호칭하다 ② 외치다 ③ 주장하다, 주창하다

用 唱えるは‘念仏·呪文を唱える(염불·주문을 외우다)’, ‘万歳を唱えた(만세를 외치다)’, ‘地動説·異議·無罪を唱える(지동설·이의·무죄를 주장하다)’처럼, 경·염불·주문 등을 외우거나, 소리내 외치거나 외쳐 주장하는 경우에 사용한다.

例

❶ 男は念仏を唱えると、草履を脱いで川へ身を投げた。
남자는 염불을 외우더니 짚신을 벗고 강으로 몸을 던졌다.

❷ 祝賀会の最後に市長の音頭で、万歳を三回唱えた。
축하회의 마지막에 시장의 선창으로 만세를 3번 외쳤다.

❸ 彼は無罪を唱えて二十年、やっと無実の罪を晴らした。
그는 무죄를 주장한 지 20년 겨우 억울한 죄를 풀었다.

❹ ガリレオが地動説を唱えた時、人々はだれも信じなかった。
갈릴레오가 지동설을 주창했을 때 사람들은 아무도 믿지 않았다.

❺ 魔女は呪文を唱えながら、竹箒に乗って空に舞い上がった。
마녀는 주문을 외우면서 대나무 빗자루를 타고 하늘로 날아올랐다.

❻ 古いマンションの建て替えは異議を唱える住人がいるので捗らない。
오래된 맨션의 재건축은 이의를 제기하는 주민이 있어서 진척되지 않는다.

294 >>> **惚ける**(とぼ) □□□□

意 ⓐ ①知(し)っていながら知(し)らないふりをする，しらばくれる　②どことなく滑稽(こっけい)な言動(げんどう)をする，間(ま)の抜(ぬ)けた仕種(しぐさ)をする

ⓚ ①모르는 체하다, 시치미 떼다　②우스운 언행을 하다, 얼빠진 행동을 하다

用 惚(とぼ)ける는 '惚(とぼ)けた演技(えんぎ)(얼빠진 모양의 우스운 연기)', '惚(とぼ)けた顔(かお)(얼빠진 얼굴)'처럼, 모르는 체 시치미를 떼거나, 우스꽝스럽거나 얼빠진 행동을 하는 경우에 사용한다.

例

❶ 惚(とぼ)けるならもっとうまく惚(とぼ)けろと、私(わたし)は内心(ないしん)むかむかしていた。
시치미를 뗄 것이라면 좀 더 잘 떼라 하며 나는 내심 화가 나 있었다.

❷ コメディアンは、間(ま)の抜(ぬ)けた惚(とぼ)けた演技(えんぎ)で観客(かんきゃく)を笑(わら)わせていた。
코메디언은 얼빠진 우스운 연기로 관객을 웃기고 있었다.

❸ お前(まえ)が犯人(はんにん)じゃないだと。惚(とぼ)けるな、目撃者(もくげきしゃ)が三人(さんにん)もいるんだぞ。
네가 범인이 아니라고! 시치미 떼지마, 목격자가 3명이나 있어.

❹ 飼育係(しいくがかり)のおじさんに怒(おこ)られた時(とき)の子猿(こざる)の惚(とぼ)けた顔(かお)が何(なん)とも可愛(かわい)らしかった。
사육 담당인 아저씨에게 야단맞을 때의 어린 원숭이의 능청 떠는 얼굴이 참으로 귀여웠다.

❺ 警察署長(けいさつしょちょう)も廃業取消(はいぎょうとりけ)しの申(もう)し出(で)があったので、本署(ほんしょ)ではそれ以上(いじょう)は知(し)らないと惚(とぼ)ける。
경찰서장도 폐업취소 신청이 있어서 본서에서는 그 이상은 모른다며 시치미 뗀다.

295 〉〉〉〉 富む

意 ⑪ ①財産を多く持つ，金持ちである　②…が多くある，…が豊かである

　　 ㉗ ① 재산을 많이 갖다, 부자이다　② 많다, 풍부하다

用 富むは‘資源·経験·才能·思慮と分別·変化·風情に富む(자원·경험·재능·사려분별·변화·운치가 풍부하다/많다)’, ‘起伏に富む(기복이 심하다)’, ‘示唆に富む(시사하는 바가 크다)’, ‘波乱に富む(파란만장하다)’, ‘富む人(부자)’처럼, 무언가가 풍부하거나 매우 크거나 많은 경우에 사용한다.

例

❶ オーストラリアは鉄鉱·石炭·鉛などの地下資源に富んだ国である。
오스트레일리아는 철광·석탄·납 등의 지하자원이 풍부한 나라이다.

❷ この意見は日本の将来を考える上で、大変示唆に富むものである。
이 의견은 일본의 장래를 생각함에 있어서 매우 시사하는 바가 큰 것이다.

❸ 登山をする時は経験に富んだ熟錬者をリーダーにするのが望ましい。
등산을 할 때는 경험이 풍부한 숙련자를 리더로 하는 것이 바람직하다.

❹ 口語体より文語体の文章の方が意味は分かりにくいが、風情に富んでいる。
구어체보다 문어체의 문장 쪽이 의미는 알기 어렵지만, 운치가 풍부하다.

❺ こういう込み入ったことは思慮と分別に富む年配の人の助けを借りたほうがよい。
이렇게 복잡하게 얽힌 일은 사려분별이 풍부한 연배의 도움을 빌리는 편이 좋다.

354 High Level 일본어 동사 300 【단일어편 상】

296 　弔う (とむら)

　□□□□

意 ⑪ ① 人の死を悲しんで遺族に悔やみを述べる，弔問する　② 死者の霊を慰める
　　　ために葬儀・供養などを営む

　　　㉗ ① 문상하다, 애도하다, 조문하다　② 명복을 빌다, 제를 지내다

用 弔うは‘仏を弔う(죽은 자를 문상하다)’, ‘死者を弔う(고인의 명복을 빌다)’, ‘霊を弔う
　(영혼을 조상하다)’, ‘後を弔う(사후 제를 지내다)’처럼, 사자를 문상하거나 제를 지내
　는 경우에 사용한다.

例

❶ お彼岸には祖先の霊を弔うために親族が集まってお墓参りをしている。
　피안에는 조상의 영혼을 모시기 위해 친족이 모여서 성묘를 하고 있다.

❷ 人間以外の動物で何か死者を弔うような行動を示すのはゾウである。
　인간 이외의 동물로 무언가 사자를 위해 애도하는 듯한 행동을 보이는 것은 코끼리이다.

❸ 京都の念仏寺には弔ってくれる者のない無縁仏が葬られ、供養が
　行われている。
　京都 念仏寺에는 제를 지내 주는 자가 없는 무연고자가 묻혀 있어 공양이 행해지고 있다.

❹ 生前、信頼の厚かったおじの葬儀の際はたくさんの人たちが駆け
　付けて弔ってくれた。
　생전에 신뢰가 두터웠던 삼촌의 장례 때는 많은 사람이 달려와 조문해 주었다.

❺ 仏教では死者の冥福を祈って死後四十九日目や年忌などに法事
　を行い、後を弔う。
　불교에서는 사자의 명복을 빌고 사후 49일째나 기일 등에 제사를 지내며 사후 제를 지낸다.

---

297 ⟫⟫⟫ 灯る/灯す　　　□□□□□

[灯る(点る)]

意 🗾 明かりがつく

🇰🇷 불이 켜지다, 점화되다

用 灯る는 '灯·明かり·蠟燭が灯る(불·촛불이 켜지다)', '光が灯る(빛이 나다)'처럼, 불이 켜지거나 불이 점화되는 경우에 사용한다. '点る'라고도 한다.

例

❶ 屋根裏の彼の部屋には蠟燭がほの暗く灯っていた。
다락에 있는 그의 방에는 양초가 희미하게 켜져 있었다.

❷ 私を力づけてくれたその本は今も私の胸に灯る灯となっている。
나를 격려해 준 그 책은 지금도 나의 가슴에 켜진 등불이 되어 있다.

❸ 決して闇を照らすような強い光ではなかったが、確かに光が灯っていた。
결코 어둠을 비출 듯한 강한 빛은 아니었지만, 분명히 빛이 나고 있었다.

❹ 夕暮れの町に灯が灯る頃、夜学生の兄は、仕事を終え、大学へ向かう。
해질녘 거리에 불이 들어올 무렵 야학도인 형은 일을 마치고 대학으로 향한다.

❺ 野良仕事を終えて帰る頃には、辺りも薄暗くなり、家々にも明かりが灯り始める。
밭일을 마치고 돌아갈 무렵에는 주변도 어둑해져 집집마다 불이 들어오기 시작한다.

[灯す(点す)]

意 🇯🇵 ① 明かりをつける　② 男女が交合する

　　 🇰🇷 ① 등불을 켜다, 점화하다　② 교합하다

用 灯すた'火を灯す(불을 붙이다)', '明かりを灯す(불을 켜다)', '油·蠟燭を灯す(기름·촛불에 불을 붙이다)'처럼, 불을 붙이거나 켜는 경우에 사용한다. '灯す'라고도 한다.

例

❶ 電灯などなかった昔は油を灯して明かりを取った。
전등 등이 없던 옛날에는 기름에 불을 붙여 불빛을 밝혔다.

❷ 暗くなってきたので、山小屋のランプに火を灯した。
어두워졌기 때문에 산장의 램프에 불을 붙였다.

❸ 一冊の本が暗く沈んでいた私の心に一筋の希望の灯を灯してくれた。
한 권의 책이 어둡게 가라앉아 있던 내 마음에 한 줄기의 희망 빛을 비춰주었다.

❹ 夜、停電になってので、用意しておいた蠟燭を灯して部屋を明るくした。
밤에 정전이 되어 준비해 두었던 양초에 불을 붙여 방을 밝혔다.

❺ 家が雪に埋もれてしまうので、真冬は日中も部屋に明かりを灯していなくてはならない。
집이 눈에 파묻혀 버려 한겨울에는 대낮에도 방의 불을 켜고 있지 않으면 안 된다.

❻ 「爪に火を灯す」は蠟燭や油の代わりに爪に火を灯すことで、ひどく倹約することの喩である。
'손톱에 불을 붙이다'는 초나 기름 대신 손톱에 불을 붙이는 것으로 지독하게 절약함의 비유이다.

298 　≫≫ どよめく

□□□□

意 🇯🇵 ①音が鳴り響く、どよむ　②大勢の人が思わず上げる声で辺りがざわめく

🇰🇷 ①울려 퍼지다, 울리다　②웅성대다, 술렁거리다

用 どよめくは '声·歓声がどよめく(소리·환성이 울려 퍼지다)', 'どっとどよめく(와 하고 웅성대다)', '会場がどよめく(회의장이 술렁이다)'처럼, 소리가 울려 퍼지거나 많은 사람이 웅성대거나 술렁이는 경우에 사용한다.

例

❶ 試合場からは、どよめく歓声が風に運ばれてくる。
시합장으로부터는 울려 퍼지는 환성이 바람에 실려 온다.

❷ 大漁の知らせに浜はどっとどよめき、にわかに活気を取り戻した。
풍어 소식에 항구는 와 하고 웅성대며 갑자기 활기를 되찾았다.

❸ 彼女が舞台に立ったとたん、その異様な姿に会場はどよめいた。
그녀가 무대에 서자마자 그 색다른 모습에 회의장은 술렁거렸다.

❹ どよめくように広がった声は漆黒の空に向かって吸い上げられていく。
울리듯이 퍼진 목소리는 칠흑의 하늘을 향해 빨려 들어간다.

❺ 優勝が決まった瞬間、応援団は喜びの声をどよめかせてお互いに抱き合った。
우승이 결정된 순간 응원단은 기쁨의 소리를 지르며 서로 얼싸안았다.

299 >>> 捕える(捉える) □□□□

意 ㊤ ①生き物を捕まえる, 捕獲する ②逃げる人を取り押さえる ③把握する, はっきり感じ取る

㊥ ① 잡다, 붙잡다, 붙들다 ② 체포하다, 포박하다 ③ 파악·이해하다, 받아들이다

用 捕える(捉える)는 '獲物·蝶を捕える(먹잇감·나비를 잡다)', '犯人を捕らえる(범인을 체포하다)', '電波を捕える(전파를 잡다)', '特徴·様子·心情·心を捉える(특징·모습·심정·마음을 파악하다)'처럼, 동물이나 사람을 붙잡거나 사물을 잡거나 이해하거나 파악하는 경우 등에 사용한다.

例

❶ バットの心でボール捕えれば、五十メートルは軽く飛ぶ。
방망이 중심으로 공을 맞히면 50미터는 가볍게 날아간다.

❷ 犯人はお前だろうと、男は私の襟首を捕えて放さなかった。
범인은 너지 하며 남자는 나의 목덜미를 잡고 놓지 않았다.

❸ フィルムには海辺で遊ぶ子供たちの様子がうまく捕えられていた。
필름에는 해변에서 노는 어린아이들의 모습이 잘 잡혀 있었다.

❹ トラはその鋭い爪で獲物を捕えるや、すばやく引き倒し噛み付いた。
호랑이는 날카로운 발톱으로 사냥감을 잡자마자 재빨리 넘어뜨려 물어뜯었다.

❺ 自分を成長させてゆくためには、自己を客観的に捉えることが大事である。
자신을 성장시켜가기 위해서는 자신을 객관적으로 파악하는 것이 중요하다.

300 >>> **捉われる(捕われる/囚われる)**

意 🇯🇵 ① 捕まえられる ② 囚人として獄につながれる ③ ある事柄に拘束されて心の
自由を失う

🇰🇷 ① 잡히다, 붙잡히다 ② 옥에 갇히다 ② 사로잡히다, 구애되다, 얽매이다

用 捉われるは '兵が敵に捕われる(병사가 적에게 붙잡히다)', '恐怖・思いに捉われる
(공포·생각에 사로잡히다)'처럼, 사람이 붙잡히거나, 무언가에 사로잡히거나 구애를
받는 경우에 사용한다.

例

❶ 味方の兵が敵に捕われたという報告が入った。
아군 병사가 적에게 붙잡혔다는 보고가 들어왔다.

❷ 父はぼんやりとして、何か思いに捉われているようだった。
아버지는 멍하니 무언가 생각에 사로잡혀 있는 것 같았다.

❸ 目先の事にばかり捉われていては将来の見通しは立たない。
눈앞의 일에만 사로잡혀 있어서는 장래의 전망이 서지 않는다.

❹ 心を見抜くにはその人の外見に捉われないようにすることだ。
마음을 꿰뚫기 위해서는 그 사람의 외견에 구애받지 않도록 해야 한다.

❺ もう彼がいないと思うと、強い悲しみに捉われて涙が溢れた。
이제 그가 없다고 생각하니 강한 슬픔에 사로잡혀 눈물이 흘러내렸다.

저 자 약 력

모 세 종(인하대교수)

▎학력
  ○ 한국외국어대학
  ○ 日)筑波大学(언어학박사 – 일본어학전공)

▎저서
  ○『日本語の時の表現の研究』J&C, 2017
  ○『바른 한국어 사용과 습득을 위하여』J&C, 2019
  ○『모세종의 오피니언』J&C, 2020

[역서]
  ○『아스나로 이야기』(井上靖, 新潮文庫, 1958) 어문학사, 2007
  ○『일본력』(伊藤洋一, 講談社, 2005) 어문학사, 2008
  ○『여학생』(赤川次郎, 新潮社, 1995) 어문학사, 2008 (2인공저)
  ○『미녀』(連城三紀彦, 集英社, 1997) 어문학사, 2011 (2인공저)
  ○『야회』(赤川次郎, 德間文庫, 1999) 어문학사, 2011 (2인공저)

[학습서]
  ○『朝日 신문사설 일본어』시사일본어사, 1999
  ○『朝日 신문사설 일본어-독해·청해』시사일본어사, 2002
  ○『일본어 문형포인트 120』동양문고, 2008
  ○『예문중심 실용 일본어 문법』어문학사, 2011
  ○『High Level 일본어 동사 200【복합어편】』J&C, 2022

This book was supported by INHA UNIVERSITY Research Grant.

High Level 일본어 동사 300【단일어편 상】

초 판 인 쇄	2023년 08월 25일
초 판 발 행	2023년 09월 01일

저 자	모세종
발 행 인	윤석현
발 행 처	제이앤씨
책 임 편 집	최인노
등 록 번 호	제7-220호

우 편 주 소	서울시 도봉구 우이천로 353 성주빌딩
대 표 전 화	02) 992 / 3253
전 송	02) 991 / 1285
홈 페 이 지	http://jncbms.co.kr
전 자 우 편	jncbook@hanmail.net

ISBN 979-11-5917-235-9 13730   정가 24,000원